レンタルなんもしない人の"やっぱり"なんもしなかった話

レンタルなんもしない人 著

晶文社

挿　画：仲村直
デザイン：佐藤亜沙美

目次

1 1月：レンタルなんもしない人ってまだ生きてるの？ 12
【1月1日】言葉だけください 12
【1月2日】一番おいしかったクリームソーダ 13
【1月3日】キキララ仕様 13
【1月4日】あったかくなるよ～ 14
【1月5日】普通に反論 14
【1月6日】うま鍋の餅忘れ 15
【1月7日】市松人形も「わー!!!」 16
【1月8日】視野全然せまいですね 18
【1月9日】えっ!! 19
【1月10日】卒論やばい人 19
【1月11日】CDが一四四〇枚必要 20
【1月12日】やはりピカチュウ？ 22
【1月13日】風呂場の扉は割り切れてる 22
【1月14日】鳩とリス 24
【1月15日】混ぜずに飲むタイプ 25
【1月16日】何も言わないか、全部言うか 25
【1月17日】レンタルお休み 27
【1月18日】これが報酬です 27
【1月20日】今日も明治神宮に 28
【1月21日】凍結屋対策 30
【1月22日】野生のなんもしない人 31
【1月23日】あのパン 32
【1月24日】そこにいる 33
【1月25日】本当に誰もいない 34
【1月26日】痩せろデブ 35
【1月27日】今日は、落とさない 36
【1月28日】やけくそで不安で大事な日 37
【1月29日】亡くなった友人 38
【1月30日】レンタルなんもしない人のことも忘れた 39
【1月31日】とりあえず処女捨てたいみたいな 41
2 2月：今日依頼ないの？ 43
【2月1日】おいしいマドラー 43
【2月2日】真っ赤っ赤の 45
【2月3日】救われてたまるか 45
【2月4日】増田さんのファンの方？ 48

【2月5日】返事はしませんが 49
【2月6日】人生は満足したところで終われない 50
【2月7日】人前で褒めるの、気をつけて 50
【2月8日】緩衝材として 51
【2月9日】あれ？　聞こえる？　好きだよー 52
【2月10日】親から祝われる前に 53
【2月12日】一万円は相殺 54
【2月13日】どなたかのレンタルを無料に 55
【2月14日】もっと仕事したい 56
【2月15日】依頼者の方がなんもしてない 57
【2月16日】レ、なるほど…… 57
【2月17日】ふもとすぎる 59
【2月18日】独立開業 60
【2月19日】むかつかせる 61
【2月20日】今は億単位の世界だから 62
【2月22日】必要なものはもたらされる 63
【2月23日】タリーズへの気持ちは内に秘めて 64
【2月24日】何してるん？ 64
【2月25日】ガンバリます。 65
【2月26日】今日依頼ないの？ 66
【2月27日】金は全てを解決する 67
【2月28日】今日もカレー 67

3

3月：旦那さんのちんちん触らなかった

68
【3月1日】ぐるぐるてくてく 68
【3月2日】忘れた頃にくる一円 69
【3月3日】ちんちんを触らない！ 71
【3月4日】自信のほどがしつこい 72
【3月5日】逃げ道がない 74
【3月7日】相手の手札を増やしたくない 76
【3月8日】知らない男を家に呼ぶ 77
【3月9日】本日の語彙です 78
【3月10日】どこから見ても閉まってる 78
【3月11日】謎の男の存在 80
【3月12日】心当たりはない 81
【3月17日】きっと元気にさせてあげるからネ 81
【3月19日】ワシントンポスト 82
【3月22日】浅野じゃないよ 83
【3月23日】話すのが久しぶりすぎて 83
【3月24日】もう下りちゃうの!? 84
【3月25日】もう閉まるんだし 84
【3月26日】五年後は永遠に来ない 85
【3月28日】寄せてはみたものの 85
【3月29日】毎日最高に楽しい 86

【3月31日】なんちゃらさん 88

4 4月：私は全然楽しくないです 90

【4月1日】すごいところに鳥居 90
【4月2日】ヘビも何もせずに 90
【4月3日】人のせいにして納得 91
【4月4日】小雨のなか静かにはしゃぐ 91
【4月5日】地価四〇億 93
【4月6日】最終巻を読む 93
【4月7日】人一人の人生 94
【4月9日】上には上がいる 94
【4月10日】投票率に貢献 95
【4月11日】手続きは大変 95
【4月12日】同業者 96
【4月13日】一生閉じ込められたみたいな 98
【4月15日】ポジションを埋めておく 99
【4月16日】ピーンて、受信 100
【4月17日】中本からのハイチュウって有名？ 100
【4月18日】嫌いなやつでもOK 101
【4月19日】依頼者が弁護士に 101
【4月20日】ひとりで東京に行ける女に 102
【4月22日】社会を頑張るのをやめて 105
【4月23日】ダンゴムシ→タケノコ 105
【4月24日】それは無理 105
【4月25日】落とし物の玉突き事故 106
【4月26日】待ってる人の圧 107
【4月27日】一億円出せば即決 108
【4月28日】知ってるものはペンライトだけ 108
【4月29日】ディズニーランドにお遣い 109
【4月30日】私は全然楽しくない 110

5 5月：父も喜ぶだろうと思いました 114

【5月1日】今後は全部レンタルで 114
【5月2日】影はダサい宇宙人 115
【5月4日】「2」を付けたアカウント 116
【5月5日】お墓参りに同行 116
【5月6日】バラがより嫌いになる 117
【5月7日】日付わかる～ 118
【5月8日】どうでもいい人を呼んででも 118
【5月9日】縁切れてOK 119
【5月10日】ミャンマー支援に同行 120
【5月11日】メロンがわんさか 121
【5月12日】オーナーの感性 121
【5月13日】収納、殺してしまう 122

【5月14日】キャラデザです 123
【5月15日】マイクにかぶさってたこれ 124
【5月16日】詩を吸ってるような気持ちに 125
【5月17日】多種多様な大人が七名 126
【5月18日】リーマンショック後の自社の株価 127
【5月19日】僕は奢ったことないけど 128
【5月20日】頭の中は団体旅行 128
【5月21日】赤い椅子に自分がもう一人 130
【5月22日】あのババア! 131
【5月23日】なんもしないためのノウハウ 132
【5月24日】都庁で飯食ってる 132
【5月25日】諸悪の根源なのにいいの? 133
【5月26日】でも噛んでもらったし 134
【5月27日】犬の餌と怪文書 134
【5月28日】ローランドさんがスポンサーにでもならないかぎり 135
【5月30日】ブタが怖い 136
【5月31日】だれかとだれかが 138

6 6月:キャンペーン実施中 139

【6月2日】圧よけに 139
【6月3日】三二年後の依頼 140
【6月4日】拾いレンタル 142
【6月6日】演歌の大御所風に 143
【6月7日】sex の応援 145
【6月8日】塩で無料を消費する 147
【6月9日】早くも用済み 148
【6月10日】晴れの日は死にたくなる 148
【6月11日】オーナーがうしろに張りつく日 149
【6月12日】ささやかなラッキー 151
【6月13日】いろいろ助かる店主 153
【6月14日】最高記録更新 153
【6月15日】ボンタンアメ防衛戦 154
【6月17日】自分どうなるん 155
【6月18日】もうひと部屋あった 155
【6月19日】臨時休業でもOK 156
【6月20日】お言葉に甘えて総スルー 156
【6月21日】ボスの命を守るため 159
【6月22日】オーラがあったら困るだろう 159
【6月23日】適切な励ましのタイミング 160
【6月24日】いわくつきの洞窟 161
【6月25日】無事入場 163
【6月28日】依頼者のコラボのおかげで 163
【6月30日】人が来るまでサーターアンダギーを 165

7

7月：どうぞ。無職の一万円　166

【7月2日】僕は普通量　166
【7月3日】下心の中では最下位のやらしさ　166
【7月5日】三か月以内に柿の種食べました？　167
【7月6日】半泣きの妊婦　168
【7月7日】誰かの不在が伝播する　169
【7月8日】あ〜　170
【7月15日】全巻じゃなかった　171
【7月19日】今日から再開　172
【7月20日】怒る人もいるから　172
【7月21日】自分で買っちゃおう　172
【7月25日】今日はかき氷の日　174
【7月26日】一人でヘラヘラするとこだった　174
【7月27日】無職の一万円　176
【7月28日】巨大なQRコード　177
【7月29日】ブラジルよりは近い　177
【7月30日】猫は普通です　178
【7月31日】あと84日　179

8

8月：敷居は低くあってほしい　182

【8月1日】ツイッターでは尖ってらっしゃる　182
【8月3日】BBC　183
【8月4日】餃子を作る場所？　183
【8月5日】今日蟹だっけ？　184
【8月6日】もうレンタルしたくない　185
【8月7日】依頼でもうまくいかない　187
【8月9日】ローラを降ろす　187
【8月10日】西国分寺の車　188
【8月11日】ポテトみたいなにおいがするけど　188
【8月13日】カレーにピッタリ　188
【8月14日】出世払い可　189
【8月15日】前々回と同じで　190
【8月16日】警察を呼ばれてる　190
【8月18日】サイズで値段は変わらない　192
【8月19日】これは撮りたい　192
【8月20日】レンタルしてて本当によかった　193
【8月21日】ちんこでオナニー　195
【8月23日】凄まじいトップガン愛　195
【8月24日】ここは切ったら無効　198
【8月25日】スパイスもりもり　198

【8月27日】一緒に引きこもって 199
【8月28日】二礼してからどうのこうの 200
【8月29日】ネタになるようなことはない 202
【8月30日】雨と浴衣とドラゴンフルーツ 203
【8月31日】二人でディスカッション 204

9 9月：東京こえ～ 205

【9月1日】リプライは決死の覚悟で 205
【9月2日】私の夏納め 205
【9月3日】呪いのゴミ箱 207
【9月4日】ロケーション良すぎ 208
【9月5日】余韻がすごい 209
【9月6日】なんもしないでロイターに 210
【9月7日】ベルーガにタッチ 211
【9月8日】見守り隊員、急募 213
【9月9日】いい友達 213
【9月10日】東京こわ～、東京こえ～ 214
【9月11日】なんかの聖地 216
【9月12日】え、ちがう 216
【9月13日】〝中〟でこれか…… 217
【9月14日】健全なテレクラ 218
【9月15日】NEWSと手羽先 220
【9月16日】全国の酢豚、全部これに 220
【9月17日】ツイッターやるじゃん 221
【9月18日】反応は普通にします 223
【9月19日】彼本体には未練ない 223
【9月21日】コロナ特需 224
【9月22日】めんどくさいをなめたらあかん 225
【9月23日】純粋な〝料理欲〟で 227
【9月24日】すべてにおいてポカーン 228
【9月25日】おっさんレンタルだとダメな理由 228
【9月26日】人間の形から大きく外れてない 230
【9月27日】あの、お礼いいたくて 231
【9月28日】初の海外 232
【9月30日】ロンドンバスに乗って 234

10 10月：これでうちの子存在してますよね 236

【10月1日】ちょおっと待って！ 236
【10月2日】ガチはNG 238
【10月3日】これが本業なんで 238
【10月4日】背徳感×3 239
【10月5日】自販機のうどん 240
【10月6日】この世の真理 241
【10月8日】生きろ 242

【10月9日】怒られるのは僕　242
【10月10日】さわやか同行　243
【10月11日】三人ともうまくいかない　244
【10月12日】ストーカーも探偵を雇う　244
【10月13日】麻婆豆腐じゃない　245
【10月14日】夜の湖で歌う　245
【10月15日】ＶＳ蟹のハサミ　245
【10月16日】セクアポ入りました　246
【10月17日】静かな水面を恐る恐る　246
【10月18日】ペアルックじゃない　248
【10月19日】いつもよりキた　249
【10月20日】私が連れてきた誰か　249
【10月21日】地下神殿に同行　250
【10月22日】覚えてくれた人にだけ、ありがとう　251
【10月23日】ちょうどいいやついる　251
【10月24日】うちの子存在してますよね　253
【10月25日】がんばってたみんな！　254
【10月27日】確実に泣いてしまうので　256
【10月28日】うんちく語らない人　257
【10月29日】四年間培われた「へー」　258
【10月30日】謎のフルーツを食べる　259
【10月31日】勢いでマッチング　260

11

11月：一緒に歩いてほしい　263

【11月1日】一緒に歩いてほしい　263
【11月2日】ジャンケンのやつ　264
【11月3日】いちばん足場悪い　264
【11月4日】中華まん全品二〇円引きで〜す　264
【11月5日】関係機関の動きに不審な点あり　265
【11月6日】まなざしをガード　267
【11月7日】めちゃくちゃ便利ですね　268
【11月8日】つるとんたん断念　268
【11月9日】涙のストッパー　268
【11月10日】最も北に　270
【11月11日】感染対策の意識高い人なの？　271
【11月13日】無料コンサルお断り　272
【11月14日】隣に人がいたからこそ　272
【11月15日】ピース以外なんもせず　273
【11月16日】ヤギとオオカミと農夫　274
【11月17日】……だから、無料コンサルお断り　275
【11月18日】旦那さん「いいね」　276
【11月19日】見ないでも描けます　277
【11月20日】人生迷子　279
【11月21日】散歩→迷子　279

【11月22日】わたしブロックされてるんです！ 280
【11月23日】しりとりしませんか？ 281
【11月24日】良いところ 281
【11月25日】どっちが「貸してる側」か 281
【11月26日】大量の猫画像 282
【11月27日】二年たって仲直り 284
【11月29日】奇跡のニーズ 284
【11月30日】気づいたら冬に 285

12

12月：ねえレンタルさんきいて！わたしがんになったの！ 286

【12月1日】福岡から来たゆるキャラ 286
【12月2日】飽きてきたんでそろそろ 286
【12月3日】ま〜だいたいこんなもんだろ 288
【12月4日】自分の夢と子供の未来 288
【12月5日】変なの〜 289
【12月7日】期待されない人と過ごす場 291
【12月9日】セブンに寄ってはダメ 291
【12月10日】目的のために利用する前提の人間への需要 292
【12月11日】「了解です」が使えない 292
【12月12日】両者よくわからない 294
【12月13日】ピカチュウがピカチュウに感謝 294
【12月15日】ただ話を聞いてほしい 295
【12月16日】インフルエンサーすげ〜 297
【12月17日】女一人では入りにくい 297
【12月18日】わざわざこのタイミングで 298
【12月19日】買い物同行続く 299
【12月20日】事務所強い 300
【12月21日】ねえレンタルさんきいて！ 300
【12月23日】それではお土産タイムです 302
【12月24日】解散後は一人で写経に 303
【12月26日】僕はデフォルトで途方に暮れる 304
【12月27日】そうなんですか 305
【12月28日】ひと席は埋まってるんだぞ 306
【12月29日】二郎か、セーラームーンか 307
【12月30日】真のパパ活 308
【12月31日】今日も 309

レンタルなんもしない人の〝やっぱり〟なんもしなかった話

1 1月：レンタル何もしない人ってまだ生きてるの？

【1月1日】 #言葉だけください

間違い探しをする息子、「靴下履いてない」ではなく「靴下履いてくるの忘れてる」と言うのかわいい。

㋹

病状や環境がまったく好転する将来が見えないので、年明けに言葉だけでも他人から肯定してもらいたい。でも、本当に知人から頑張れ！と心を込めて言われると勝手にプレッシャーを感じてしまうので、本当に〝言葉だけ〟を送ってくれるレンタルさんにお願いしたい。……

他人から肯定してもらいたいが、心の込もった言葉はプレッシャーになるからいらない、心の込もってない言葉だけの肯定がほしいという依頼。

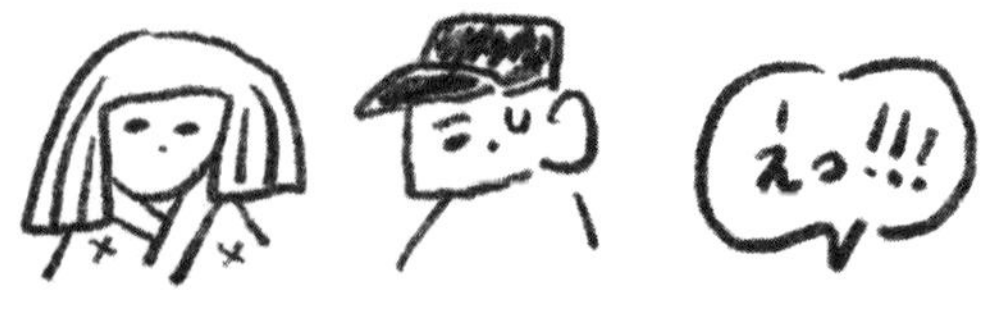

【1月2日】 #一番おいしかったクリームソーダ

今までで一番おいしかったクリームソーダは三鷹のジブリ美術館の中のカフェのやつ。

【1月3日】 #キキララ仕様

仕事始め。子供が児童相談所に連れていかれた人と朝マックしてます。

遅刻癖のある人が飛行機に乗るのを見届けました。バスには乗り遅れたけど飛行機にはぎり間に合ったようです。

依頼者、家に忘れ物をしたせいで空港までの直通リムジンバスに乗れず電車で行くことになり半泣きになってたけど、モノレールがかわいいキキララ仕様だったので「バス乗らなくてよかったかも！」と喜んでました。そしてこのあと第1ターミナルと第2ターミナルをまちがえます。

家を出る二分前にかいたらしい。こんなことしてるから忘れ物をする。

——最高の仕事始めだったな。

惚気報告、続いてます。

【1月4日】＃あったかくなるよ～

今日から仕事なんだろうな。

――息子がそのへんにあった使用済みの貼るカイロを「あったかくなるよ～」って僕の背中に貼ってくれたんですが、貼るカイロって使用済みでもあったかくなるんですね……。

【1月5日】＃普通に反論

気分転換に付き合ってほしいとの依頼でカフェに同行。思いついたことをとりとめなく話してた。基本ぬり絵しながら話す人でした。

今日は「普通に反論してしまう」というミスをおかしました。自分に関係ある話をされるとつい口を挟んでしまうことがあるので僕に関係ある話を一方的にしたい場合は事前に「レンタルなんもしない人に関係ある話をしたい、

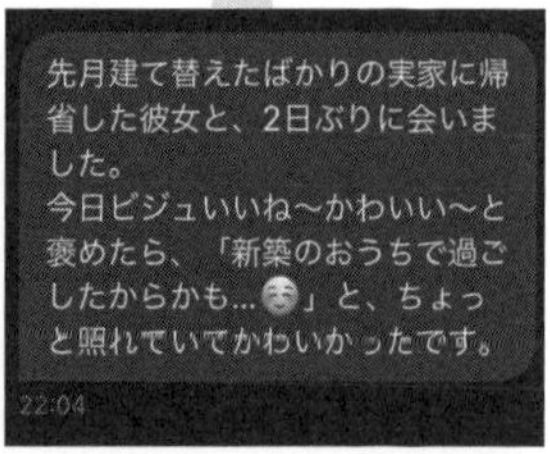
先月建て替えたばかりの実家に帰省した彼女と、2日ぶりに会いました。
今日ビジュいいね～かわいい～と褒めたら、「新築のおうちで過ごしたからかも…」と、ちょっと照れていてかわいかったです。
22:04

私が大きめの板の捨て方に困っていたら、通りすがりの彼女が膝に叩きつけてあっという間にへし折ってくれました。武闘派なキュート彼女いとしい…
17:23

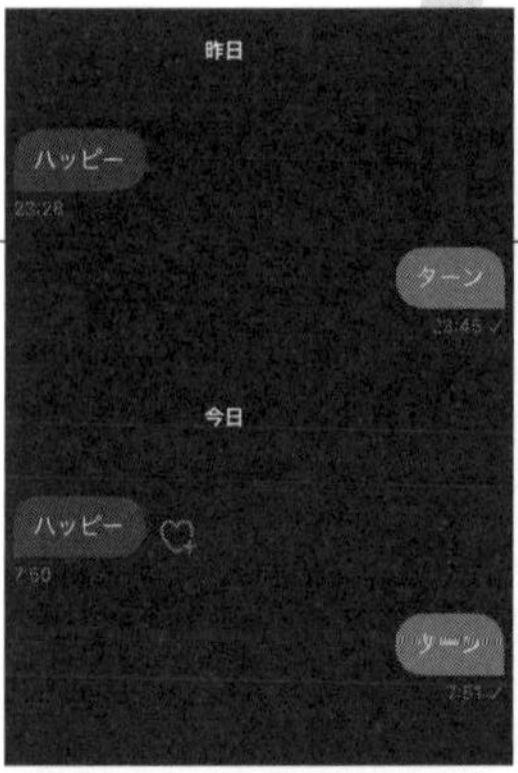
昨日
ハッピー
23:28
ターン
23:45
今日
ハッピー
7:50
ターン
7:51

何も言わずに聞いてほしい」と言っといてもらえるといいかもしれません。事前に言っといてもらえるなら「ひたすら罵倒したい」でも大丈夫です。

——閑散期は閑散期の需要があるな。

【1月6日】 #うま鍋の餅忘れ

突然長考に入ったまま年越した（2021年12月3日の依頼を参照）。

㋹

こないだ「子供全然欲しくないが、夫からは期待されててしんどい」という人の話を聞いたんですが、「なんで欲しくもない私が痛い思いせなあかんねん」「ほんまに面倒みる気あるんか？　どうせ私がほぼ全部やることなんねんて」「自分が産むわけでもないのによう気軽に言うよな」など気持ちを吐き出してて「こういう話を周りの人にするとたいてい『産んだら変わるもんだよ』『自分の子はかわいいよ』とか言われるけど、もし変わらんかったら？　もしかわいいと思えなかったら？　どうすんの？？　とりかえしつかんねんで？　こんなやばい賭けある？？　無責任すぎん？？　なんなん？？？」と言ってて、「でもかといって『わかる！ほんとそう！』『子供って大変だもん』『子供なんていらないよ』『旦那さん自分勝手だね』

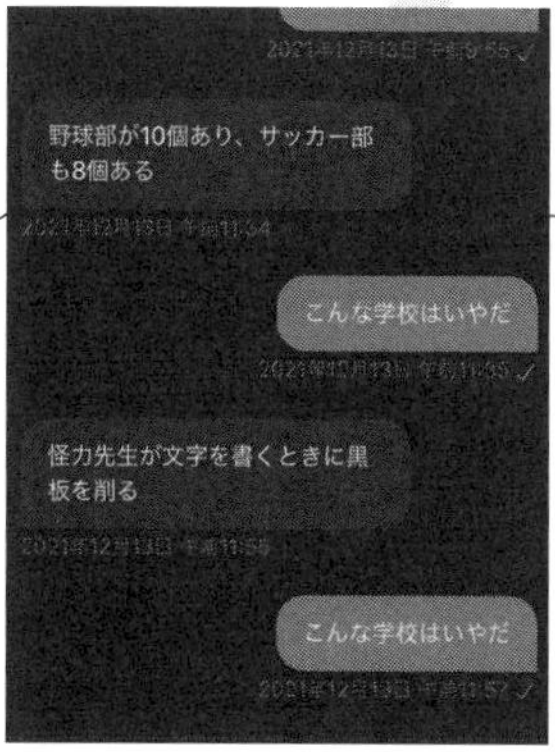

とか浅く同調されるとそれはそれで腹立つ。おまえに私らの何がわかんねん」と言ってそのあと旦那さんとの惚気話が始まった。「あー」とか「へー」しか言ってなくてよかった〜と思った。

Ⓛ

我が家には「うま鍋の餅忘れ」ということわざがある（鍋をしてるとき、肉などのメインの具材がうますぎるあまりせっかく用意してた薄切り餅の存在を忘れがちであるという意味。そのときにしか使わず、「転じて」とかない）。

Ⓛ

年末年始疲れたファービー好きの人が早い時間から飲酒するのに同席してます。

――タクシー乗せられて降りたところで解散になった。交通費……。

【1月7日】 #市松人形も「わー!!!」

「御茶ノ水〜神田間にお気に入りの散歩コースがあるが、友達を案内するには地味すぎるので案内させてほしい」という依頼。この道がオレンジっぽくて好きらしい。

依頼文に「入ってみたい場所」というのがあったが、このＪＲの高架下のところだった。外からだと何があるのかよくわからなくて一人では入りづらかったらしい。入ってみてもまだよくわからなかったがわりといい感じのおしゃれ空間が広がっていた。反対側から外に出るとくさい川が広がっていた。

ここは一世紀前に存在した万世橋という駅の跡地だそうで、当時の階段とか残ってた。ホームもあり、すぐ横をいつも乗ってる中央線快速電車が通っててめっちゃよかった。依頼者は電車に乗ってるときにこの場所をみつけて「あそこ行けんのかな」とよく思ってたんだそうで、来れてテンション上がってた。

今日はとくに何もありませんでした。

――「今からいけますか？」のほうが「再来週いけますか？」よりうれしいことがあまり知られていない。

今日はとくに何の予定もなかったので昼寝してたら妻の顔が突然市松人形の顔に変わってびっくりして「わー!!!」って叫んだら市松人形も「わー!!!」って叫んでくるというめちゃくちゃ怖い夢を見たのでやっぱり募集してレンタルされとくべきだった。

【1月8日】 #視野全然せまいですね

懐かしい住宅街を歩きながら前回依頼（2021年12月26日）してからの心境変化を語るピカチュウ。前回の依頼報告にいいねしてきた数千のアカウントを全部見にいき、どんな人なのか、一人一人のツイートをさかのぼったらしい。「自分は大変な人生を歩んできたと思ってたけど、みんな言わないだけで凄い経験してるんだなって、いつまでも感傷に浸ってちゃだめだなって、前向きになれました。視野せまかったです。視野を広げられたのは本当によかったです」と言った直後に横の家の植え込みの少し飛び出たとこに体がぶつかり「ごめんなさい！（表札をみて）田淵さんごめんなさい！」「今も視野全然せまいですね」となって面白かった。

依頼者が子供のころ母親から殴られて吹っ飛んで骨折したときに駆け込んだ整形外科。「こう来て」と説明してる。

依頼者が子供のころ露出狂に遭遇したという道。そういうのには動じない

ほうだったそうで、露出された部位への率直な感想を言い放つと男は向こうの森（？）の中に逃げていったらしい。茶化していいのかわからないけど何かとポケモンに絡めた感想をもちそうになる。

㋹

「ずっと気になっているけれど一人では行きづらい有名メキシコ料理店に同行してほしい」という依頼。

【1月9日】 #えっ!!

ライブを見に東京まで来たのでせっかくだから新撰組ゆかりの地、日野に行きたいが一人黙々と巡るのは虚しいし今回の旅自体声出さなすぎでどうしようという感じなので声出す相手として同行してほしいとの依頼。合流して早々「日野って新撰組関係あるんすね」と伝えると「えっ!!」って大きい声出してた。

【1月10日】 #卒論やばい人

今日は卒論やばい人にレンタルされています。

——僕が大学生のときにレンタルなんもしない人がいれば留年しなかったのにな。

＊

「卒論が締め切り間近なのにまだ書き上がっていないが一人だとあまりにもやる気が出ない、しかし絶対に留年するわけにはいかないのでとにかく来て視界の中にいてほしい」という依頼。目処が立ったところで解散し、後日無事提出できた模様。断ってたら留年したのかどうかも気になるが知ることはできない。

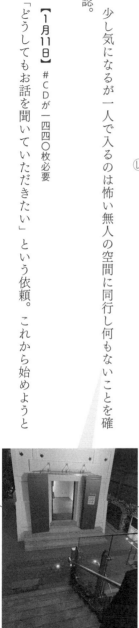

急にぽくないことされると好きになってしまうな……。

――たまたま一緒にいた依頼者に「プロ奢ラレヤー、知ってます？　年賀状が来ました」って言ったらめちゃくちゃ笑ってた。ウケをありがとうプロ奢。

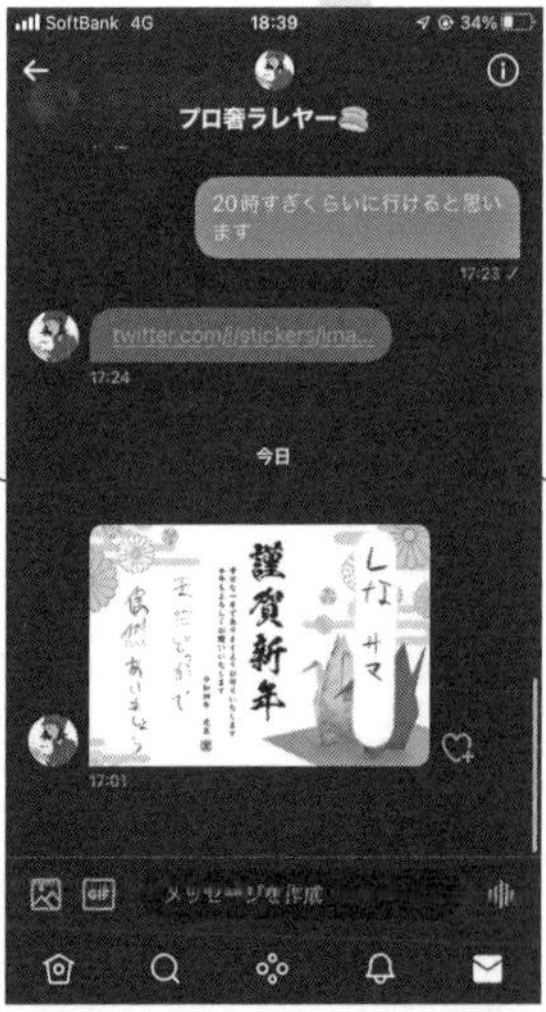

少し気になるが一人で入るのは怖い無人の空間に同行し何もないことを確認。

【1月11日】　#CDが一四四〇枚必要

「どうしてもお話を聞いていただきたい」という依頼。これから始めようと考えている新サービスの話をされた。感想を求められたので、ピンと来ない点や面白くないと思う点などを率直に伝えた。ただの悪口になっちゃったかなと思ったが「重要な指摘ですね」と真摯に受け止めてくれた。(依頼文に「もちろん謝礼もお支払いします」とあったが）謝礼はくれなかった。

㋹

話し相手になってほしいという依頼。産休や育休にともない他人との会話が圧倒的に減り、そんな中たまに友達と会うとここぞとばかりに貪欲に話しまくってしまいあとで自己嫌悪と脳内反省会が止まらなくなるので友達じゃない人と気楽に話したいらしい。世間話とかかと思ったら本気の怖い話を五、六本された。

㋹

このまえ依頼者から「井口眞緒ちゃんの番組出てましたね。私眞緒ちゃんの握手会行ったことあります。CD一枚買うと五秒話せるんです。レンタルさん三〇分も（実際は二時間）話してましたね？　羨ましすぎて……」と、かなり羨ましがられた。自分はCD一四四〇枚買わないと得られない経験をしたんだなと思って嬉しかった。

【1月12日】 #やはりピカチュウ?

このまえのピカチュウからの依頼でピカチュウがずっと持ち歩いていたこの赤い袋、「ピカチュウサンタからの(僕の息子への)クリスマスプレゼント」だったんですが、やはりピカチュウが入ってました。

——テレビ番組とかで「今度レンタルしてみようかな」と言って本当にレンタルした芸能人はかつて一人もいない。

【1月13日】 #風呂場の扉は割り切れてる

僕のサインが自分の名前をただ普通に楷書しただけなのは「何も特別なことをしなくても存在していい」というメッセージを込めているわけではなく単純に何も思いつかないからです。

㋹

長く一緒に住んでいた人と昨年別れ、わたしだけが団地の部屋に残って貯金を食い潰しながら暮らしています。これから仕事などのやりくりや住む場所など、全部一新しなきゃいけないと思っているのですが、とにかく体というか頭がたぶん重くなってて、行動に移せません。漠然と思っていることは、この部屋をまず片づける必要があるんじゃ

ないかということです。……

「自分の部屋の中を見てほしい」という依頼。いま生活の全てを一新する必要に迫られていて、初手は部屋の片付けだとは思いつつも一緒に暮らしていた人たちの荷物をはじめとする〝割り切れない物〟の多さに圧倒され進まないのでひとまず誰かにその状況を見せることで少しでも何か変わらないかと思ったそう。

〝割り切れない物〟として紹介されたのは、別れた人が出て行ったあと事務的な用事でまた部屋に来た際になぜか一緒に遊んだニンテンドースイッチ、駐輪場に置き去りにされていたがいつまでも持ち主が現れないのでつい持って帰ってしまったもののあまり手をかけられず鋭い棘が生えてしまっているサボテン、少し改造すればデスクとして使えそうと思い実家から引き取ったが結局使ってないミシン台、諸事情により三台に増殖したプリンター（一部のコード類が行方不明）、（詳細は忘れたが）ギターなど。出ていった人の使ってた部屋は値打ちはあるが売るには手間な、値打ちがあるだけに捨てづらい物が多い様子だった。

ときどき笑いも起こりつつも基本的にシリアスな空気だったので「出ていった人がまだここで暮らしてたときイライラして蹴ったんです。もう景色になってるのでとくに気にならないんですが」と風呂場の扉がバリバリに割れてるのを見せられたときも「ここはめちゃくちゃ割り切れてますね」とか言えなかった。

——多くの処分に困るものに囲まれて片付けに手こずっている人の家に行き、処分に困るものを一つ増やしてしまった。なんもしないどころかだ。

部屋を去った人が残していった大量の片付かない荷物を前に途方に暮れる依頼者、「自分の立場とはまた全然違うけれど、世の中の主婦といわれる人たちも、子供が荷物をたくさん残して実家を出たあとなんかはこういうふうになるのかな」と同じく途方に暮れている不特定多数の人たちへの憐情を漂わせていた。

【1月14日】 #鳩とリス

今日は鎌倉に同行してます。二階建てのグリーン車に初めて乗りました(いつもこの車両が来たら急いで逃げてました)。グリーン券をモバイル Suica で買えるのも初めて知りました。知ってしまった感あります。

たまたま入った店にカトパンのサインがあったんですが、今まで見た中でいちばん好きなサインだな。

同行者が鳩に襲われてるのを見守ってます。

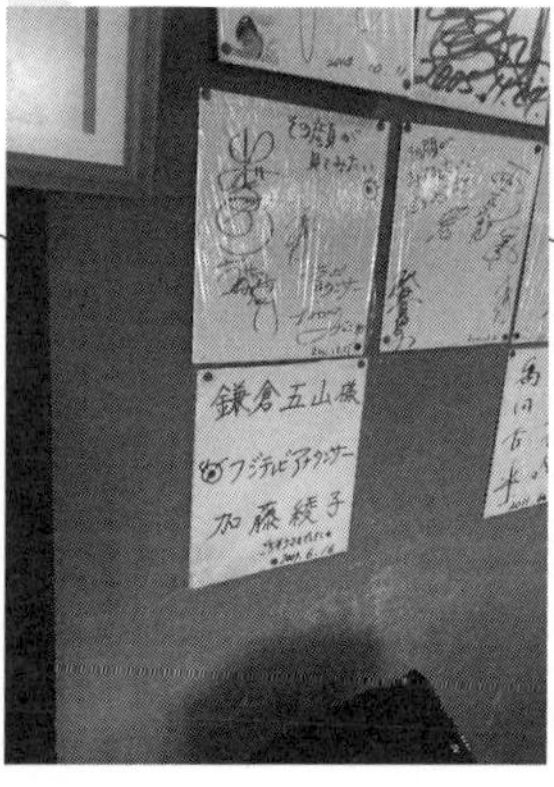

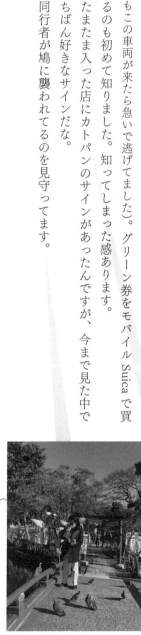

——鳩が頭に乗ってるのにリス撮ってる人初めて見た。

【1月15日】#混ぜずに飲むタイプ

「原宿にお気に入りのカフェを見つけたが自慢する相手がいないので自慢させてほしい」という依頼。大人になってからは金銭感覚など含めて気の合う友達をつくるのが難しく、いいカフェとかに誘える人がなかなか見つからないらしい。混ぜずに飲むタイプのおいしいコーヒーのおいしいことなどを自慢された。

【1月16日】#何も言わないか、全部言うか

「見たい映画があるが、その舞台となっている場所は別れた元夫との思い出の地で、見ていると懐かしさと切なさに心が支配される可能性があり、そうなった場合ひとりで感傷的になるよりも誰かに話を聞いてもらいたいので同席してほしい」という依頼。無事感傷的にならずに鑑賞できたようで何よりでした。

毎日ＬＩＮＥしてた人が急に既読つかなくなって不安な気持ちを聞いてほしいとの依

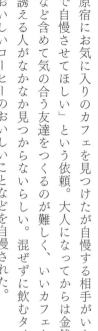

頼。どんな可能性がありますかね？　と聞かれたので、携帯落としたか壊れた、死んだ、逮捕、信頼してる占い師の指示など思いつくの全部答えた。それでなぜか安心できたらしい。わからないことは何も言わないか全部言うかに限る。

㋹

ベッド売り場に同行してほしいという依頼。ベッド売り場＝家族連れやカップルが多いイメージで一人では行きづらく、かといって友人についてきてもらうと気を遣って本当に欲しいものを選びづらくなりそうとのこと。場の空気にも人の意見にも囚われず自分の欲望のままにベッドを選べたようで何よりでした。

　ベッド選び終了後、祝杯に付き合ってほしいとのことで近くのファミレスへ。祝杯ってことは納得のベッド選びができた喜びなど語るのかと思ったら会話は「これ食べにくい……」「ｗ」のみであとは二人とも携帯いじってた。退店後「人とご飯きてこんな無言だったの初めてでした」と多分いい意味で言っていた。

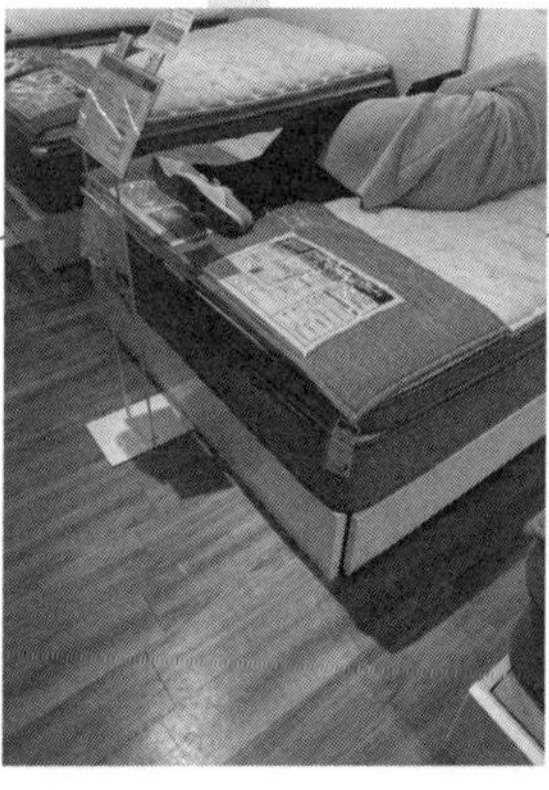

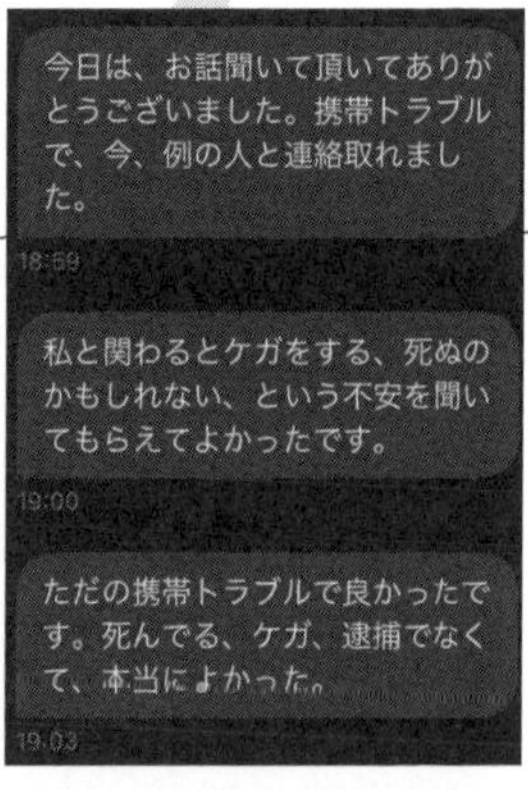
今日は、お話聞いて頂いてありがとうございました。携帯トラブルで、今、例の人と連絡取れました。
18:59
私と関わるとケガをする、死ぬのかもしれない、という不安を聞いてもらえてよかったです。
19:00
ただの携帯トラブルで良かったです。死んでる、ケガ、逮捕でなくて、本当によかった。
19:03

【1月17日】 #レンタルお休み
今日はレンタルはお休みにして家族でレゴランドに来てます。レゴランドすげ〜

【1月18日】 #これが報酬です
虚言癖の人からの依頼のときカフェを利用したんですが、すぐ隣の席にも人がいたので、自分の秘密が聞かれてしまうんじゃないかと心配した依頼者、筆談で（今から話すことは私自身の話ですが念のため友人の話ということにして話します）と伝えてきて（さっそく虚言きた！）ってちょっと興奮してしまった。

コロコロ変わって申し訳ないですが、また十一万円もらうことにします。すでに引き受けた依頼については大丈夫で、これから新しく届いた依頼に対しての適用です。

——レンタルしてみたいけどタダじゃなきゃ嫌だって人はもう全員レンタルし終わった音がしたしな。 ㋹

インスタで「私の暴言を聞いてほしい」と依頼してきた中一のイスラム教徒から「これが報酬です」と送られてきた絵、いい感じによくわからなくて良かった。 ㋹

19～20日福岡に行く予定だったけどコロナの状況みてやめときました。その空いた時間で都内の安全そうな依頼であれば引き受けられると思いますので何かあればDMください。

――無理をしないことには自信がある。

【1月20日】 #今日も明治神宮に

（2021年12月12日の依頼の）別件で明治神宮にも同行した。仕事柄悪い気を浴びることが多いので清めるために神社によく行きたくなるらしい。参拝を終えた帰り道、「なんかおる、神様おるわ、ビンビンくる」と言って手の平で神様をすごく感じながらもまた歩いてた。「明治天皇、ちゃんと神様やっとぉわ」と神様に太鼓判を押してた。

――明治神宮の入り口で鳥居の写真とったら「鳥居の写真とったら呪われるらしいよ」と言われた。神様が怒るらしい。自分の中のダレノガレが「心せま～」って言った。

今日も明治神宮に同行してます。

「明治神宮に同行してほしい」という依頼。ごく近くまでは行ってもそんなに興味がなくて一度も行ったことがなく一人だとこのまま一生行かなそうとのこと。「真ん中は神様の通り道」という言い伝えなどお構いなく真ん中をずんずん歩いてて興味の無さが伝わってきた。

「ここの角、九〇度じゃなくて八八度らしいですよ。末広がりにしてあるんですって。来るまでの電車の中で読みました」と付け焼き刃の知識を披露されたりもして面白かった。

せっかくなのでと有料の御苑ゾーンも散策。「まるで興味がない」と言いながら歩いてた。メインのきれいな井戸も「きれいっちゃきれいだけど」程度だったが池が凍ってるのを見たときだけ「わ〜」って少し沸いてた。

――まるで興味がない場所というのも「一人では行けない場所」なんだな。

㋹

本当にわからない。

㋹

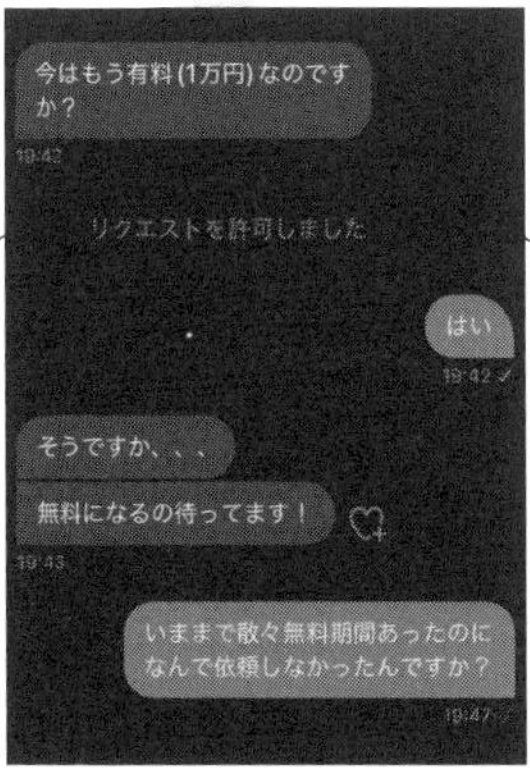

仕事帰りにめちゃくちゃうまいビールを飲むのに付き合ってほしいという依頼。「パー

フェクト黒ラベル」という、特別なサーバーで入れためちゃくちゃ泡のきめが細かいビールを飲まされた。非グルメの自分でもさすがにわかるうまさだった。

うまくいかない報告、続いてます（前回は2021年12月25日）。

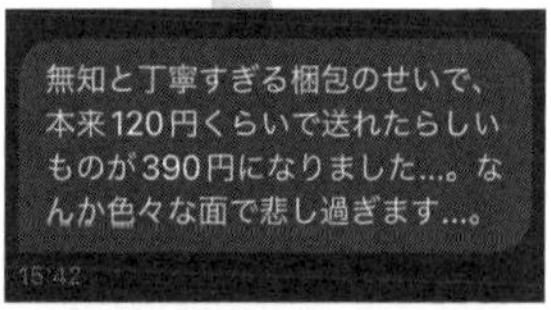
無知と丁寧すぎる梱包のせいで、本来120円くらいで送れたらしいものが390円になりました…。なんか色々な面で悲し過ぎます…。
15:42

【1月21日】＃凍結屋対策

「余計なことを考えず思いっきり人の写真を撮りたい」という依頼。人の写真を撮るのが好きで憧れの一眼レフをついに買ったものの友達を撮ろうとすると何⁉　みたいな反応されがちで色々考えてしまうらしい。この日も何かと気を遣ってたが写真を撮る前提で呼んだ人なので思い切っていっぱい撮れたらしい。

「金払え、さもなくば凍結させる」と脅し、払わないと特殊な方法を使い本当に凍結させてくる〝凍結屋〟というのがいるらしい。フォロワー多い人が狙われるそうで僕も凍結されるかもですがその時はインスタでご依頼ください。ツイッターが凍結されたらフォロワーが倍以上いるインスタにしれっと移行できる。

【1月22日】 #野生のなんもしない人

だいぶなんもないとこに同行してます。

シルバニアファミリーのテーマパーク「シルバニアパーク」同行依頼。めちゃくちゃ広大な土地を使ったアミューズメントパーク「イバライド」の中の一区画にあり大人一人だと入りづらい小さな家が入り口。パークの中にパークがあるのちょっと混乱したが上野動物園が上野公園の中にあるのと同じと納得した。

クリアすると〝すてきなプレゼント〟が貰える遊具があるが明らかに子供向けで「これ大人でもいいのかな……大人がクリアしてももらえるのかな……」とためらう依頼者が「でもやってみます、すてきなプレゼントほしいので」と周囲の家族連れの視線に耐えながらチャレンジするのを見届けた。普通に苦戦してた。

Ⓡ

さっき電車でたまたま隣に座った人から「今からレンタルできますか？」って聞かれてびっくりした。先約あったから断ったけどもしレンタルされてたら面白かったな。野生のなんもしない人を保護する初の試みだったな。

かが屋の単独ライブに同行してます。めちゃくちゃ面白かった！見ながらめっちゃ不安になり〝これはコントである〟ということをあえて思い出して安心するっていう、映画見てるときみたいな心の動きが何度かあって、〝これはすごいコントである〟と思ったな。　㋹

【1月23日】　#あのパン

朝ごはんに餅の磯部焼きを食べたあとデザートにきびだんごを食べるくらい餅が好きなのに好きな食べ物を聞かれたとき餅を言い忘れる。あまりに近すぎて。　㋹

九死に一生みたいなことがあると「よかった〜」と同時にパラレルワールド一〇個中九個で自分が死んでるのを思って悲しくなる。　㋹

奥さんが普通に自分が欲しくて購入したフレンズのレゴ。レンタルされてる。

昨年（2021年1月10日）載せたこのパン、「昔遊んでたのそのまんまだ！」って反応が結構あり、依頼者も懐かしがってたんですが、昨日会ったとき「あれからいろいろ探したんですが、あのパン、無かったんです。あったような気がするだけなんです。私を含め、いろんな人たちの共同幻想だったんです」と言っててゾワっとした。　㋹

伯方の塩、続いてます。へたくそです（こちらは伯方の塩の浮気）。

——「私も伯方の塩やりたい」はもうだめです。　㋹

【1月24日】 #そこにいる

今日は朝から整形手術に同行してます。　㋹

急遽、子連れ散歩に同行してます。依頼者の離席中、子供が連れ去られな

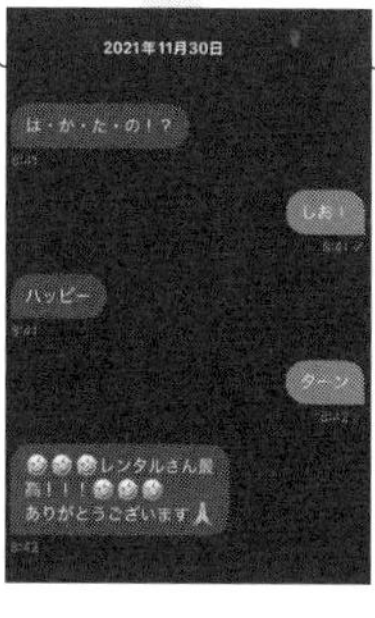

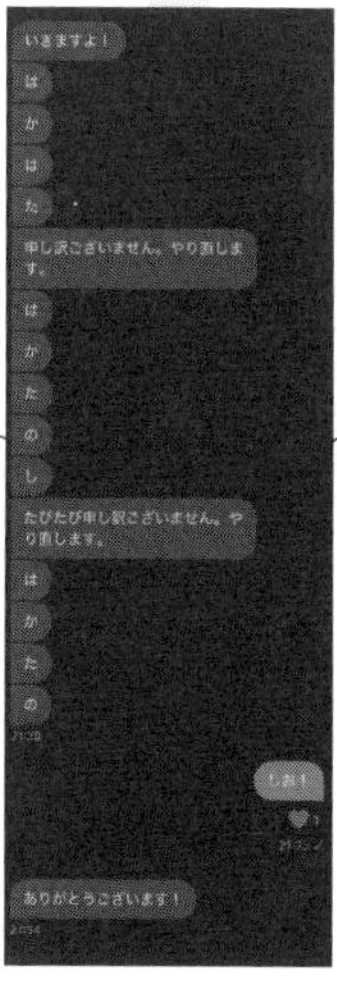

いよう「そこにいる」をしました。実用的な使い方。

㋹

今までの人生を語りたいって依頼は色んな世代からあるけど、若者の人生は年長者より短いって印象は受けない。高校卒業したばかりの人から凄く長い人生を語られたりもする。これ、海岸線の長さが測れないのと同じで、人生も凸凹をどれほどの解像度で見てるかでいくらでも伸び縮みするってことですかね？

【1月25日】 #本当に誰もいない

待ち合わせをすることに重きが置かれている依頼は集合一秒前に僕がドタキャンしても依頼者の目的は果たされるので気が楽です。

㋹

いまだに、ただただ楽しいだけのことをしてお金をもらうと「え？　お金を払うんじゃなくて？　お金をもらえるの？」って混乱することがあるので「労働とは不本意なものである」という刷り込みって根強いなと思う。

あんまり人のいないところで話しましょうと連れてかれたところ本当に誰もいなくて笑った。

㋹

「叙々苑の焼肉を食べたいが行ったことないし料金的に友人は誘いづらいので同行してほしい」との依頼。二人で肉をたらふく食べた。会計が思ってたよりだいぶ安かったようでやたら驚いてた。「勝手にめちゃ高いものと思い込んでただけだったんですね」「めっちゃお得でした」「また来よ」と満足げでした。

――なんもしないプロなのでトングを一切汚さずに満腹になった。

㋹

【1月26日】 #痩せろデブ

文言を指定してもらうの忘れてた。

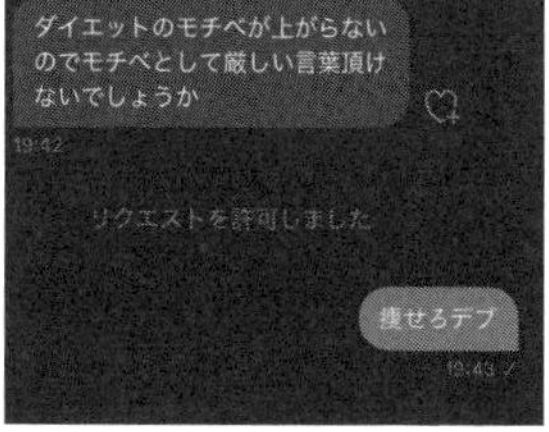

【1月27日】 #今日は、落とさない

オーディションに立て続けに落ち凹んでるうえ友人や恋人に嫌われたくない一心で無理に明るく振る舞ってしまい疲れたので一度誰にも気を使わず愚痴や弱音や迷いを吐き出したいとの依頼。普段は何かと自虐的な落ちをつけてしまいちゃんと吐き出せないらしく「今日は、落とさない」と宣言してから話してた。
いざ吐き出そうとするも普段そういうことしないのもあってかだいぶ苦戦してて「どうしよう愚痴れない」「全然すっきりしない」と焦ってたが今までの人生を思いつくままに話すことで現状の問題点を整理する時間にはなった模様。「オーディションに落ちたことを自己否定につなげた自分」に気づけたらしい。

——結局すっきりするのに一番貢献したのはカラオケだったっぽい。カラオケの偉大さを再確認できた。

押上駅A2出口を探す旅に出る。

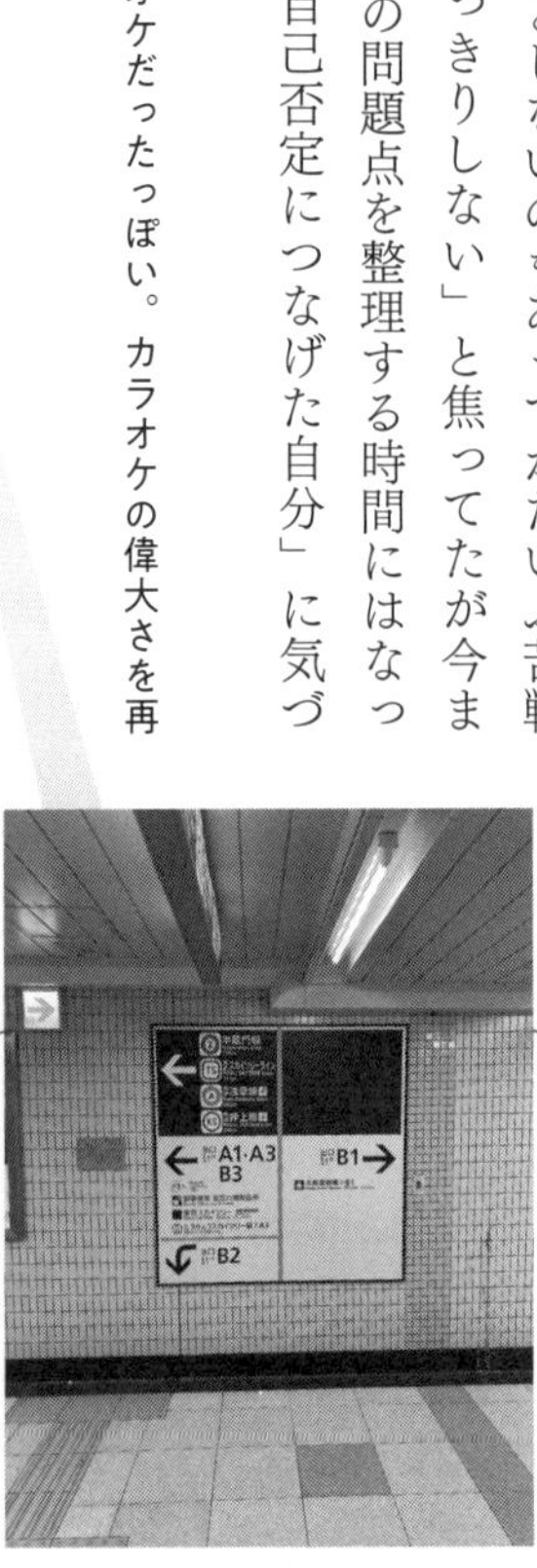

【1月28日】#やけくそで不安で大事な日

「私の神様になってほしい」との依頼。運がよければ年に一、二回やってくるという〝やけくそで不安で大事な日〟、混沌とした気持ちを鎮めるべくなんもしない人をレンタルして験担ぎにしたいとのことで、依頼者行きつけの立ち食い寿司に同席した。今後も同じ店で寿司を食う依頼が死ぬまで繰り返されるらしい。

㋹

「ロミオとジュリエットの映画のあのシーンが大好きであんな感じの水槽越しのポートレート写真を撮ってみたいので水槽越しになんもしないでいてほしい」という依頼。ちょうど写真一枚目みたいな感じだがこんなファミリー感はいらないらしい。友達とかよりも動きが抜群に少なくてやりやすかったそうです。

「見てたら食べたくなってくるタイプなんです」と海鮮丼に連れていかれた。クリームソーダも水槽のイメージだろうか。

――すみだ水族館のペンギンの相関図おもしろかった。めっちゃ嫌われてる飼育員いた。

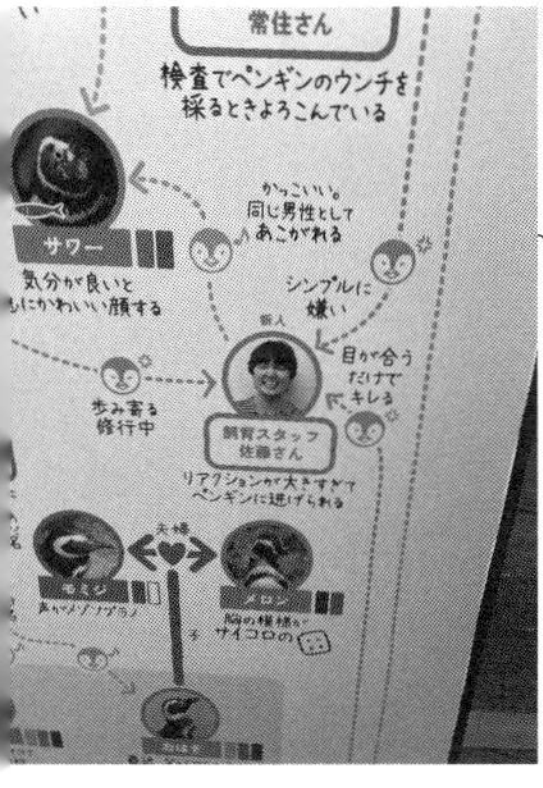

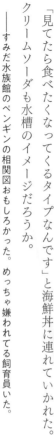

【1月29日】 #亡くなった友人

　私が高校生の時に部活が一緒だったその友人は自殺で亡くなったのですが、あまり気軽に言えることでもないので大学以降に知り合った人とはどんなに親しくてもその話をしたことがありません。部活の話をする時はその子が死んでしまったということは隠して、さも今も生きているかのように話しています。……

「亡くなった友人の話を聞いてほしい」という依頼。自慢の友人なので人に話したくなることがよくあるが自殺のことまで踏み込んで全てを話すには自分と関わりのある相手だと難しいとのこと。友人に関する自慢話や自殺したことに関してモヤモヤと残る気持ちの話など普段できない話ができてよかったらしい。

Ⓛ

　身近な人には話しづらい↓レンタルなんもしない人、という流れがよくあるけど、だからといってレンタルなんもしない人なら話しやすいということはなくて、よく知らない無口な成人男性なわけですしやはりそれなりに話しづらいことは覚悟しておいてください。

意味不明な依頼歓迎。㋹

人の話を聞いてるときその話から連想して自分の頭の中でいろんな考えが展開されていってそれに夢中になってしまって人の話のほうはほぼ聞いてないこと最近多い。㋹

先日鎌倉でレンタルされたとき買ってもらった十度づけせんべい。二度づけが一番おいしかった。㋹

【1月30日】 #レンタルなんもしない人のことも忘れた

僕のフォロワーから何人か選び動向を追ってる妙すぎる嗜好の人がいるんですが、追ってた中の一人が僕のフォローを外した瞬間を目撃したそうで、それは彼のIDの末尾に"golf"がついたのとほぼ同時で、「ゴルフ垢に鞍替

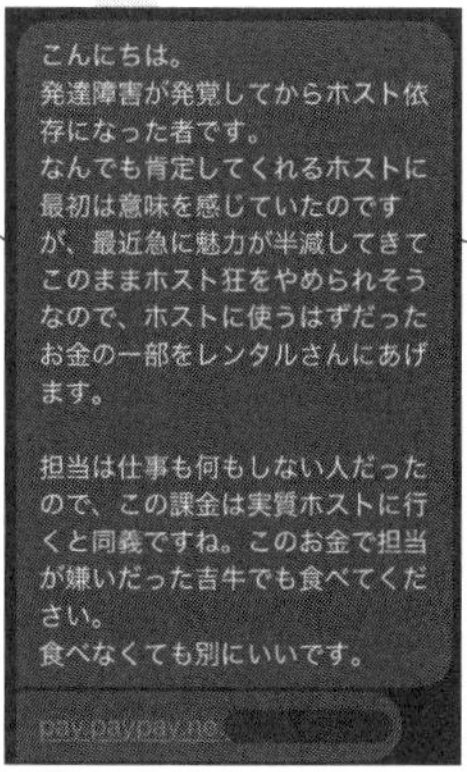
こんにちは。

発達障害が発覚してからホスト依存になった者です。

なんでも肯定してくれるホストに最初は意味を感じていたのですが、最近急に魅力が半減してきてこのままホスト狂をやめられそうなので、ホストに使うはずだったお金の一部をレンタルさんにあげます。

担当は仕事も何もしない人だったので、この課金は実質ホストに行くと同義ですね。このお金で担当が嫌いだった吉牛でも食べてください。

食べなくても別にいいです。

pay.paypay.ne[redacted]

二度づけ
五度づけ
十度づけ

えする上でレンタルさんが邪魔になったのでは」と犯行動機みたいに言ってて面白かった。

㋹

「明日深夜締切の期末レポート（現時点で白紙）の執筆を見守ってほしい」という依頼。

依頼者宅で出されたおやつに最近ハマってるやつ（チョココ）があったので「これ最近ハマってるやつです」と申告したら箱ごともらえました。これ本当においしくて物凄いスピードで消えていくんです。

レポート見守り依頼で暇つぶし用に出してもらった本の中に以前レンタルされた多重人格の人（haru さん）の本があり、持ってるけどまだ熟読はしてないなと思って読んでたら、主人格の haru さんは過去の記憶をどんどんなくす傾向がありレンタルなんもしない人のことも忘れてしまったと書いてあって笑った。

――明日から怒涛のなんも予定ない日々に突入する。

㋹

Q　レンタルなんもしない人ってまだ生きてるの？

A　競馬はほぼやったことないけど自分もギャンブルにハマったことがあり、その頃は「自分が選んだものが当たることを願う」と同時に、ちょうどこういう「自分が選ばなかったものが当たらないことを願う」思考になってて、ギャンブルってたとえ勝てていても精神衛生にかなり良くないなと思ってやめられた。

【1月31日】 #とりあえず処女捨てたいみたいな

なんもしない人の成長。

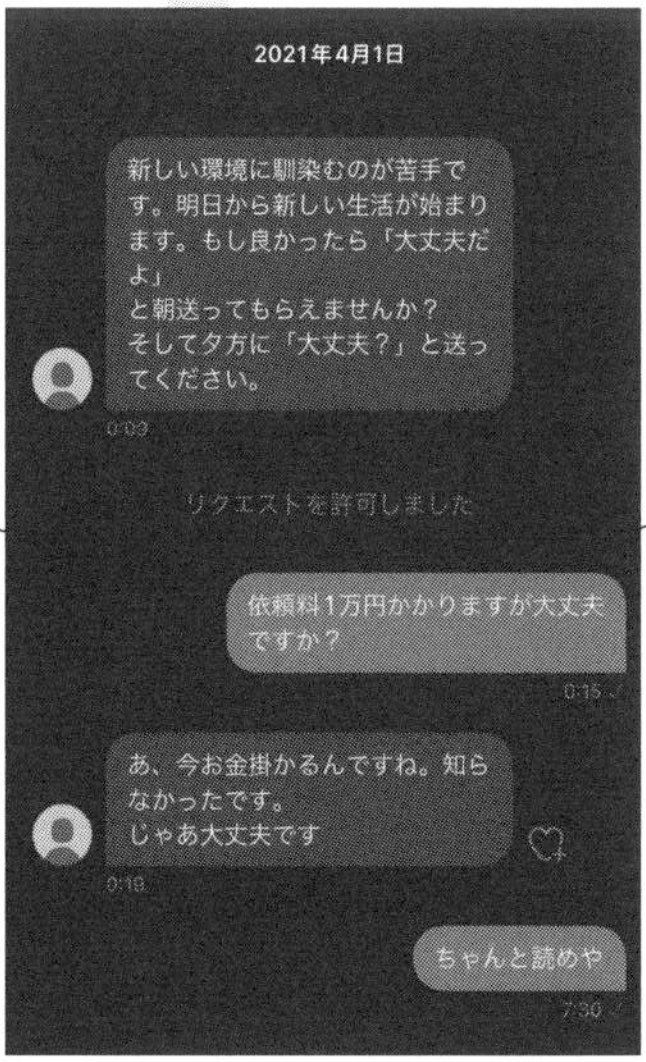
2021年4月1日
新しい環境に馴染むのが苦手です。明日から新しい生活が始まります。もし良かったら「大丈夫だよ」
と朝送ってもらえませんか？
そして夕方に「大丈夫？」と送ってください。
リクエストを許可しました
依頼料1万円かかりますが大丈夫ですか？
あ、今お金掛かるんですね。知らなかったです。
じゃあ大丈夫です
ちゃんと読めや

気になる喫茶店に同行してほしいとの依頼。深夜のざわついた精神状態で衝動的に依頼したらしい。「とりあえず処女捨てたい、本当に好きなわけでもない手頃な男でいいからみたいな気持ちでした」と言ってたので後悔はないか気になったが、気になってた店で随意に過ごし気晴らしできた様子で何よりでした。

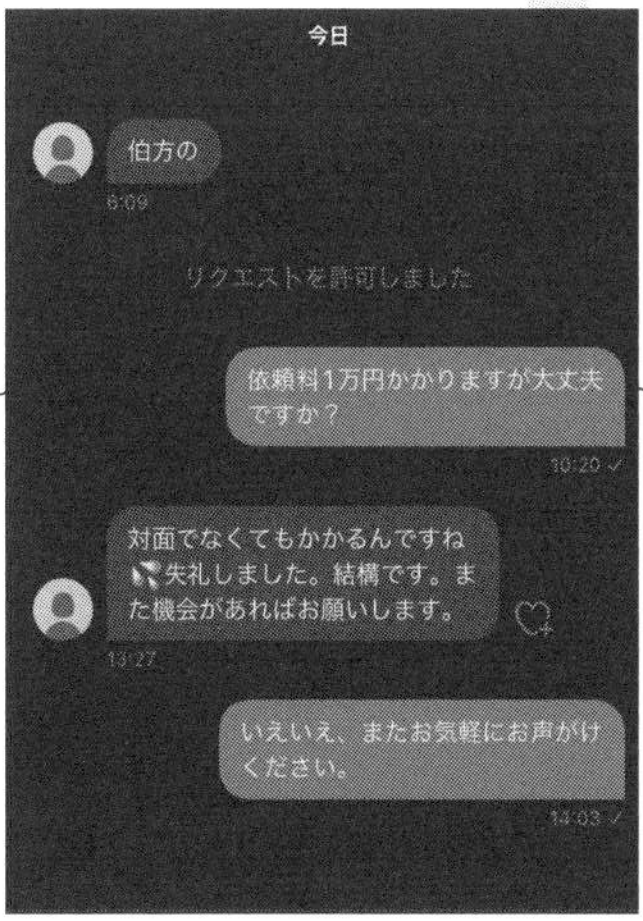
今日
伯方の
リクエストを許可しました
依頼料1万円かかりますが大丈夫ですか？
対面でなくてもかかるんですね
失礼しました。結構です。また機会があればお願いします。
いえいえ、またお気軽にお声がけください。

「家中にWi-Fiを飛ばしたのでそれがちゃんと機能するかどうかビデオ通話しながら確認させてほしい。また窓からの夜景がすごく綺麗だがSNSや周りの人間には自慢できないのでついでに自慢させてほしい」という依頼。快適な通信環境が無事確認できた模様。夜景だけでなくゴージャスな内装なども自慢してた。

㋹

自分の中のあまり好きではない感情があるならそれを〝研究対象〟とすることで湧いてくるたびに〝サンプル来た〟と思えてちょっと好きになるのでおすすめです。

2　2月：今日依頼ないの？

【2月1日】　#おいしいマドラー

怖い解決。

㋹

会社員だった頃、案件何個も掛け持ちするのきついって上司に言うと「それができなきゃ会社的にきつい」と言われてた。残業して強引にそれをやってきたせいで「それができなきゃきつい」になるまで単価の相場が下がってきたのでは？　そこを頑張ることはその流れに加担することでは？　って理屈をつけ色々投げ出して退社した。

　思い切って上司に「ここ、ブラック企業ですよね？」と言ったら「いや、ブラウン企業だよ」と言われて、全然面白くなくて辞めた。

㋹

初めまして!!
ちょっと聞きたいんですが、知り合いに殺し屋だったりする人いませんか？
それか、旦那を懲らしめる方法を教えてほしいです!!
お願いします!!
もう解決しそうなので大丈夫です。
すいません、ありがとうございました!!

好きなカレー屋に同行してほしいという依頼。普段は夫と行くがコロナの状況が悪化し職業柄絶対かかれない夫は外食に付き合ってくれなくなったらしい。看板はなく、店の入口に「海藻キーマカレー　９００」とだけ書かれてかっこよかった（たぶん日替わり）。カレーは一択だがトッピングでだいぶ変わる模様。

食後の飲み物とともに「おいしいマドラー」と呼ばれる焼き菓子が出てきた。おいしいマドラーが終始気になってしまい、この飲み物がなんだったか思い出せない。

㋹

多重人格の依頼者が言うには、多重人格って特別視されがちだけど我々みんな場面によって表に出す人格が勝手に変わってるので多重人格らしい。あえてそう呼ばれる人との違いは人格が交代する際の記憶の連続性や、程度問題らしい（間違ってたらすみません）。そう聞くと人格の交代、めっちゃ心当たりある。

【2月2日】 #真っ赤っ赤の

各所からいろいろ督促が来てるので手続きに行かないといけないけど一人だとなんもやる気出ないのでついてきてほしいという依頼。銀行と郵便局と法務局と区役所に同行してます。

手続きを終えるとしゃぶしゃぶで自分をねぎらってました。青い督促状はまだ危機感が足りず放置してしまう、真っ赤っ赤のが来たらさすがに焦るらしい。

【2月3日】 #救われてたまるか

惚気報告、続いてます。

キャンセルにより夕方頃まで空きが生まれましたので何かあればお声がけください。
こういう状況なので通話等リモートでのレンタルも承ります。

本当はもともと夕方までは空いてたけど、夜の依頼がキャンセルになって「今日依頼なんもない」になり、ご時世的にあえて夜の募集をかけるのもな、ということで夕方まで募集しました。以上、暇じゃなかったら絶対に省略してる細かい事情でした。

ドタキャンが全然OKなのはご時世だからではなく普段からなんですが、今はご時世

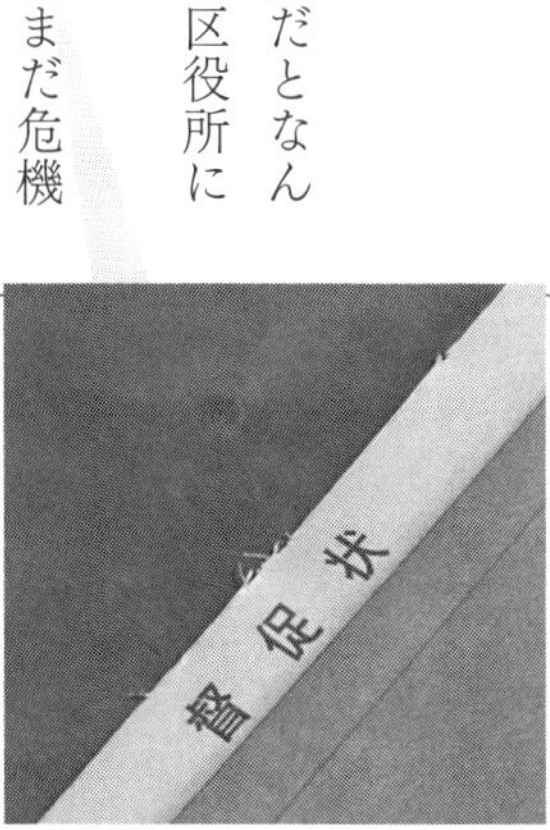
督促状

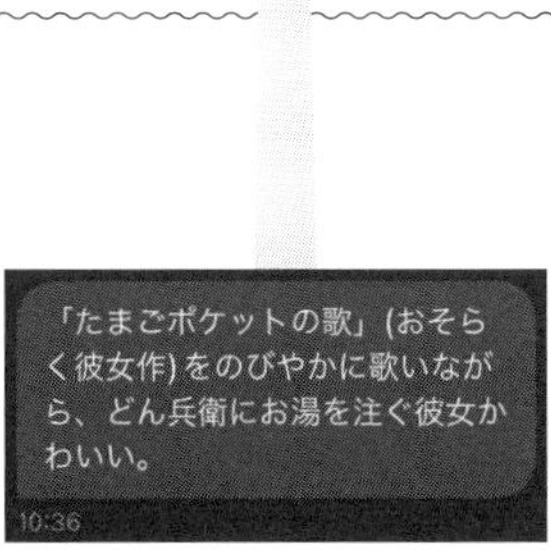
「たまごポケットの歌」(おそらく彼女作)をのびやかに歌いながら、どん兵衛にお湯を注ぐ彼女かわいい。
10:36

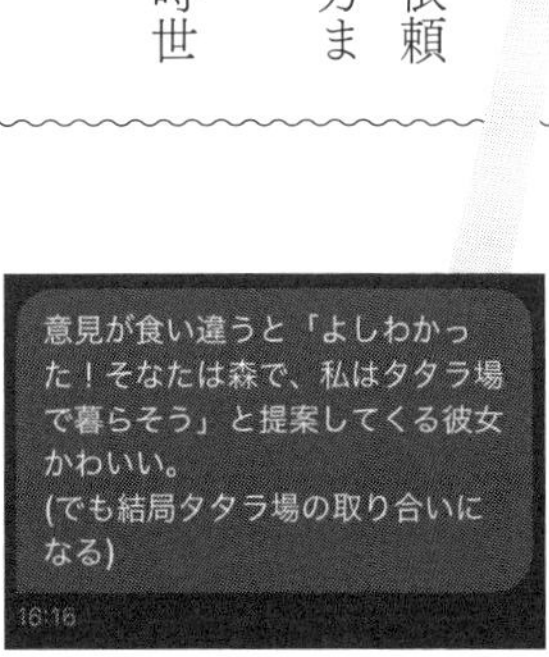
意見が食い違うと「よしわかった！そなたは森で、私はタタラ場で暮らそう」と提案してくる彼女かわいい。
(でも結局タタラ場の取り合いになる)
16:16

のおかげでドタキャンが全然許される風潮ができてて、ご時世が落ち着いてもその風潮は根付いてほしいと切に願う。

㋹

学生の頃のアルバイト先の研修みたいなので「欠勤の連絡を開始一分前なんかにしてくる人がたまにいますが、それは絶対にやめてください。そもそも一分前になって急に気分がすぐれなくなるなんてことあるわけないですよね」と言われたけど「あるわぼけ」と思った。

㋹

親から虐待されて育った人の話。虐待された人向けの本や文章はよくあるが読みたくない、重い話を聞いてくれる人はいるが話す気にはならないそう。皆、私を救おうとしてくるかららしい。負わされた傷が深すぎて〝救われてたまるか〟の気持ちがずっとあるらしい。救わずに聞いてほしいという需要を満たした。

——相手の気持ちを想像することはだいたい良しとされているけど、明らかに想像を絶するであろう経験を持つ人に対しては一切の想像を放棄するほうが正解なこともあるな。

——〝救われてたまるか〟という感覚は稀有な気がするけど、〝わかられてたまるか〟だと結構ありそう。

中学の頃、英語の授業でネイティブの先生が授業してくれる回があり、そのとき僕はだいぶイキってる時期で知ってる下品な英語を言ったりしてたんですが、先生は「ミスターモリモト、I don't despise you.（私は君を軽蔑しない）」と言ってきてグサっときたのを今も覚えてる。手本にしたい諌め方だと思う。

㋹

分娩の話を聞いてほしいという依頼。無痛分娩で、実際ほとんど痛くなかったので周りの痛い思いをした人とかには話せないとのこと。見せてきた動画の中では「痛い」と言ってたがそれは「せっかく旦那さんが撮影してくれてるのに何もないのもな～一応何か言っとかなな～」と気を使って言っただけらしい。

㋹

「自分のYouTubeチャンネルでやりたい企画のアイデアをDMで送らせてほしい」という依頼。自分のアイデアを第三者の目に触れさ

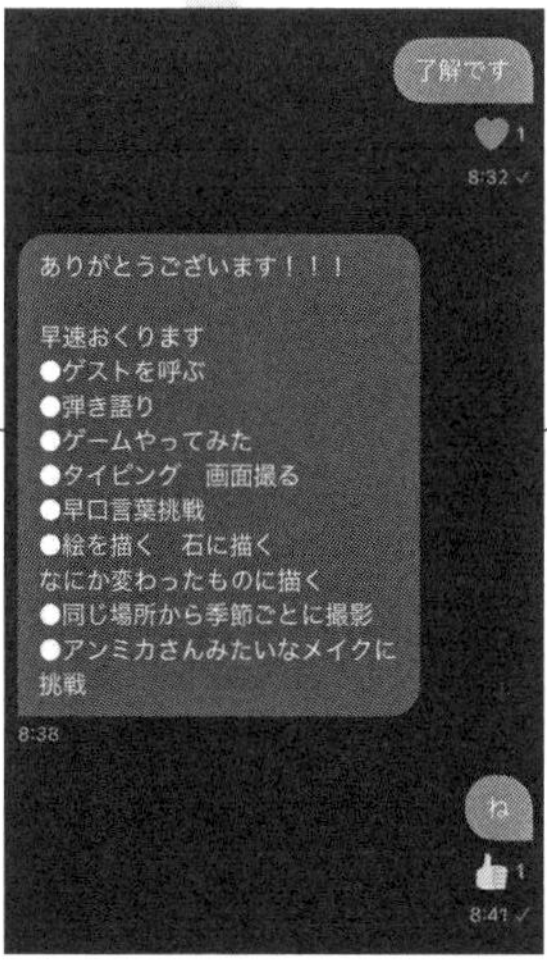
了解です
8:32
ありがとうございます！！！
早速おくります
●ゲストを呼ぶ
●弾き語り
●ゲームやってみた
●タイピング　画面撮る
●早口言葉挑戦
●絵を描く　石に描く
なにか変わったものに描く
●同じ場所から季節ごとに撮影
●アンミカさんみたいなメイクに挑戦
8:38
ね
8:41

せた上で冷静に見つめ直し「イマイチだな」とか「面白くなるかも」など判断して自分を鼓舞したいとのこと。自分の考えたことを客観視するのがいかに難しいかをよく心得ている。

――僕が「これはすごくうまい使われ方だ！」と思った依頼が必ずしもツイッターでウケるわけではないしな。

Ⓛ

僕のツイートに一〇〇パーセントいいねしてくれる人がいるんだけど、やっぱりちゃんと意味ゼロのツイートはスルーされた。ちゃんと読んでたんだ。

【2月4日】 #増田さんのファンの方？

ゲームの人数あわせ。

Ⓛ

「レンタルなんもしない人」のドラマのファンの方からレンタルされ、最終回のロケ地となったカフェに同行し、ドラマと同じものを飲み食いするのに同席してます。店に入ってすぐテラス席を要望すると店員さんは「増田さんのファンの方ですか？」

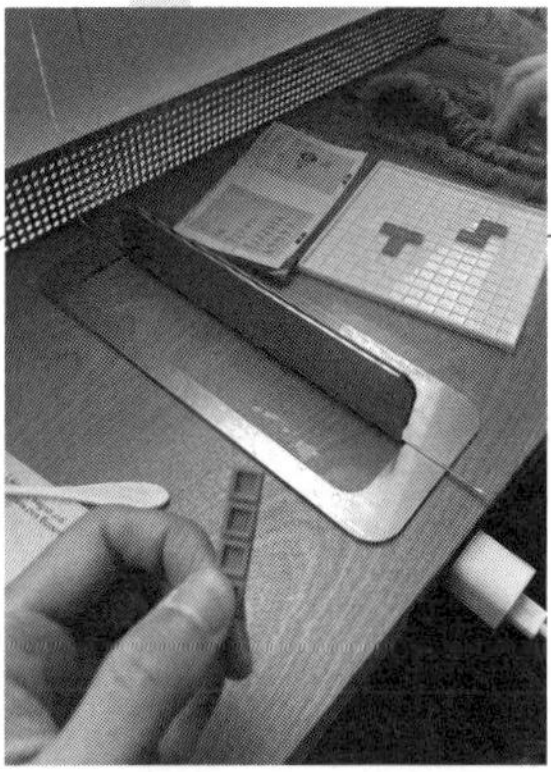

とすぐ察してくれて撮影に使われた席に案内してくれました。

㋹

今日は寒いと聞いたので貼るカイロ貼ってきたら急遽フリスビーの相手を頼まれてかなり動かされたのでめっちゃ汗かきました。

㋹

自分の声を録音して自分で聞いたときの気持ち悪さは自分の声の気持ち悪さというより自分が他人として存在している世界の気持ち悪さだな。

㋹

続いてます（2021年11月17日の依頼）。

【2月5日】 #返事はしませんが

感染拡大のおかげで暇なので、依頼報告ツイートやその他ツイートへの感想などもDMで送ってもらって大丈夫です。返事はしませんが。

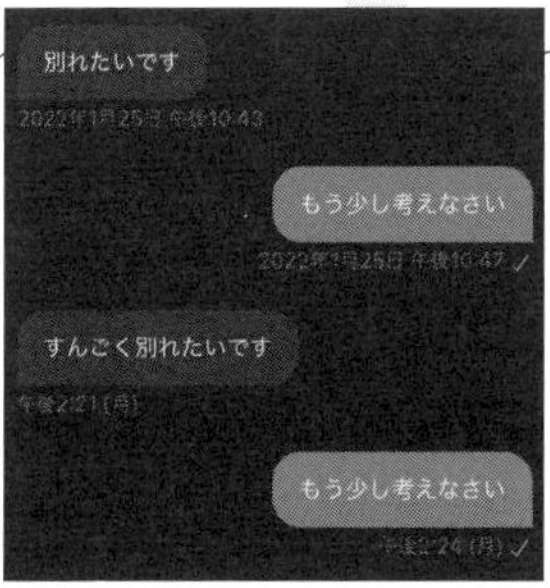

【2月6日】 #人生は満足したところで終われない

よく「レンタルなんもしない人は本家だけが成り立っている」と言う人がいるけど、本家も一度利用したきり二度と依頼してこない人がほとんどだし、真似してる人たちよりかは稼働しているとはいえ、成り立っているとはあまり言えない感じです。

成り立ってはいないけど一時期でも自分の嫌いな種類のストレスとは無縁のなんもしないライフを送れたという経験はもうそれだけで自分の人生を全肯定させてくれるので完全に満足です。もう人生大丈夫ですお腹いっぱいですって気持ちなんですけど、人生は満足したところで終われないのが理不尽ですね。

【2月7日】 #人前で褒めるの、気をつけて

褒められることについて思う所があるという話。「卒業式、カメラマンに頼んで友達数人との写真を撮ってもらったとき、カメラマンが私を『アイドルみたいだね!』と褒め、友達には『ね!』と同意を求めるのみで何も褒めなかった。本当に嫌だった。人前で褒めるの、気をつけてほしい」とのこと。これ嫌だな。

僕は容姿のことではないけど同様のシチュエーションで褒められない側をずっとやってきて、誰かが誰かを褒める&誰かが褒められるというすごく健全な出来事に対して何も文句を言ってはいけないような気がして平気なふりするけど実際には結構ダメージ

あったわ。

　褒められない側の傷付きエピソードはたくさん来るけど、それにくらべると褒められる側のエピソードは少ない。褒められる側でそのときの気持ちを引きずってる人が実際少ないからなのか、もしくは今回の依頼者のように褒められる側の気持ちは「人に話しづらいこと」だからなのか、どっちかだな。

【2月8日】 #緩衝材として

「ツイッターで知り合った人と二人で会うことになったが緊張するので同席してほしい」という依頼。二人とも僕をレンタルしたことがあるので僕を緩衝材にすれば初対面のピリッとした空気を少しやわらげられると思ったらしい。初手で相手の胸元の隙間に言及しても変な空気になってなかったし効果あった模様。

――僕は本当にただ存在すればいいだけだったのでピザを食べるスピードが段違いだった。

昼寝から目が覚めるとたまに世界全体に対して「何これ？」ってなる。

何これ？

【2月9日】 #あれ？ 聞こえる？ 好きだよー

惚気報告（妄想）、続いてます。

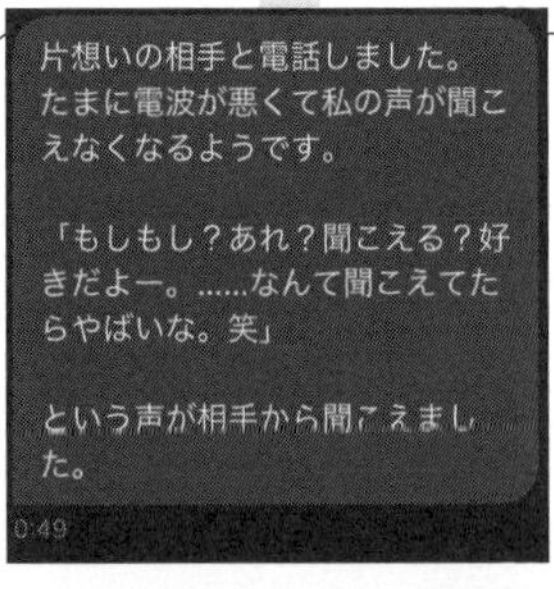
片想いの相手と電話しました。
たまに電波が悪くて私の声が聞こえなくなるようです。

「もしもし？あれ？聞こえる？好きだよー。……なんて聞こえてたらやばいな。笑」

という声が相手から聞こえました。

0:49

㋹

「自分が送るＤＭに一言返してほしい」という依頼。日々の記録を残していきたいが一人だと三日坊主になりそうなので他人に見られてる認識を持ちたい、ただ療養中の身で過度なストレスは禁物なのでプレッシャーを感じない人に見てもらいたいとのこと。全然知らない映画の感想がハイペースで送られてきて面白い。

㋹

今日はなんもなかったんで家で映画（ミッドサマー）を見てたんですが、ミッドサマー見てるあいだに来たＤＭ全部不吉に見えて全部断りそうになった。

六年くらい前レンタルビデオ店であえてパッケージを隠し「〇〇な人におすすめの作品」みたいにして貸し出してるコーナーがあり、そこに「とにかく胸糞悪くなりたい人におすすめ！」と書かれてた『ドッグヴィル』という映画が本当に胸糞悪くなった上に面白かった。とにかく胸糞悪くなりたい人におすすめ。

レンタルさんの好きな映画を一緒に見たいと言われてこれをチョイスしたことあるん

ですが、その依頼者は多重人格で、作品内に主人格のトラウマを刺激するシーンがあったため耐えられなくなり別の人格と入れ替わり映画どころではなくなったことあった。それでも「映画としては凄く面白かった」と言ってた。

【2月10日】　#親から祝われる前に

今日は在宅勤務です。

「諸事情あり誕生日が苦手で、なおかつ両親と仲良くできず距離を置いているが、誕生日は確実に祝われてしまう。両親から一番に祝われたら一日憂鬱になるのが目に見えているので、両親から祝われる前に朝イチで祝ってほしい」という依頼。なんか『祝う』が『呪う』に見えてくる。

誰かが「こんなこと思ってるのは自分だけじゃないかと思うんだけど」と言って話したことに対して「本当に全く何もピンと来ない」「一切わからない」となることが皆無なのがおもしろい。

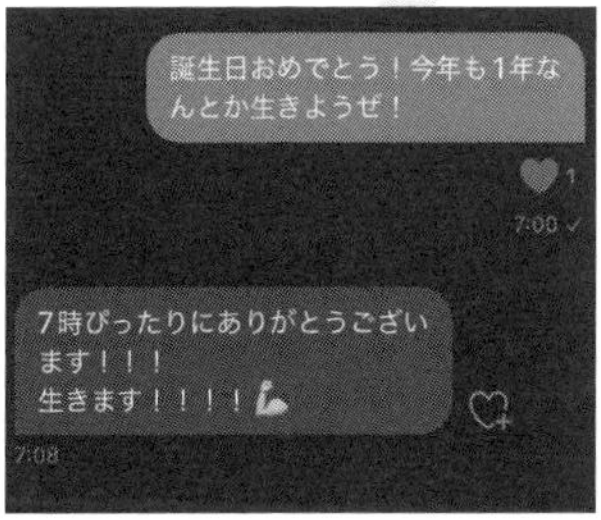
誕生日おめでとう！今年も1年なんとか生きようぜ！
7:00
7時ぴったりにありがとうございます！！！
生きます！！！！
7:08

でも子供の頃よりは共感能力が備わったと思う。子供の頃は家族や友達を亡くして悲しんでる人とかも演技というか「そうするもんだから」そうしてると思ってたけど、あれは本当に悲しいんだとかわかったしな。

子供のころ地震にキャッキャしてたら親からめちゃくちゃ怒られて、今でも地震があると〝怒られないように〟振る舞ってしまうとこある。

高一の時たまたま1月17日に日直だった友達が学級日誌に「あの日、実は僕、朝から激しく地団駄を踏んでいました。まさかあんなことになるとは……取り返しのつかないことをしてしまい、被災者の皆様にお詫び申し上げます」という冗談を書いて先生から案の定怒られてたけど。

「一般的に不謹慎だと言われることをよく考えてしまい、そういうことは普段誰にも話せないので聞いてほしい」という依頼があったことあった。このコロナの状況もSFを見てるようなワクワクがあるらしい。僕も、生活上の不便でつらく感じることはありつつも素の人間として純粋にスゲ～と思ってるとこある。

【2月12日】＃一万円は相殺

今日は「宝くじの抽選結果を見るのを見守ってほしい」という依頼があった。一万円が当たって喜んでたけど、なんもしない人のレンタル代一万円により相殺されゼロに。

それでも気にせず喜んでたのでいつにも増して「いろんな人がいるな」と思った。

「子供のころ通わされてた新興宗教の道場を見に行きたいが一人だと気が重いので同行してほしい」との依頼。嫌だったけど綺麗な辞め方ができず今も心に引っかかりがあるらしい。憂鬱だった体験を語りながら歩き、道場の前に着くと看板に向かって何かを呟いてた。「来れてよかった」と言って帰っていった。

【2月13日】 #どなたかのレンタルを無料に

一万円を振り込むのでどなたかのレンタルを無料にしてほしいとの依頼。これまで依頼をかけるも状況が変わりキャンセル、ということばかりなので誰かの依頼料をかわりに払うことで依頼したい気持ちを満足させたいとのこと。裁量は難しいので次に来た依頼に適用することにした。「痩せろデブ」に使われた。

宮本浩次さんのライブに同行してます。すごかった！
自分が余裕をもってこなせる範囲のパフォーマンスでも十分なクオリティは出せるの

にもかかわらずその範囲をわざわざ越え出ることでよく知られた人物につきものの安定感や安心感を殺しにいくスタンスすごすぎた。

【2月14日】 #もっと仕事したい

昨日はディズニーランドからの宮本浩次、充実してた。

㋹

今日はお父さんの誕生日です。お父さん、誕生日おめでとう！

㋹

今年も義理 PayPay（二一四円）もらいました。PayPay は好物なので嬉しいです。

㋹

――占いで「あなたは与えられることが仕事」って言われたからな。もっと仕事したい。

ディズニーランドに一人で行く勇気がないので同行してほしいとの依頼。依頼者の好きなアトラクションに一緒に乗ったり食べてみたいフードを一緒に食べたり並んでるあいだの雑談に相槌を打ったりした。依頼者がポップコーンを買いに行ってるあいだのパレードの場所とりなど実用的ななんもしないもあった。

――冷雨の中ホットココアを人と飲むのよかった。

㋹

会社にいたころよく言われて落ち込んでた「覇気がない」という言葉、同じ言葉をいま言われたら「よしゃよしゃ（できてる）」ってなるのおもしろいな。

嫌な言葉もポジティブに捉えようぜみたいな話じゃないからな、覇気がないことを責められるのはその時の会社員の立場なら妥当だからな。

【2月15日】 #依頼者の方がなんもしてない

今日は朝から釣りに同席してます。もう飽きたらしく、依頼者の方がなんもしてない。

一匹も釣れませんでした。

【2月16日】 #レ、なるほど……

「自分の誕生日、行きたいところに行って何も考えず楽しみたいが友達を誘うとプレゼ

ントやサプライズ等で気を遣わせてしまったり申し訳ない気持ちになるので何もしてくれない人に同行してほしい」という依頼。僕からは何もなかったがマジシャンからプレゼントもサプライズもどんどん出てきて面白かった。

入店してきたのがレンタルなんもしない人だとうっすら気づいていたマジシャン。「この中から一枚引いて、そのカードにお名前をでっかく書いちゃってください」で僕が『レ』と書くと、じっと目を見ながら「レ、なるほど……頭文字ですよね、レ、なるほど……」と確信を得た様子だった。

㋹

今日は「友達の誕生日祝いに同席してほしい」という依頼で浅草ですき焼きに同席してます。僕はしゃぶしゃぶにしました。

㋹

相次ぐ誕生日祝い同席依頼。

「私の誕生会に出席してほしい」という依頼。誕生日は特別な異性と過ごすべきという考え方で生きてきたが二〇歳になる今年はそんな固定観念を壊してみたいとのこと。店やケーキの手配を自分でやり出席者の食事代も全部もつことで固定観念は無事ずたずたになった模様。店員さんの固定観念も少し覆されてた。

――僕は飴細工を壊した。

――このときの依頼者も、食事の味を楽しみながら「もし普通に（予定通り夫のお祝いで）来てたらこんなにじっくり味わえなかったと思う。誕生日って、祝うのも祝われるのも気を遣う」と言ってたな。

帰りに六本木駅の改札を通るとき横を歩いてた依頼者が瞬時に後ろに回り込んできて僕のSuicaの残高をめっちゃ見てきた。「これは誰にも言いません」とニコニコしてた。誕生日の人強い。

【2月17日】 #ふもとすぎる

（2021年11月17日からの依頼）終わりました。

東京スカイツリーに同行。東京スカイツリーに行くといつも「ふもとすぎる」って思う。

レンタルなんもしない人
@morimotoshoji

「夫の誕生日祝いをする予定だったが喧嘩したためもう祝いたくありません。でもせっかくいいお店を予約したしキャンセルするのもアレなので同席してほしい」という依頼。喧嘩中カッとなって依頼したらしく、席につくと「私なにしてんだろう」「こんなことしていいの？」と自問しつつも食事を楽しんでた

午後4:48 · 2021年11月4日

53 件のリツイート　5 件の引用ツイート　1,079 件のいいね

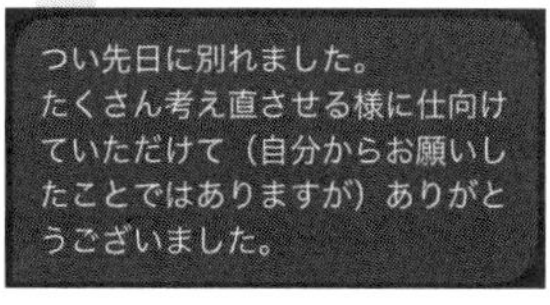

つい先日に別れました。
たくさん考え直させる様に仕向けていただけて（自分からお願いしたことではありますが）ありがとうございました。

東京タワーに同行。かっけ〜。

【2月18日】＃独立開業

昨日の東京タワーからみえた月、夜を任されてる感があってめっちゃ良かった。

Ⓛ

「東京を離れる前に元夫との思い出の店に行きたいので同席してほしい」という依頼。一人だと浸りすぎて味わえなそうだし、友人とだと会話に意識が向き料理を味わうのをおろそかにしてしまうとのこと。「これしか食べたことないです」というミートソースパスタを心ゆくまで振り返れたようで何よりでした。

「せっかくなのでレンタルさんの本を買っていきたいです」と言うので一緒に本屋に行ったら「独立開業」の棚に置かれててびっくりした。

Ⓛ

知らない歌手（KEYTALK の首藤義勝さん）のライブの空席を埋めに来た。埋めるぞ〜

【2月19日】　#むかつかせる

惚気報告、続いてます。3年目に入った。
――間違えた、4年目だ。

毎週のように「来週からまじでなんもないな」となるけど、なんだかんだで毎日依頼が入ってるの不思議。

レンタル活動を始める前の普通の仕事（フリーランス）のときも常に「この仕事が終わったら死ぬしかないけどいいのかな？？」という状態だったけどなんだかんだで生かされてたな。

「母校に同行してほしい」という依頼。大学時代は「何もしなかったし、何者にもなれなかった」「何かから逃げ続けていた」というイメージがあり数十年たった今も引きずっているが、ちょうど子供が大学受験を迎えている今、再び母校を訪れ、自分の居た場所

を巡ることで青春に区切りをつけたいとのこと。

大学構内のほか住んでたアパートや近くの弁当屋などもまわった。思い出に区切りをつける作業を「クリア」と呼び、一個一個クリアしてくのをRPGみたいに楽しめたらしい（RPGはやったことないらしい）。途中で普通にめんどくさくなって全然関係ないハンバーガーを食べてた。区切りついたんだろうなと思った。

㋹

宮本武蔵の五輪書を立ち読みしてたら「むかつかせる」という戦法が書かれていた。相手をむかつかせることで隙を作りそこを斬るらしい。ツイッターでも、むかついたら殺されるって思えばむかつかずに済みそう。

——つぶやけばつぶやくほどフォロワーが減るのに、それでもなおつぶやいてる自分、完全にマザーテレサだな。

【2月20日】 ＃今は億単位の世界だから

好きです。

㋹

私は今、遠距離恋愛しておりまして、バレンタインデー当日に恋人にチョコレートを渡せず、その後もいつ会えるかがわからないので、レンタルなんもしない人さんに、代わりと言っては何ですが、チョコレートを受け取って頂けたらと考えています。
甘いものはお好きですか？

お菓子業界から建設業界に転職した人の話。製菓店をいくら転々としてもずっときつかったのに建設業に移った途端一気に働きやすくなったそう。「一個何十円何百円の世界だと何かと細かいことを言い合うせいか人間関係きつかった。今は億単位の世界だからかみんな大らか」と言っててさもありなんと思った。
　僕のレンタル料もたとえば「三〇分ごとに二四〇〇円（延長の場合は一分ごとに一〇〇円、二二時を過ぎた場合は深夜料金となり一分ごとに一五〇円）頂戴します」みたいな感じだったら労働環境は一気に悪化するだろうな。

【2月22日】　#必要なものはもたらされる

今日は依頼者ぎっくり腰によりキャンセルとなったので何もなくなりました。急遽何か依頼したいことある方はＤＭにてご連絡ください。

Ⓛ

「もう大丈夫です」「必要なものはもたらされます」という謎のお告げが届いた四分後に別の人から一円が送られてきて笑った。

【2月23日】 #タリーズへの気持ちは内に秘めて

「辞めたいのになかなか辞められてない団体を辞める手続きをするのに同席してほしい」との依頼。連絡する相手の攻撃性が高いので手続きのメッセージを送るのも返信を確認するのも一人だとしんどいとのこと。メッセージ送信はすぐできたが返信がなかなか来ず五時間半一緒に待った。無事辞められたようです。

返信を待つ間、池袋サンシャインの展望台を一緒にぶらぶらしたりもしてたんですけど、こんな高いところにタリーズがあってなんかテンションあがった。今まで見た中でいちばん高いところにあるタリーズだった（返信待ちで緊張してる依頼者とはとくに会話もなかったためタリーズへの気持ちは内に秘めた）。

（レ）

最近ある依頼者が「ただ話を聞いてもらうにしても、相槌で色をつけてこられると嫌」というようなことを言っていて、心の中で（いる!!　わかる!!!）と思いつつ（気をつけよ）と思った。

【2月24日】 #何してるん？

「諸事情により大きな荷物を持った状態でカフェに長時間居座る必要があり、お店に

明日、私はフューシャピンクのマスクとセーターを着て行きますので、店内で強めピンクを纏ってる超ロングヘアの人間の席を見つけてください。
あと、入り口から見えるかは謎ですが大きな荷物もフューシャパープルです。

とって邪魔な気がして一人だといたたまれないので一緒にいてほしい。あとついでに暇つぶしのための話し相手になってほしい」という依頼。待ち合わせのわかりやすさが抜群だった。

服やかばんやマスクだけでなく消毒用のアルコールジェルの中身までピンクで徹底しててすごかった。奥に見えるリップは友達から「フューシャのあったよ」と貰ったらしい。プレゼントするほうもわかりやすくていいだろうな。

Ⓛ

今日レンタル中、仕事でたまたま近くに来てた友達が僕に気づいて「何してるん？」と声かけてきたけど普通に「おぉ！」って言ってしまった。「なんもしてない」を期待してたろうに。

【2月25日】#ガンバリます。

今日は浅草花やしきに同行してます。

日本最古のジェットコースターらしい。「ガンバリます。」が怖い。

これでめちゃくちゃ酔った。

この『スリラーカー』というライド型お化け屋敷、おもしろいけど大人二

人で乗るとせますぎて体の側面が完全に密着する形になるので相手との関係性によっては注意が必要です。

【2月26日】 #今日依頼ないの？

家でぼーっとしてたら息子に「今日依頼ないの？」って言われた。

㋹

今日は依頼なんもない日だと思って家で寝てたら急遽依頼が来て千葉まで連れていかれて一分ほど滞在してまた引き返してます。こういうの本当好きです。

「どこだったらダルいなってなりましたか？　茨城とか？」と聞かれたけど〝急遽茨城〟の魅力の前に遠さは無力だなと思った。

小学生の頃「遊ぶ約束をする」という習慣がなくて、急に思い立って友達の家に行くことがしょっちゅうあったんですが、そうやって急に思い立って友達の家に向かってる道中、同じく急に思い立って僕の家に向かってる友達とバッタリ会うことがあり、あれは嬉しかった。急遽の依頼はそれと通じるものがある。

【2月27日】 #金は全てを解決する

「ちょっと友人を誘いにくい喫茶店にカレーを食べに行くのに同行してほしい」との依頼で高円寺の「旅する喫茶」へ。お店のシステム的に入れる時刻がはっきりせず待たせる可能性があるのと「カレーが美味しいから」と誘ってもタイミングによってはカレーが無かったりするため友人は誘いにくかったらしい。

カレー食べついでに話したいことを五個用意してた。友人相手だと「楽しませないと」という意識が働いて話したいことを全力で垂れ流すことがなかなかできないがこうやってお金を払ってる相手だと「まあ金払ってるし」となりそれができるらしい。九〇分とめどなく話し「金は全てを解決する」と満足げだった。

【2月28日】 #今日もカレー

昨日に続いて今日もカレーに同席してます。カレーが好きじゃなかったらどうなっていたことか。普通にカレー以外のメニューもありました。

手品バーに同行してます。

㋹

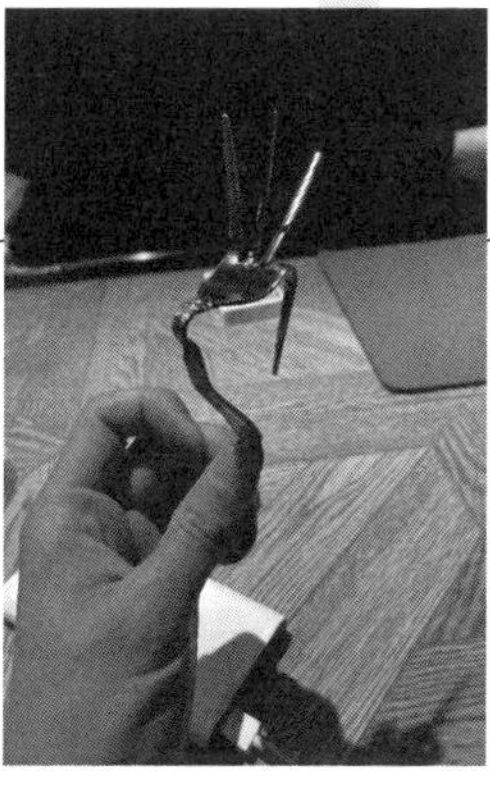

3

3月：旦那さんのちんちん触らなかった

【3月1日】 #ぐるぐるてくてく

「歯列矯正をしているがコロナ禍でマスクをしているため徐々に綺麗になっていく歯を誰にも見てもらえず痛みに耐えていくモチベーションが上がらないので歯が綺麗になっていってることを誰かに気づかれてると思えるよう歯の写真を定期的に送らせてほしい」という依頼。あと二年歯を見せられ続けるらしい。

「『ぐるぐるてくてく』という好きな漫画があり、池袋周辺を散歩するお話で、その散歩を再現するのに付き合ってほしい」という依頼。やりたい気持ちはあるが人と約束して〝いくぞ！〟と気合い入れないとできないとのこと。依頼者の息子も学校に行き渋ったのでついてきて三人でぐるぐる歩き回り楽しかった。

——途中、唐突にうーめんを買い与えられた。うーめんを買い与えられたのは初。これも漫画の再現なの

かどうかは聞いてない。

最近ツイッターでけんかした人が「コーラが嫌い」と言ってたから最近よくコーラ飲んでる。　㋹

トリュフ専門店に同行。こちら本日使用するトリュフですってトリュフ丸ごと出てきてさっそくすごい。飾ってある絵までトリュフで笑ってしまった。　㋹

【3月2日】 #忘れた頃にくる一円

「よくわからないが凄そうなのを知ったので行ってみたいけどよくわからなすぎて一人だと怖いし友達も誘えない（よくわからなすぎて）ので同行してほしい」という依頼。Venus of TOKYOという日本初の常設イマーシブルシアターらしい（本当によくわからないが凄そう）。想像以上によくわからなくて凄かった。

秘密クラブで開催されるオークションが舞台で、そこで使えるお金を入り口で貰ったが僕は使わずそのまま持って帰った。ハンターハンターのグリードアイランドからアイ

テムを持ち出したみたいな感じがして嬉しい。これをたくさん貯めてからオークションに臨み実際に何かを競り落とした人もいてすごかった。

――すみません、イマーシブシアター、でした。

Ⓛ

「たまに詩を作るのですが、アカウントを作って呟くほどの頻度ではないので見ていただきたい」という依頼。無事飽きたようで何より。

Ⓛ

今日は依頼なかったけど、ツイッターを更新したので充実していました。

Ⓛ

「このまま消えたいと思ってしまうことがあったので立ち直るまで好きな時に勝手に一円送ってもいいですか?」という依頼。忘れた頃にくる一円の通知が生存報告みたいになっていてなんか面白い。一円なので「このまま永遠に立ち直らないでくれ」とか思わずに済んでいる。

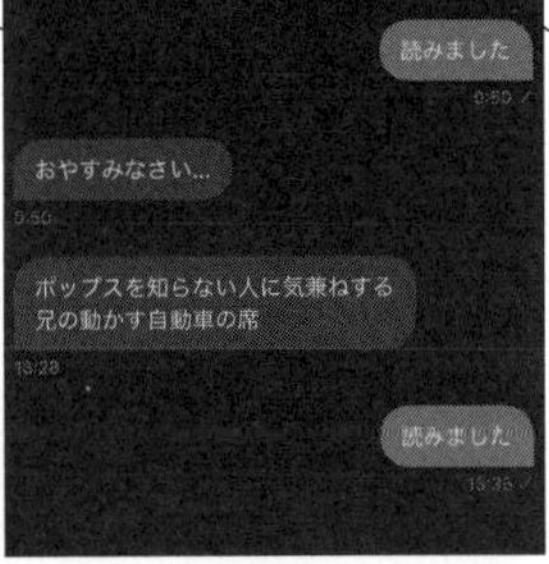
家に居る虚しさのまま寝床では両手の袖を通す綿入れ
読みました
おやすみなさい…
ポップスを知らない人に気兼ねする兄の動かす自動車の席
読みました

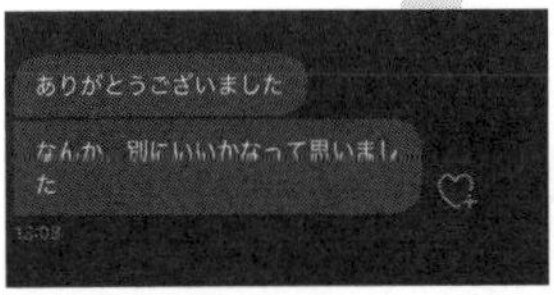
ありがとうございました
なんか、別にいいかなって思いました

【3月3日】 #ちんちんを触らない！

「旦那さんのちんちん触らなかった報告をさせてほしい」という依頼。旦那さんのちんちんをすぐ触ってしまうそうで、それをやめたくてツイッターでちんちんを連呼してちんちんへの気持ちを鎮静化していたが、そんなちんちん言いまくると凍結されるよと言われてからそれもできなくなり依頼に至ったらしい。

すみません、訂正です。ツイッターでちんちんを連呼していたのは、鎮静化とかではなく、単にちんちんって単語が好きなのと、旦那さんに会いたいな！　の意味で普段から呟いていたそうです。また、旦那さんのちんちんを触るのをやめたいのは旦那さんのインポを治すためだそうです。お詫びして訂正します。

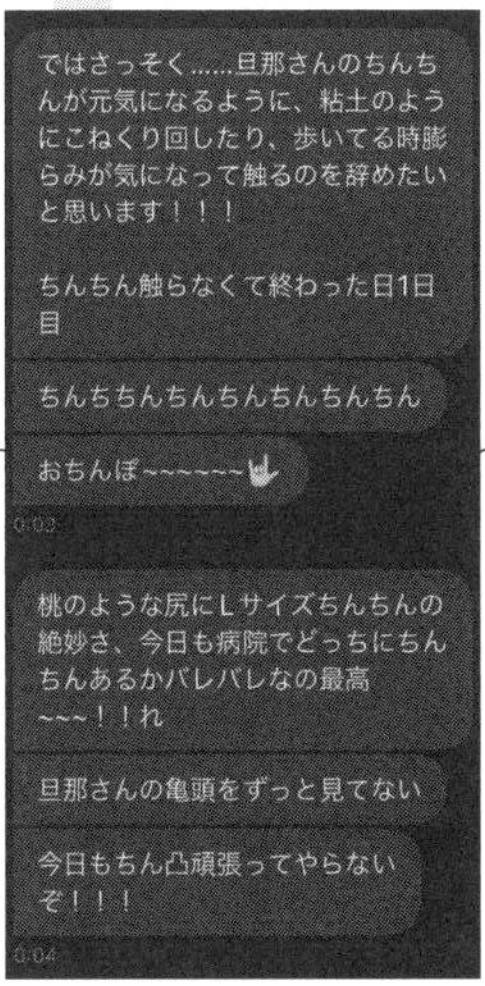
ではさっそく……旦那さんのちんちんが元気になるように、粘土のようにこねくり回したり、歩いてる時膨らみが気になって触るのを辞めたいと思います！！！

ちんちん触らなくて終わった日1日目
ちんちちんちんちんちんちんちん
おちんぽ~~~~~~
0:03
桃のような尻にLサイズちんちんの絶妙さ、今日も病院でどっちにちんちんあるかバレバレなの最高~~~！！れ
旦那さんの亀頭をずっと見てない
今日もちん凸頑張ってやらないぞ！！！
0:04

㋹

先日イマーシブシアターというのに同行したけどすごかった。説明難しいけど〝没入型演劇〟などと訳されてるもので、客席と舞台の区別がなく、観客も作品の世界を歩いたり触ったりでき、実際にその世界に生きる人としてストーリーを味わってるような感覚が得られる。リアルRPGと言ってもいいかもしれない。

僕は初めてで終始おろおろしてたためストーリーを理解するのに十分な行動がとれな

かったけどすごいのは伝わってきた。というか、いろんな場所で同時多発的にストーリーが進行するので一度の参加で理解しきるのは不可能になっている。リピートしたり、ほかの参加者と情報共有したりが前提となってる印象。

イマーシブシアターを体験した人はみんな思うことかもしれないけど、現実世界もイマーシブシアターでは？　現実世界もイマーシブシアターと思えばイマーシブシアターに行かなくてもめちゃくちゃ面白いな？　となり現実の面白みが増した。一回の人生ではよくわからないところとかいかにもイマーシブシアター。

㋹

Q　イマーシブシアター言いたいだけですよね？

A　このまえのツイートで間違えて「イマーシブルシアター」って言っちゃったのを帳消しにするためです。

【3月4日】　#自信のほどがしつこい

昨日の依頼報告に「ちんちんインポッシブルじゃん」とコメントがついてて、ちんちんインポッシブル？　と思い検索してみるもちんちんインポッシブルは依然わからず、そのかわり芸人のインポッシブルが相方のちんこを見ながら笑わずにうどんを食べることに挑戦する動画が出てきてかなり笑えたからよかった。

㋹

小野照崎神社に同行してほしいという依頼。「何かを捨てれば何かが得られる神社」だそうで渥美清さんがここで「煙草をやめるから成功させてくれ」と願ったらその後すぐ寅さんの役が来たという逸話があるらしい。依頼者が何かをやめるかわりに何かを願うのを見守った（何をやめ何を願ったかはきいてない）。

——僕は「弱い者いじめをやめますからこの調子で楽しく平和に暮らさしてください」と願いました。最近うやむやになってます。

㋹

「行ってみたい洋食屋さんがあるが一人だと食べきれるかどうかとか心配なので同席してほしい」という依頼。浅草「ヨシカミ」にて依頼人のナポリタンやビーフシチューを少し手伝うなどした。「うますぎて申し訳ないス！」といろんなところに書かれていて自信のほどがしつこかったが事実おいしかった。

「最近自分の身のまわりで起きた人間関係のいざこざに疲れ切ったので誰にも気をつかわずにカフェで無になる時間をいっしょに過ごしてほしい」という依頼。一人だと逆にいろいろ考えてしまうそうで、「会話とかまじでいらない誰か」にいてもらったほうが心を無にできるらしい。無の表情でプリン食べてた。

――一人でいるより誰かといるほうが無になれるの自分もそうだな。一人でいるときよりレンタルされてるときのほうが何も考えてないし。

【3月5日】 #逃げ道がない

花粉症はじまってましてて鼻ズルズルしてますことご承知おきください。

小さい頃から花粉症で、最近よくなってきたけどずっとアトピーで、あと声も思うように出なくてという感じだったのでいわば〝体ガチャ〟に外れたような気持ちがずっとあったけど、いろんな人の話を聞いてるとごく一部の例外を除けばみんな体に何らか異常を抱えてるのを知ってハズレ感はだいぶ減ったな〜。

よく「低気圧……」って言ってる人も僕でいう「花粉……」なんだろうな。花粉は最悪花粉の飛んでこないところまで逃げれば穏やかに暮らせるけど低気圧は地球上どこにでもあるから〝逃げ道がない〟というつらさまで乗っかっててよりつらいだろうな。
ハズレ感なんか減っても本質的な生きづらさは変わらないじゃないかと思うけど、生きづらさは他人の平均的な生き方と比較しない限り発生しないものだからハズレ感こそ本質じゃないかとも思う。

Ⓛ

先日ピカチュウの格好でレンタルしてきた人、待ち合わせ場所に立ってるとき偶然通りがかった親友に目撃されてだいぶ不審がられたらしい。自分だとは気づかれなかったみたいで、後日会ったとき「そういえばこのまえ頭おかしい奴を見た」と報告を受けたがシラを切り通したそうです。なんかいいなと思った。

Ⓛ

すでに酔っ払ってる人にレンタルされてます。歩きスマホも危ないが突然立ち止まるのも怖い。何を探してるのかわからないままついていったのですが、かなり迷った末ペットパラダイスに着いて意外だった。

Ⓛ

「路上喫煙者と揉めた話を聞いてほしい」という依頼。路上喫煙者に注意したらひどく揉めて怒鳴り合いになったが用事の都合で中途半端に切り上げてしまってスッキリせず、また一緒にいた息子にも怒られてしまったので、怒ったり呆れたりしない人に話してスッキリしたいとのこと。動画付きで迫力あった。

【3月7日】 #相手の手札を増やしたくない

「結婚の望みは薄いがとても好きな人とこのまま付き合い続けるかそれともあきらめて別の人を探し自分の結婚願望を叶えるかという私の葛藤をただ聞いてほしい」という依頼。何も言われないことの安心感があったそうで、思う存分同じところをぐるぐるしてました。

恋人や配偶者などわりと何でも話せそうな相手のいる人からも話を聞いてほしいと依頼されることが多い。理由はいろいろだが中でも「相手を信頼して打ち明けた自分の弱みや悩みを喧嘩時に攻撃カードとして使われることがある。もうこれ以上相手の手札を増やしたくない」というのは鬼気迫ってて面白かった。

レンタル非情になりきれない人。

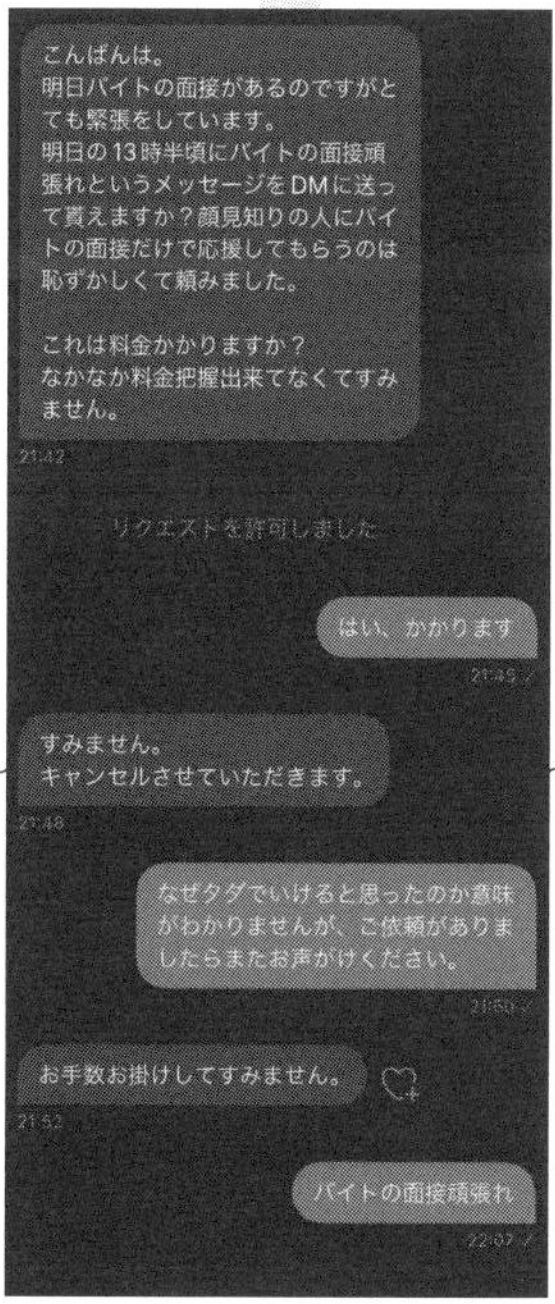

【3月8日】　#知らない男を家に呼ぶ

何も言わずただ話を聞いてほしいみたいな依頼では「本当はこれ言ったほうがいいんだろうけれど〝何も言わず〟ってことだから何も言わないでおこう」とかではなく本当に何を言っていいかわからないから何も言わないことになります。そこがひとつ模倣困難な点かもしれません。

部屋の片付けを見守ってほしいとの依頼。レンタル中は雑談で盛り上がり片付けは一切進まず、僕が来る前と帰った後はテキパキ動けたようなので、もはや邪魔しに行っただけみたいで面白かった。無事綺麗に片付き今日は旦那さんに怒られずに済むそうです。家に知らない男を呼んだほうで怒られないかは不明。

【3月9日】 #本日の語彙です

今日は浅草ROXにあるスーパー銭湯「まつり湯」でレンタルされています。風呂上がりの食事に同席しながら話を聞く予定です。僕は入浴せず外で待ってるんですが、館内着の人しかいなくて浮きすぎたため着替えるだけ着替えて刃牙を読むことにしました。

　人に話したいことが溜まっているが特段話を聞いてくれる人もいないので聞いてほしいという依頼。よく行く銭湯で入浴したあと座敷で何かつまみつつ酒を飲むのが好きだそうでそれに付き合いながら話を聞いた。相槌は「本日の語彙です」と渡されたリストから選ぶスタイルだった。「気持ち悪い」が多かった。

【3月10日】 #どこから見ても閉まってる

トリックアート展に同行。

時間内に行ったがなぜか閉館してた。これもトリックアート？　と思ったがどこから見ても閉館してた。

　このために仕事を一時間早く切り上げて遠路はるばる川越まで来たという依頼者、かなりくやしがったあとせっかくなのでと付近を散歩したり、あま

り興味はない神社に行ったりしてました。「私もなんもしない時間を過ごせました」とのこと。トリックアート展はまたリベンジするそうです。

――川越は「ソフトクリームのオブジェを探し歩くのに同行してほしい」という依頼があった場所なのでソフトクリームのオブジェを見ると条件反射で撮ってしまう。三年以上前に見たやつがまだあるとちょっと嬉しい。

㋹

依頼者と会ったとき「えっ⁉　全然気がつかなかったです！　めちゃくちゃ普通ですね⁉　もっとこう、なんかあるかと思ってました！」ってオーラの無さに驚かれたこともある。

㋹

「そのリュックって何が入ってるんですか？」ってよく聞かれるんですが自分でもよくわからない。なんでパンパンなのかも謎。開けて中を覗いても財布とティッシュとモバイルバッテリーくらいしか無いから本当に不思議。

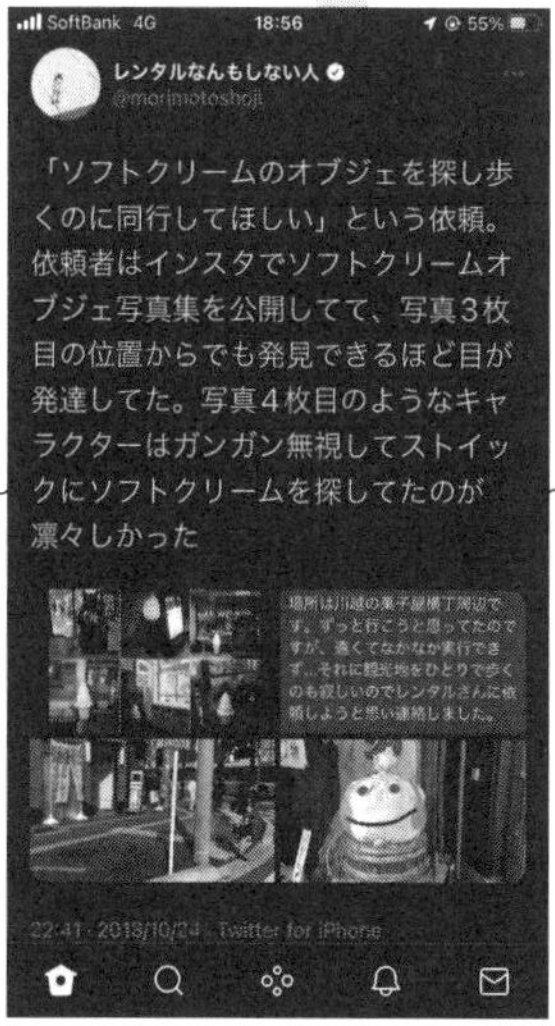
SoftBank 4G　18:56　55%
レンタルなんもしない人
@morimotoshoji
「ソフトクリームのオブジェを探し歩くのに同行してほしい」という依頼。依頼者はインスタでソフトクリームオブジェ写真集を公開してて、写真3枚目の位置からでも発見できるほど目が発達してた。写真4枚目のようなキャラクターはガンガン無視してストイックにソフトクリームを探してたのが凛々しかった
22:41 · 2018/10/24 · Twitter for iPhone

【3月11日】＃謎の男の存在

私と母二人女性のみなので、不安なためご連絡致しました。……こちらの管理会社がなかなか評判が悪く、当日は臨戦体勢に入っているかと思いますが気にならないでください（笑）……

賃貸物件の退去立ち会い依頼。管理会社の評判が悪く、自分と母の女性二人のみだと不安とのこと。僕は関係者ヅラ以外なんもしなかったが依頼者は部屋のチェックをする担当者にがっつりスマホを向けて動画を撮るなど臨戦体制だった。緊張感はあったが謎の男の存在に触れられることもなく無事退去完了した。

退去立ち会い依頼は何度かあるけど、いずれも何か言われることもなくスルーされてます。退去のとき住人以外の人も付き添いで来ることは普通によくあることなのかもしれないです。

㋹

歯列矯正をしてる人が「歯の矯正って全部で一〇〇万くらいかかるから、生まれつき歯並びいい人は最初から一〇〇万持ってるのと同じ。うらやましい」と言ってた。そういうのいろいろありそう。

【3月12日】 #心当たりはない

ローランドさんが監修しているというイタリアンレストラン「ベラノッテ」に同行し、ローランドさんおすすめのミートボールスパゲティを食べるのに同席しています。銀の盾はじめて見た！

㋹

惚気報告、続いてます。

㋹

スライムういろうを差し入れていただきました。「以前ドラクエのツイートをされていたので」と言われたけどまったく心当たりなくておもしろかったです。

【3月17日】 #きっと元気にさせてあげるからネ

ちんちん触らなかった報告、続いてます。触らなすぎることによる禁断症状を予防するためチートデイ（お股枕や軽めに触るのはよしとする日）を週二までを限度に設ける

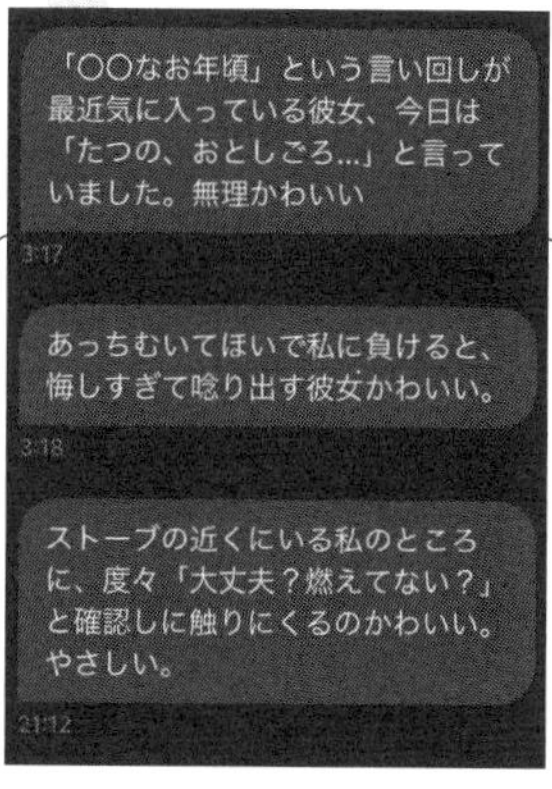
「〇〇なお年頃」という言い回しが最近気に入っている彼女、今日は「たつの、おとしごろ…」と言っていました。無理かわいい
3:17
あっちむいてほいで私に負けると、悔しすぎて唸り出す彼女かわいい。
3:18
ストーブの近くにいる私のところに、度々「大丈夫？燃えてない？」と確認しに触りにくるのかわいい。やさしい。
21:12

スライム
ういろう

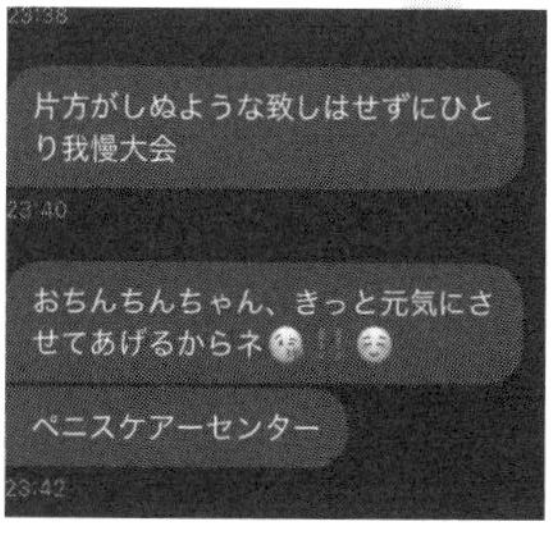
23:38
片方がしぬような致しはせずにひとり我慢大会
23:40
おちんちんちゃん、きっと元気にさせてあげるからネ
ペニスケアーセンター
23:42

ことにした模様。いい効果出てるようです。

【3月19日】 #ワシントンポスト

今日は大人一人と子二人が飛行機に乗るのを見送りました。卒園間近の娘にねだられてディズニー旅行に行ってきた帰りらしい。直前にターミナルが変更されてることに気づき第二ターミナルから第一ターミナルまでみんなでダッシュしてギリ間に合った。最後尾に大人が一人いるだけで安心感が全然違ったそうです。

——乗れるスーツケースいいな。

——誘拐防止にレンタルなんもしない人。

ワシントンポストに掲載されました。 ㋹

https://www.washingtonpost.com/world/2022/03/19/japan-loneliness-rent/

——ワシントンポストに掲載されれどなおわがくらし楽にならざり。

【3月22日】 #浅野じゃないよ

大阪に来てます。早速冗談みたいな建築物。

――梅田の阪急百貨店で「あの、もしかして浅野さんですか?」って声かけられた。

㋹

「USJのハンターハンターのやつに同行してほしい」という依頼。前日に急に行きたくなったそうで、一人では行きづらいため誰か誘いたいもののそんな急に誘える人おらずレンタルに至ったそう。3Dメガネをかけて観るタイプのアトラクションで、3Dメガネのことを終始「〝凝〟メガネ」と呼んでたのが面白かった。

――USJのマリオのゾーンめちゃくちゃ楽しかった。なんかしそうになった。

【3月23日】 #話すのが久しぶりすぎて

「自分の気持ちなどを一方的に吐き出させてほしい」という依頼。去年いろいろあってから職場以外の人間関係がなくなり、今はなんでも吐き出せるような相手がいないとのこと。家庭や職場以外で人と話すのが久しぶりすぎたせいか寒すぎたせいかで手がめちゃくちゃ震えたらしい（でも飲み物は運ん

でくれた)。

【3月24日】 #もう下りちゃうの⁉

今日は散歩ビンゴに同行してます。

高尾山に連れてこられました。

リフトに乗せられてます。

「リフトに乗ってみたいが初めてで一人だと不安なので同席してほしい」という依頼。高尾山まで行ってリフトに乗るためだけに友達は誘いづらかったらしい。本当にリフトで上り下りしただけで終わった。係員の人に「あれ⁉　もう下りちゃうの⁉」と驚かれてた。

【3月25日】 #もう閉まるんだし

かっこいい船に乗せられてます。

閉館間近のヴィーナスフォートに同行してます。西松屋がスカスカだった

り、マネキンがパンイチだったりと終わりを感じます。

——ルイージマンションの掃除機のボタンの調子が悪いのかダークライト？　が全然出なくて途中の扉を開けられず詰みました。もう閉まるんだし言わなくていいか。

【3月26日】#五年後は永遠に来ない

「私が『離婚したい』と送ったら『五年後にできるよ』と返してほしい」という依頼。返す文言は固定されてるので永遠に五年後は来ないけど大丈夫か。

㋹

今日はこのあたりで待ち合わせなんですがまぎらわしい人いるな……。

【3月28日】#寄せてはみたものの

嫌だった出来事の話を聞いてほしいとの依頼。普段何をしててもその記憶が甦ってきて辛いので一度人に話してみようと思ったらしい。京都で合流後大阪に移動して適当に過ごしつつ話を聞いた。話して解消されたかは不明だが移動中の電車で「完全にぼーっとした状態の自分」を久々に確認でき感動したらしい。

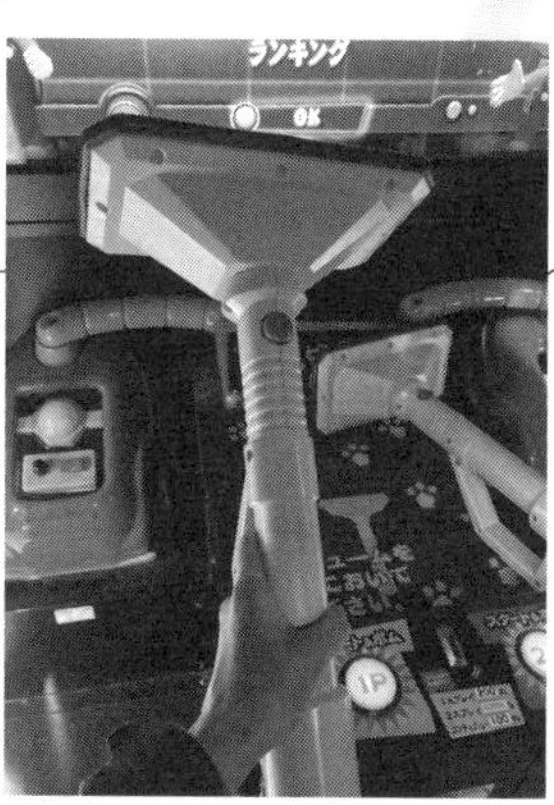

――京都に行って駅を出ずにすぐ引き返したり、高尾山にリフトでのぼってすぐまたリフトで下りたりするの謎の優越感があって好きです。

Ⓛ

仕事後の食事に同席してほしいとの依頼。仕事で嫌なことがあったり彼氏と喧嘩したりしたときなどとにかく嫌なことがあると依頼したくなるらしい。おいしい麻婆豆腐などを一緒に食べた。取り皿を依頼者のほうに寄せたら「寄せてくれるんですね……!」と感動してた。その取り皿は全然使われてなかった。

【3月29日】 #毎日最高に楽しい

今日は焼肉 牛宮城に連れてこられています。

「話題の焼肉屋『牛宮城』に行ってみたいが二名からしか予約できず誘える人もいないので同行してほしい」との依頼。ミニマリストになってから人間関係も断ちすぎて気づけばご飯に誘える人もいなくなってたらしい。焼肉コースは埋まってたのですき焼きになったけど話題の店を体験できて満足の様子でした。

――エビやしいたけなど依頼者の苦手なものをどんどん押し付ける相手としても貢献できた。

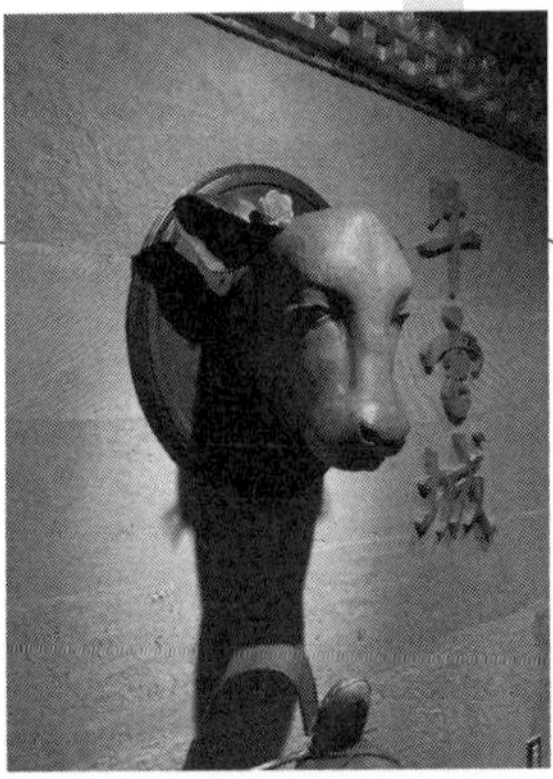

——食べ終わって出口いったら宮迫さんが普通にいておもしろかった。宮迫～です、僕はもちろんしなかったんですが自己紹介もしてないのでただノリの悪いやつだと思われたかもしれない。

㋹

リピートされてます（前回は2022年2月8日の依頼）。初対面じゃなくなってるはずなので僕のいる意味はよくわかりません。

㋹

シャボン玉したい人にレンタルされてます。

公園で一緒にシャボン玉を吹いてほしいという依頼。シャボン玉を吹きたいけど大人一人でやるには厳しいとのこと。なるべく人のいない夜の公園で一緒に吹いた。液が尽きるまでひたすら吹いて楽しかった。依頼者もめちゃくちゃ楽しかったらしい。シャボン玉めちゃくちゃ楽しい。

シャボン玉無限に良い写真うまれる。

依頼者が着てたたべっ子どうぶつのトレーナー。めちゃ気に入って買ったけど職場に着ていける感じじゃないしなかなか着る機会がなく、でもせっかくなので誰かに見てもらいたいと思い着てきたらしい。たしかに良い。途中

寄ったファミマの店員にも「たべっ子どうぶつのですよね」と話しかけられてた。

㋹

毎日最高に楽しいので「もっとこうしたほうがいいよ」などとアドバイスされると意味がわからない。なんでこのベストな状態にわざわざ変化を加えないといけないんだよとなる。

【3月31日】 #なんちゃらさん

トリックアート展に同行。依頼者は趣味で小さなトリックアートを作ってる方で、人が入るような大きなものだとどのくらいの大きさや距離、角度で作られてるのか見たい、それがわかりやすいように誰かに立ってもらいたいとのこと。歩数でサイズを測ったり照明の位置を見たりと作り手側の視点が面白かった。

㋹

一人で入りにくい店に同行。

——すれ違った大学生の集団の一人が僕に気付きつつも名前を思い出せなくて「なんちゃら

さん」って言ってたのがきこえた。　㋹

高級フレンチ同席者の代打。

4

4月：私は全然楽しくないです

【4月1日】#すごいところに鳥居

今日は葉山の森戸神社に同行してます。すごいところに鳥居がある。

【4月2日】#ヘビも何もせずに

今日はお台場のチームラボに同行してます。すげ〜。

「お台場のチームラボについてきてもらいたい」という依頼。友人と一緒に行くはずだったがチケットを買った直後に「予定が入っていた」と連絡されたとのこと。不思議なデジタル作品群をとくに会話もなく一緒に体験して回った。自分の描いた動物のイラストが映像の中に入って動き回るのが特に面白かった。

ヘビはほかの生き物を食べたりするみたいだったんですが、僕の描いたヘビはとくに何もせずただにょろにょろ移動したあと誰

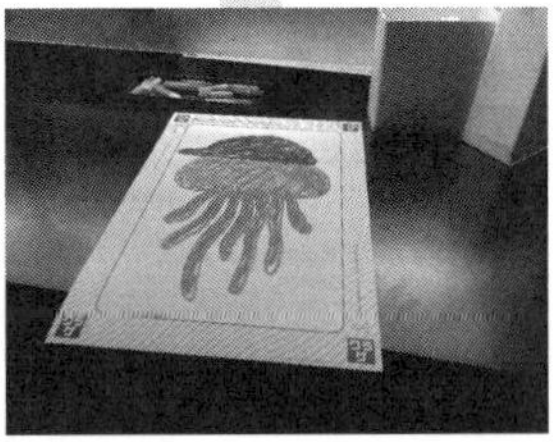

かに踏まれて柱の下に逃げてしまいました。
https://twitter.com/morimotoshoji/status/1510263945130496007

【4月3日】 #人のせいにして納得

「桜のライトアップを見に行って写真を撮ったりベンチに座ってみたりするのに同行してほしい」という依頼。最近YouTubeで怖い動画を見まくってるせいで暗いところに一人だと怖いとのこと。誰か一緒にいればもし不可解な音が聞こえてもその人のせいにして納得できるから大丈夫というのがなるほどと思った。

【4月4日】 #小雨のなか静かにはしゃぐ

こちらは四〇代女性です。大学卒業したかったという未練がいつまでもあり、地方在住で働きながら就学できる通信制大学の中から●●大学を選択しました。中退した大学の単位が認定されて二年生から編入できたことも含めて心から嬉しくて、はしゃいだ気持ちで入学式に参列したいのです。……

大学の入学式に同行してほしいとの依頼。大学は過去に様々な事情で中退したが未練

がずっとあり、子供が自立した今また大学で学ぶ決心をしたそう。その話をしつつ、はしゃいだ気持ちで入学式に参加したいので、年齢のことで気を使わせない同行者のレンタルに至ったらしい。小雨のなか静かにはしゃいでた。

道中では四〇代で大学に入り直すに至った経緯や今後の夢を語ったり、目に入った史跡の看板や地元にはない植物を撮影したりしてた。史跡と植生にはつい引き寄せられるらしい。「私の親は私の希望を叶えたいと思ってくれなかった」というわだかまりはいまだ残りつつもまた学べる喜びでいっぱいの様子だった。

㋹

昨日会った依頼者はいわゆるジェンダー問題で理不尽な思いをしてきた人だったが、最近の僕の投稿（ジェンダー問題に関するふざけた発言）を見ても依頼する上で気にならなかったらしい。「仕事を頼む相手の普段の人間性は別に……お笑い芸人の方が普段から面白いとは限らないですし」と言ってた。よかった。

㋹

「自宅に出張シェフを呼んでみたいが、初めてで一人だと心細いので同席してほしい」という依頼。そもそも一名だと呼べないシェフがほとんどらしい。自宅のキッチンからレストランみたいな料理が運ばれてくるたび「わ〜！」と感激してた。普段テキトーに使ってる食器がどれもめちゃ良いものに見えたらしい。

【4月5日】 #地価四〇億

「一万円の牛フィレステーキサンドウィッチセットを食べるのに同席してほしい」という依頼。「それでお腹が満たされるのか？」という興味で食べてみたくなったそうだが、実際ペロリだったためデザートを追加注文してました。

平将門の首塚に同行。「職場から見えて気になっていたが、昼間でも薄暗く、変な人が来ないかという意味でも一人だと不安」とのこと。大手町駅を出てすぐのオフィス街の中、異質な広い敷地がありそこにぽつんと立ってた。ググったら地価四〇億円とからしい。見上げた視界が全然首塚じゃなくて面白かった。

【4月6日】 #最終巻を読む

「姉の描いた漫画の最終巻を読みたいので同席してほしい」という依頼。大

好きな姉が描いた大好きな漫画だが誰にも言えない理由で最終巻だけは視界に入れるのもつらく一人では読めないとのこと。詳しい事情は聞いてないが、度々うめき声をあげながらもどうにか読み切れてわかりやすくスッキリしてました。

【4月7日】#人一人の人生

惚気報告の彼女、ドラマ化された影響で記憶が混乱してるらしい。

「今一人でいると心がもたないので話し相手になってほしい」という依頼。自分への性暴力の加害者が間もなく逮捕されるが、人一人の人生を終わらせる重圧が凄まじく、誰かと話してないと心がもたないとのこと。「加害者のことなど考えなくていい」と気遣ってくれる周囲の人には話しづらい複雑な感情らしい。

【4月9日】#上には上がいる

駅のトイレに入ったらトイレの清掃スタッフが清掃を中断しておしっこしてたので「そっか、芸能人もテレビ見るよな」って気持ちになった。

——こないだ新幹線の車内販売をしてる人にレンタルされたとき新幹線の車内販売の制服のまま現れてお

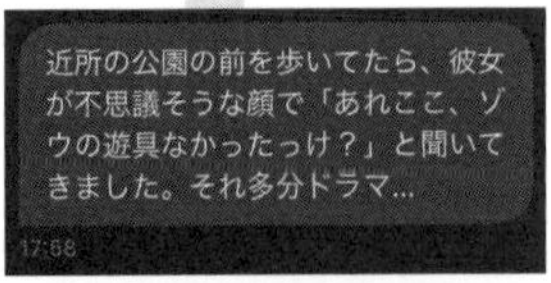
近所の公園の前を歩いてたら、彼女が不思議そうな顔で「あれここ、ゾウの遊具なかったっけ？」と聞いてきました。それ多分ドラマ…

もしろかった。

好きな声優さんのライブを観るため東京に来た人からレンタルされ、開演までの時間食事に同席、なかなか人に話せないという話を聞いて相槌を打つなどした。突然かばんからアクリルスタンドを取り出して食べ物に添えて眺めたりしてもとくに気にされない点にレンタルなんもしない人らしさを感じたそうです。

——「この声優さん、めっちゃエゴサするんです」と言われて、僕もめっちゃエゴサするからとくに驚かなかったんですが、「このまえライブのMC中にエゴサしてて」で（上には上がいるね……）と思った。

【4月10日】 #投票率に貢献

京都府知事選挙の投票率に貢献した（2021年10月19日からの依頼）。

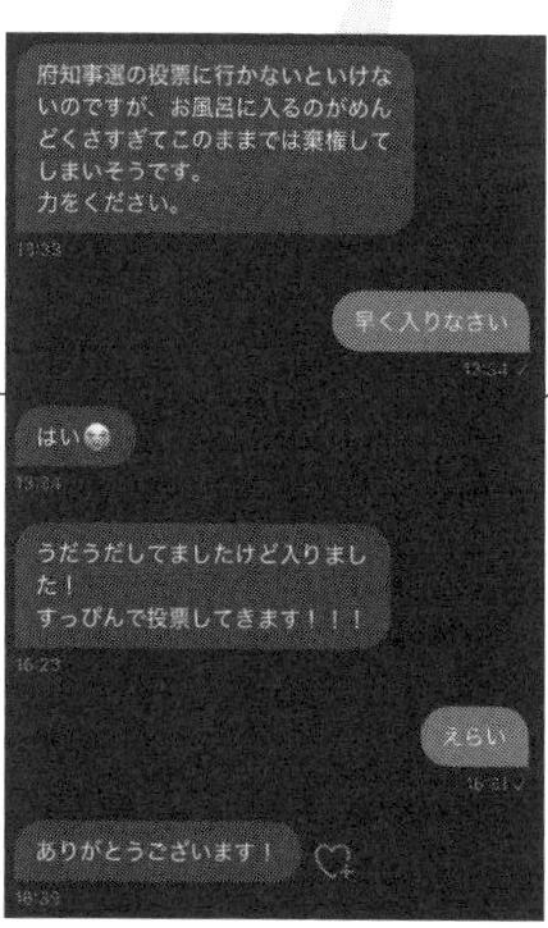

【4月11日】 #手続きは大変

しゃぶ葉に同行してます。妊婦相手に全部やってもらってます。依頼者はカレーを食べてます。

「たまりにたまった支払いや書類の手続きをしに区役所や郵便局に行

くのについてきてほしい」という依頼。とくに区役所という場所が苦手すぎて一人だと腰が重いらしい。全部の手続きに対して「うわぁめんどくさそ」という目で見ながら同行した。おおかた片付いたそうで何より。

（レ）

「乗客に日本人はいませんでした」よりこっちのほうが「何を思えばいいんだろう」だよな〜。

（レ）

【4月12日】　#同業者

浅草で人力車に乗ってみたい人にレンタルされてます。

研修中の人力車に出くわした。あの段ボール箱は二人乗りを想定して研修するために人一人分の重さにして乗せているものらしい。「同業者だ」と思った。

（レ）

皆さん神谷バーがなんで「浅草一丁目一番一号」を与えられているかって知ってました？？　神谷バーは日本初のバーというだけじゃなくて、関東大震災も東京大空襲も耐

え抜いた浅草復興の象徴なんですって。すごいな神谷バー！　人力車の俥夫の人も神谷バーを紹介するときが一番熱入ってた。

㋹

ザ・ノンフィクションで、ホームレス状態の僕がレジ袋一杯分だけ溜まった洗濯物をコインランドリーで一〇〇〇円とか払って洗う様子が映され、そのアホさをいろんな人から散々馬鹿にされたけど、それから依頼してきた人の中には「このくらい〝ダメな人〟にしか頼めないことがある」って人もいて、結果よかった。

——最悪な人はほかのすべての人を最悪でも最悪にしないという最高の仕事をしている。

㋹

「普段自作の弾き語りをしていて、基本カバーはやっておらず、たまにはカラオケで人様の曲を歌ってみたいが一人だとさびしいので同席してほしい」との依頼。歌ってみたい人様の曲リストを消化し、「好きな曲も自分が歌うと雰囲気違っちゃうな」「カラオケ、結構体力使うな」など気づきがあったそうです。

【4月13日】 #一生閉じ込められたみたいな

俺にはブロックされてる人のアカウントを別のアカウントから見に行ってスペースをやっていたら入り「これが俺をブロックしてる人の声か……」と思うという最悪の癖がある。

さっきその人がスペースを抜けてしまい、もうそのスペースに用ないから僕も抜けようとしたらその人のアイコンの紫表示（そこ押すとスペースに入れる）が消えててスペースの画面に行けず、知らない人たちの会話から退出できない、精神と時の部屋の出入口を壊されて一生閉じ込められたみたいな状態になった。

Ⓛ

僕の悪口をひたすら連投してる人が「レンタルなんもしない人はこんなにヤバいやつなんだということを強く発信することで、それを知らずに依頼してしまう人が現れるのを未然に防いでいる。人には誰が危険人物なのかを知る権利があり、私はそれを叶えている」と言っていた。やはり人類皆正義と思った。

Ⓛ

ツイッターで暇そうにしていたら急遽居酒屋に呼ばれて飲酒に付き合わされていま

す。暇そうにしててよかった。

ⓡ

車のハンドルとかの〝遊び〟という仕組み、僕は高校の国語の授業でそれを例にして〝遊び〟の概念を論じている文章にたまたま触れたおかげで馴染んでいるけど、もしそれがなかったら気に留めていなかっただろうし、実際〝遊び〟の概念がなさそうな人って多いよなと思う。あれほど大事な概念はないのに。

——ツイートが多いときは暇だと思ってもらって大丈夫です。

【4月15日】　#ポジションを埋めておく

複数人の場では一人だけなんも喋ってなくてみんなからうっすら気をつかわれてしまう人がどうしても生まれがちですが、あらかじめレンタルなんもしない人を呼んでその〝なんも喋らないやつポジション〟を埋めておくことで、僕以外みんなそこそこちゃんと参加してる感じになるという活用シーンもあります。

——そもそもその天然のなんも喋らない人ははからずもそういう役割をまっとうしてるわけですが。

——飲み会で自分より気が利かなそうなやつを見つけたときの嬉しさったらないもんな。

今日はＤＪにレンタルされてなんもしてません。

依頼者はめっちゃなんかしてる。こんな間近で見ても何をしてるかさっぱりわからない。なんかしてる時となんもしてない時の音の差異がわからない。

――リクエストしたらスピッツかけてくれました。いつもはＪ－ＰＯＰかけられない（かけると「やめてください」って言われる）らしいけど今日は言われないらしい。

【4月16日】＃ピーンて、受信
惚気報告、続いてます。

【4月17日】＃中本からのハイチュウって有名？

さっき東京に来たとこっぽい人から「蒙古タンメン中本で蒙古タンメンと北極ラーメンの食べくらべに付き合ってほしい」との依頼でレンタルされました。中本は地元にはなくていつもセブンイレブンとかに売ってるやつを食べてるらしい。念願叶って何よりでした。

――中本おいしかったし、そのあと「いまハイチュウ絶対おいしい」と思って買ったハイチュ

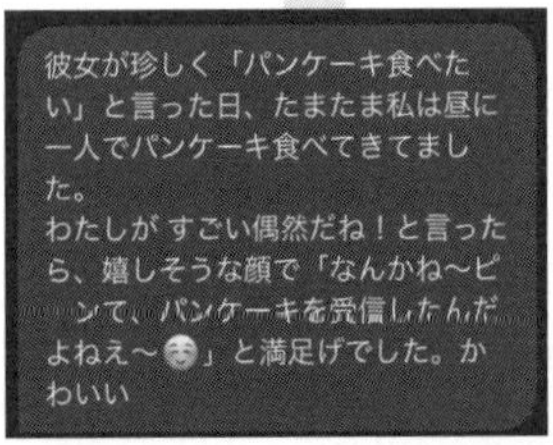
彼女が珍しく「パンケーキ食べたい」と言った日、たまたま私は昼に一人でパンケーキ食べてきてました。
わたしが すごい偶然だね！と言ったら、嬉しそうな顔で「なんかね～ピーンて、パンケーキを受信したんだよねえ～☺」と満足げでした。かわいい

ウもめちゃくちゃおいしかった。「これは有名な話なんかな？」と思うくらいおいしかった。

【4月18日】　#嫌いなやつでもOK

「オッドタクシーというアニメの映画を一緒に観てほしい」との依頼。鑑賞後、依頼者はパンフレットを買い「これはパンフレットをお見せしながら補足したい箇所がたくさんあった」と言って僕をカフェに連れて行きTVアニメ版の話などを補足してきた。たしかに映画だけではわからない深みがありそうだった。

Ⓥ

食べ物の好き嫌いはあんま無いほうだけどエンターテイメント作品の好き嫌いはそれなりにあります。でも嫌いなやつを見たくないわけではないので依頼においてそのあたりの気遣いは不要です。「嫌いな映画を見せられている人の顔を見てみたい」という依頼もありです。

【4月19日】　#依頼者が弁護士に

人生を左右する試験の合格発表を見守ってます。受かった!!!　まずは彼氏にLINE。

司法試験合格者が司法修習生として一年法律実務を学んだあと受ける司法修習生考試、通称「二回試験」。落ちる人は少ないが0ではなく、落ちたら既に内定してる事務所の手前いろいろまずいらしい。合格者ではなく不合格者の番号が発表されるのも怖すぎる。

——依頼者が弁護士になるのは心強いな……。

【4月20日】 #ひとりで東京に行ける女に

先日依頼者から「自分の心の中に〝子供の自分〟みたいなのがいて、その子の『あれがしたい』や『これは嫌』などの声を無視せず聞いてあげると人生が好転した。レンタルさんは中に子供いますか？」と聞かれた。言われてみるといるような気がしたがとくに何も言ってなかったのでおおむね満足してそうだった。

「本をもらってほしい」という依頼。趣味で書いていた小説が受賞して書籍化されたが、関係者以外の人がこれを手に取ることはあるのだろうかと少し悲しくなったため無関係な人の手に渡すことで「関係者以外の方も持っているんだ」という自己満足を得たいらしい。これぞ自己満足という感じがしてよかった。

(レ) 不安障害だとひとりで飛行機に乗るだけでしんでいるのに、東京なんてホラー路面図と闘ったり大量の人の存在と闘ったり大変なので隣に誰かいるとめちゃくちゃ救われます。

それと、いつも誰かが助けてくれて調べて「こっちだよ」って教えてくれて甘えてたんですけど、ひとりで東京に行ける女になりたいです。……

東京に不慣れな人がくじ引きで決めた場所に自力で移動するチャレンジに同行してます。わからなかったらそのへんの人に聞くなどはするそうですが、僕は口出しを禁じられています。最初は上野↓六本木になりました。

いけるか六本木。無事六本木に着きました。

「六本木ヒルズ行ってみたい。六本木を象徴する建物、六本木ヒルズへ」と言って場所を調べたはいいが、隣りの「六本木ヒルズノースタワー」に入っていった。「ここじゃない気がする。買い物できる感じじゃない」と言ってます。

無事六本木ヒルズに到着。次は早稲田です。

早稲田に到着。「早稲田に用はないので」と着いた瞬間くじ引かされて日本橋を引い

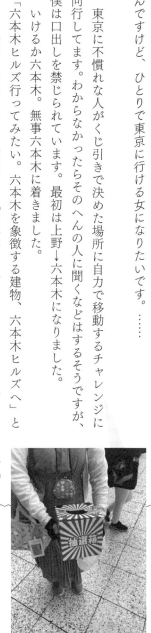

たが早稲田から日本橋はちょっと簡単すぎるみたいだったので却下に。引き直し、めちゃくちゃ見づらい色で書かれた永田町を引いた。文字の色は通ってる線の色らしい。

その後はこのように引いていきました（有楽町↓恵比寿↓水道橋↓乃木坂）。このうち有楽町は永田町から同じ線ですぐ行けてしまいそうだったので却下、乃木坂は時間切れのため断念。「銀座に覗いてみたいお店があるから銀座引いてくれたらいいな～」と言われたあと有楽町を引いておっ！　となったが却下されたときは少し口出ししそうになった。

＊

空間認識能力が圧倒的に乏しい上に社会不安障害もある私が慣れない東京をなるべく自力で移動するのに付き添ってほしいという依頼。「私がアワアワしてるとみんな助け舟を出してくれる。なんもしないことで成長のチャンスを与えてほしい」とのこと。ここからこの鳥貴族にたどり着くまで一時間半かかった。

さっきの鳥貴族は視界に入ってたが「私の行く鳥貴族じゃない気がする」と言って一二〇度くらい違う方向にどんどん進んでいった。いよいよ飲み屋の気配もなくなりわかりやすく困り果てた依頼者に通りがかりのおじさんが「どこ行きたいの!?」と声をかけてくれた。さっきのマルイの場所を懸命に

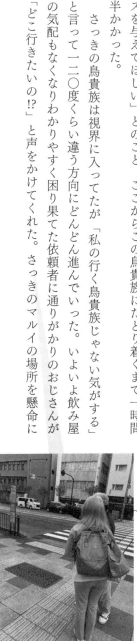

教えてくれた。

【4月22日】#社会を頑張るのをやめて
僕は社会の中で頑張ろうとするとこういう信じられないミスをしてしまう側の人間なので我が事のように四回読んでしまった。社会を頑張るのをやめて本当によかった。
「学校プールの水　2カ月出す　横須賀市、教員らに賠償請求」
https://www.kanaloco.jp/news/government/article-905621.html

【4月23日】#ダンゴムシ→タケノコ
家の前でダンゴムシの動画とってたら大家さんからタケノコもらった。

【4月24日】#それは無理
絶対見届ける以上のことがありそうだったので断りました。
――切実そうではあったので断るの少し心苦しかったんですが、そのあと最悪な決め付けをされて情は消し飛びました。

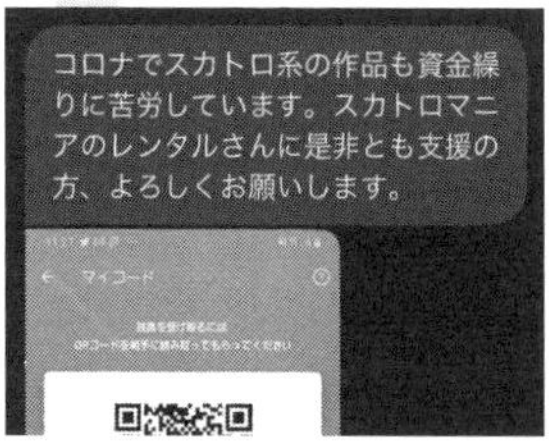

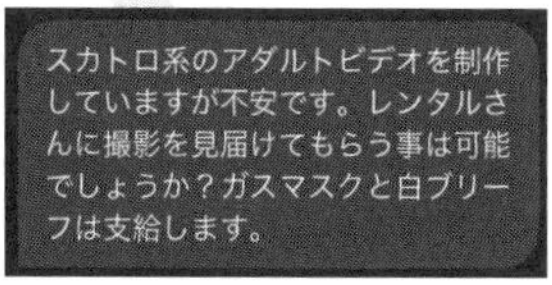

Q 仕事を断ることもあるんですね。

A 仕事を断るだけのことに驚かれるたび社会の闇を垣間見る。

占い師から「これから来るお仕事は絶対に断らず全部引き受けなさい。来た順番どおりによ」と言われてそのとおりにした人が最終的にベッカムに会えたという話をこのまえ聞いたので「断らない」というのも面白そうだなと思う。

――僕は心が荒むたびバガヴァッド・ギーターを開いてる。だいぶ頻繁に荒んでいるのが見て取れる。

【4月25日】 #落とし物の玉突き事故

さっき前を歩いていた大学生がプリントみたいなのを落として気付かず歩いていったので急いで拾って追いかけようとしたら僕が携帯を落として、後ろを歩いていた人が気付いて呼び止めてっていう落とし物の玉突き事故みたいな出来事があった。

インスタの放置してるアカウントまだ勝手にフォロワー増え続けてる。「万」がバグか何かでついちゃってるようにみえる。

今日は自宅アフタヌーンティーに同席してます。

「自宅でのアフタヌーンティーを体験してみたいが、まあまあなお値段のするアフタヌーンティーセットを一人で食べるのはもったいないし食べきれないと思うので同席してほしい」という依頼。やってみたいことができた喜びに満ちあふれててよかったです。

【4月26日】＃待ってる人の圧

ラーメン屋に入りたいが一人では入りづらいので同行してほしいとの依頼。特に並んでる店は並んでまでラーメン食べたい女だと思われるのが恥ずかしいそうで店の前まで行って勇気が出ず諦めてしまうこともあるらしい。同行により恥は回避できてたが、食べてる間後ろで待ってる人々の圧には若干動揺してた。

——一人で入りづらいついでに占いの館にも連れていかれた。スピリチュアルへの苦手意識はありつつも一度入ってみたかったらしい。

【4月27日】＃一億円出せば即決

Twitterアカウントのオーナー権を売買できるOWNERSという所から「あなたのオーナー権をオークションに出したい」との依頼があり出品しました。落札するとレンタルなんもしない人のオーナーになれます。今は僕がオーナーです。ぜひ落札して下さい。

――現在二〇万円です。一億円出せば即決できます。

【4月28日】＃知ってるものはペンライトだけ

「ディズニーランドの射撃アトラクションを気の済むまでやってみたいが、ディズニーまで行って射撃ばかりやるのに友達を付き合わせるのは無理だし一人で行くのも心細いので同行してほしい」との依頼。大量の百円玉を入れる袋まで用意してて本気だった。西部のヒーローになるまでやれて気が済んでました。

㋹

今日は「リアルピース」という知らないアイドルグループのライブが見える位置までつれてこられてペンライトを持たされています。知ってるものがペンライトしかないので楽しみです。

〝元気の押し売り〟という有名な悪口をコンセプトに掲げ終始元気に踊りながら歌ったり小芝居したりしてた。TikTokやYouTubeで活躍してるそうで親子ファンも多く客席の雰囲気はアイドルライブと戦隊ヒーローショーを混ぜた感じで面白かった。本当に全く知らないものを押し売りされるのもこの仕事の醍醐味。

【4月29日】 #ディズニーランドにお遣い

人間のスペックは高ければ高いほどいいというわけではなくて、たとえば僕がもしいわゆるイケメンだったとしたら依頼が全部「ただのデート目的」に思われてしまい、米紙からの取材も来なかっただろう。

——めちゃくちゃ強い人だったら「ただの護衛目的」になるし、めちゃくちゃ頭が良かったら「ただのコンサル目的」になる。

㋹

ディズニーランドでレンタルされてるとき「今日はディズニーランドに同行してます」ってツイートしたらすぐ奥さんからお遣い頼まれたの面白かった。

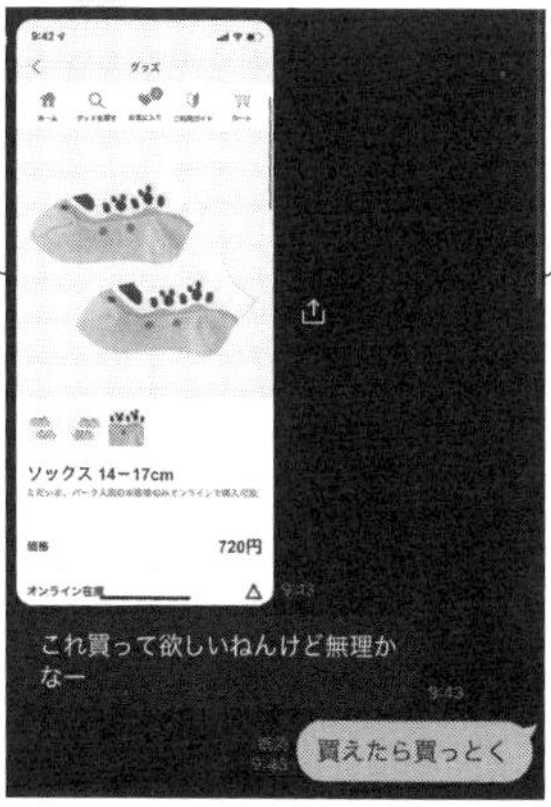

リピート依頼（前回は2021年4月30日）。雨のため公園ではなく商業施設をウォーキングしてた。

㋹

【4月30日】 #私は全然楽しくない

今日はコジコジ万博に同行してます。

「楽しいですか？」と聞かれたので「え、はい」と答えたら「私は全然楽しくないです」と言われて笑った。出たあとも「一人で来たかった！」とくやしそうだった。

僕に依頼の連絡をした翌日、予習のため書籍を読んでみると依頼の感想に「面白かった」や「楽しかった」が多用されてて、ちゃんと感情のある普通の人間だとわかり死ぬほど嫌になったらしい（もっと無の人がよかったらしい）。そして今日、恐れてた通り普通の人間が現れて本当に嫌そうにしてた。面白かった。

そんなわけで、大好きであろうコジコジの展示も全然楽しめなかったみたいで、ずっと「楽しくない……」「全然面白くなかった……」とこぼしまくってたし、ツイッターをひらいて僕のツイートをさかのぼりながら「リピーターがいる意味がわからない」とまで言ってたが、最後にサインは求めてきて面白かった。

*

書いた文章を読んでほしいとの依頼。ブログにのせたくて何年も前に書き始めたが内容の重苦しさと完璧主義な性格のせいかなかなか書き上がらない、人と約束して自分を追い込みたいとのこと。会って即はキツいってことで慣れるため先にコジコジ万博に行ったが前述の通り慣れるどころか辛い時間になってた。

嫌々ながらもルノアールへ。例の文章を読まされた。あえて僕に頼んだのは『自分のことを全く知らない・良好な関係を築き維持する必要がない・読み書きの能力がある』の三条件が揃った人に読んでもらって感じたことを正直に教えてもらいたいかららしい。散々正直にこられたおかげでこちらも正直にいけた。

その後の雑談の中で「あの方お元気ですか？　待ち合わせの依頼者さん」と聞かれて「ああ、パン渡されただけの」と言うと「パン！　渡された！　だけ!?」とめっちゃ怒られた。「あの方がどれほどの勇気を出してDMの送信ボタンを押したかわかります!?　それをパン！　渡された！　だけ!?」とめっ

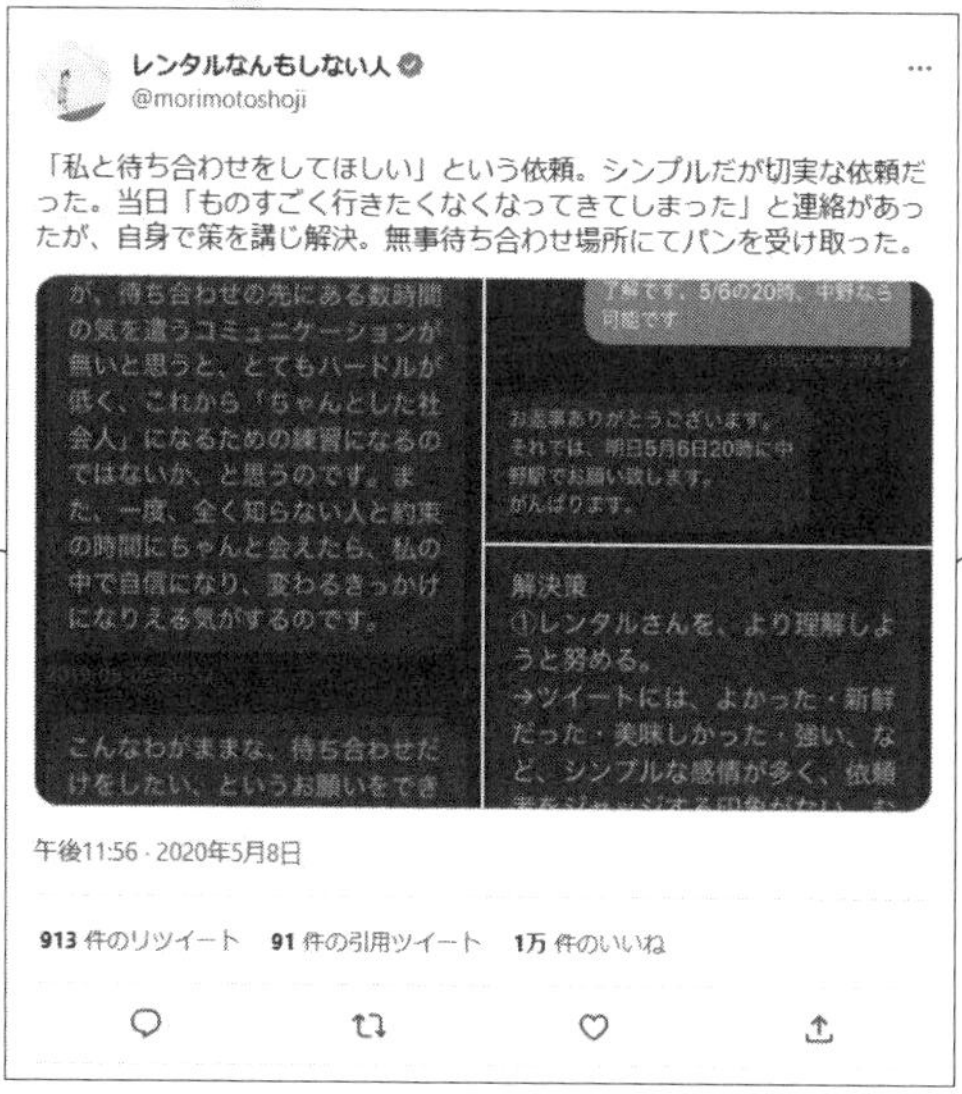
レンタルなんもしない人
@morimotoshoji
「私と待ち合わせをしてほしい」という依頼。シンプルだが切実な依頼だった。当日「ものすごく行きたくなくなってきてしまった」と連絡があったが、自身で策を講じ解決。無事待ち合わせ場所にてパンを受け取った。
午後11:56 · 2020年5月8日
913 件のリツイート　91 件の引用ツイート　1万 件のいいね

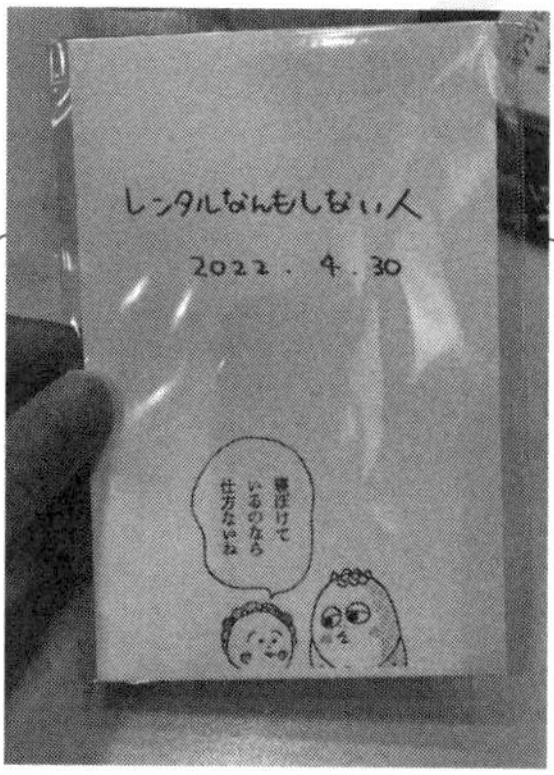
レンタルなんもしない人
2022. 4.30

ちゃ怒られた。

「あれは物凄く大変な事を成し遂げたんですよ。この場にいたら抱きしめてあげたい。それをパン渡してきただけなんて……」としきりに言ってきたので「依頼者がどれだけ勇気出して依頼してるかとかそんなん知ったこっちゃない」みたいなことを言ったら呆れてた。「やっぱ感情いるじゃんかよ……」と思った。

ＤＭに「ルノアールが好き」とあったが、ルノアールには本当に拘りがある様子で、おしぼりの袋に「ルノアール」と書かれてないことをやたら嘆いてた。今朝行ったという別のルノアールの写真を出し「こうですよ！」とか言って、帰り際も「袋以外はよかった。（再び袋を指し）これだけ」と何回もしつこかった。

僕の人間性に対してはネガティブな反応の多かった依頼者だが、活動そのものはそれなりに評価してるのか最後のほうで「映画化すると思います」と言ってきて意外だった。次は映画化したときに「ほらな」と言いにリピートしてくれるらしい。ちなみにどんな映画か聞くと「告別式から始まります」と言ってた。

パン!
渡された!
!?
だけ!!?

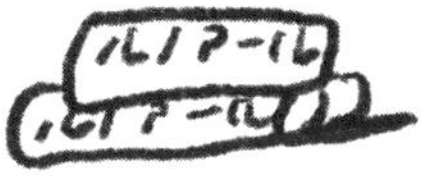
ルノアール
ルノアール

一人で来たかった!

5
5月：父も喜ぶだろうと思いました

【5月1日】#今後は全部レンタルで

さっき街で声かけられて一緒に写真撮ってもらえませんかって言われるやつ久々に発生した。感情あるので嬉しい。 ㋹

気になってるとんかつ屋さんに一人で入る勇気が出ない人にレンタルされてます。

――とんかつ食べてるあいだに戦いが起こってた。 ㋹

「五〇〇万必要になった話を垂れ流させてほしい」との依頼。以前母が買ってくれたものの全く愛着のない土地が地元にあり、使うこともなく維持費だけかかってたところ、

地震で擁壁《ようへき》が崩れ修繕費五〇〇万必要になったという切ない話だった。「所有って大変なんだなと。今後は全部レンタルでいきたい」と語ってた。

「正直もう売り飛ばしてしまいたい気持ちだが、売るにしても擁壁を直してからじゃないと買い手がつかないだろうし、売れてもたぶん六〇〇万くらい。これまで払い続けてきた固定資産税が全部でだいたい一〇〇万、そしてこれから払う修繕費五〇〇万でちょうどトントン」と聞いたところで笑ってしまった。

【5月2日】 #影はダサい宇宙人

今日は着物を着て川越を散策したい人にレンタルされてます。着物もレンタルです。

バランスをとるため僕も着せられてます。

「川越を着物で歩いてみたいが、自分も友達もすでに三十路で、学生くらいの人たちにまじっていい年した大人が着物で散歩することに友達を誘いづらく、かといって一人もきつい」という事情でした。途中携帯の充電がやばくなり充電器もレンタルしてたので着物と人間と充電器とレンタルまみれで面白かった。

——着物着て帽子かぶるとオシャレ男子になったような気持ちになりテンション上がったけど影はダサい宇宙人だった。

【5月4日】 #「2」を付けたアカウント

レンタルなんもしない人のオーナー権、四四万四〇〇〇円で落札されました。落札者は一度決済アカウントがブロックされて入札できなくなったものの新たに「2」を付けたアカウントを作って二倍の金額で入札してきた頭のおかしい方です。ご参加くださった方どうもありがとうございました！

【5月5日】 #お墓参りに同行

その絵を見て、当時の思い出が鮮明に甦ったのと、本当に父の顔がよく似ているので父も喜ぶだろうと思いました。

ただ一人や身内だけで絵を持って行くのは、「せっかく時間を割いて描いていただいた方がいるのに、その方に直接お礼を申し上げたい」と生前の父はきっと言うだろうな……

「先日描いてもらった父と私の似顔絵がすごく良くて父にも見せたいので父の墓参りに

ついてきてほしい」という依頼。

【5月6日】 #バラがより嫌いになる

レッドローズガーデンで朝食に同席してます。恐ろしく優雅です。依頼者はバラが嫌いだそうです。

「バラに関する嫌な事がありバラが嫌いになってしまったので、あえてバラだらけの所に行ってその嫌な事とは関係ない人と良い思い出を作ることでバラへの嫌なイメージを取り払いバラ嫌いを克服したい」という依頼でした。バラ園を散歩中バラの棘で新品の服がほつれてしまいバラがより嫌いになってました。

――でもなんもしない人をたくさんのバラの中に置いて写真を撮って「いるｗｗｗ」と笑ったりと楽しそうにしてました。

㋹

「旅する喫茶」に同行してます。めちゃ綺麗なクリームソーダで有名らしいです。左のクリームソーダは「青空」、右のクリームソーダは期間限定の「藤」、あとはミントポークカレー（期間限定）とチキンカレーの二種盛りと鹿肉ソーセージのホットドッグです。

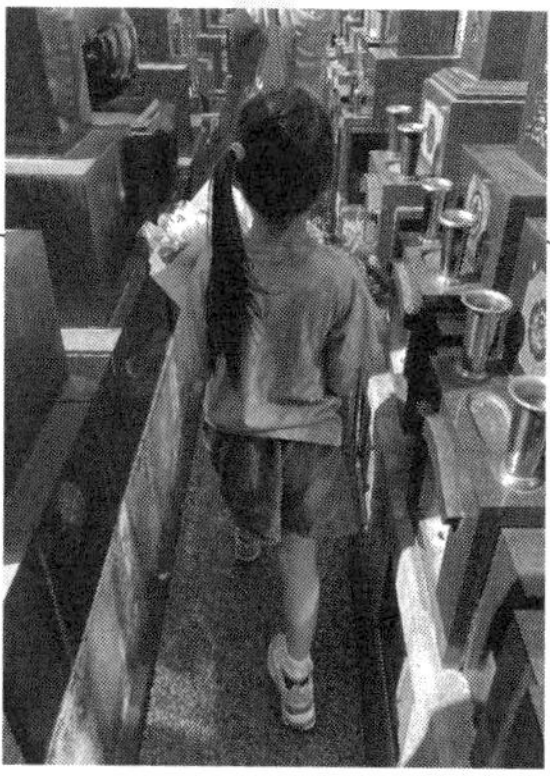

【5月7日】＃日付わかる～

「会話のいらない人を呼んで掃除を見守ってもらったりテレビをみたりしたい」という依頼。ドラマ『明日カノ』をみてるとき途中途中一時停止してはデリヘル嬢目線の感想を言ってて面白かった。パパ活女子のパパの連絡先の登録名が名前＋日付になってるところで一時停止して「日付わかる～」と共感してた。

無事不安なくやりたいことができて満足してました。「私は普段デリヘルとして呼ばれるばかりで呼ぶ側になることがなかったのですが、こんなにワクワクするものなんですね」「私のお客様もこんな気持ちで呼んでくれてるんだと思うと明日からまた頑張れます」と、仕事の励みにもなったようでよかったです。

仕事柄よく知ったかの逆をやる。

Ⓛ

【5月8日】＃どうでもいい人を呼んででも

予約したランチの同行者が急遽来れなくなってしまったので代わりに来てほしいという依頼。どうでもいい人を呼んででも行きたいレストランだったらしい。

ミシュラン三つ星店でもミルフィーユはこうなるということがわかった。ミルフィーユを綺麗に食べる人たちのせいでミルフィーユの食べにくさは改善されない。

――メインのデザートとケーキのワゴンとお菓子のワゴンがありました。

Ⓛ

息子から「乗るっていう漢字さぁ、どうなってるかわかんないんだよね……」という相談を受けた。

Ⓛ

【5月9日】 #縁切れてOK

「井の頭公園のボートに乗ってみたいが一人だと抵抗あるので同席してほしい」という依頼。本当は恋人と乗りたいが池の近くにいる女神様がカップルに嫉妬して別れさせてくるという伝説があるので縁が切れても問題ない人と一緒に乗りたいとのこと。なんもしない人とのスワンボートは結構しんどそうだった。

Ⓛ

このとき引いたおみくじ（2022年4月1日の依頼）を信じてこのとき持ってた仮想

通貨を手離さずに持ってたら一〇〇万円くらい減ってしまった。

——みんなは大丈夫だと思うけどおみくじなんて信じるなよ。

——一〇〇万円の経費でおみくじがインチキであることを証明してみせたと思おう。

【5月10日】 #ミャンマー支援に同行

東京藝術大学大学美術館にて展覧会「Masking/Unmasking Death 死をマスクする／仮面を剝がす」に同行。ミャンマークーデターの犠牲者の顔をかたどったマスクが多数展示されていた。制作者も身の安全のためマスクをつけて匿名で活動しているらしい。ミャンマーでは今も毎日のように村が焼かれているらしい。

そのあと池袋にあるミャンマー料理店「SPRING REVOLUTION RESTAURANT」に同行した。国軍の弾圧に苦しむミャンマーの人たちを支援するために立ち上げられた店だそうで、利益は全額寄付されるらしい。依頼者はいろいろ食べたいとのことでいろいろ注文し、三分の二くらいずつを僕が引き受けた。おいしかった。

——ミャンマー料理店に同行したときメニューを選ぶ依頼者から苦手な食材を聞かれてパクチーと答えたら笑われた。

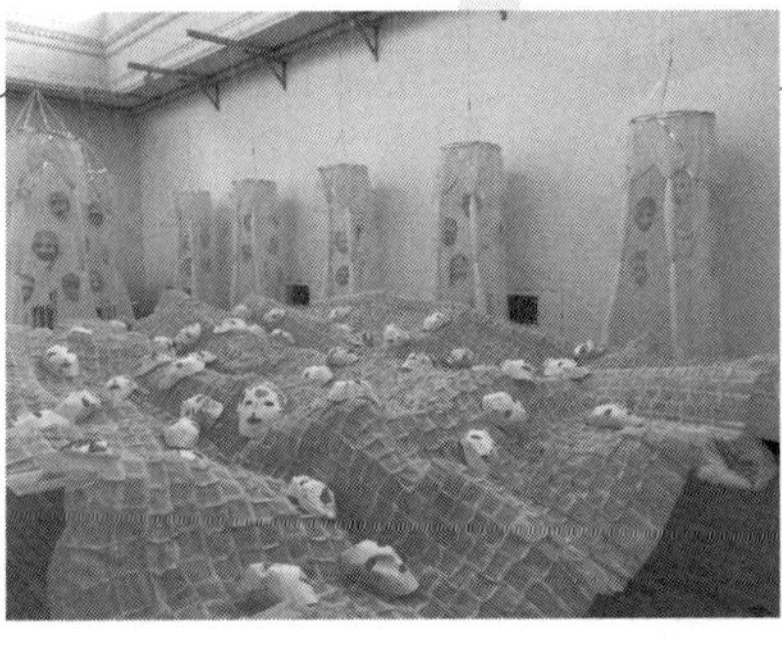

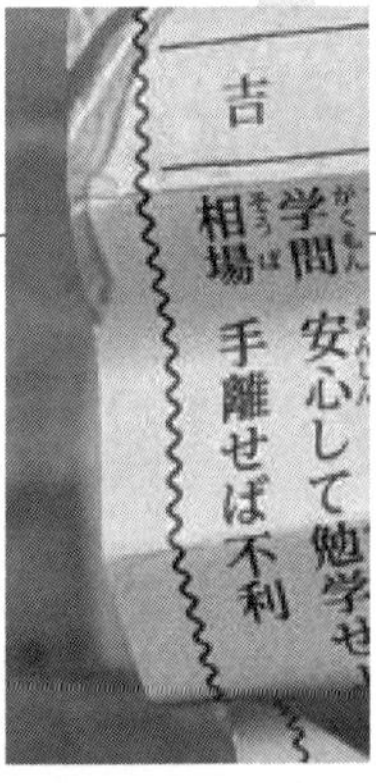

【5月11日】 #メロンがわんさか

一人で食べ切れなさそうなメロンパンケーキを食べてみたい人に胃を貸し出してます。

「メロンパンケーキというのを一緒に食べてほしい」との依頼。見かけるたび気になっていたがボリューム的に一人では食べるタイミングがつかめないとのこと。切るとメロンがわんさか現れ「メロンパン・ケーキじゃなくてメロン・パンケーキか」と思った。依頼者も「見かけ倒しじゃなかった」と満足してた。

【5月12日】 #オーナーの感性

オーナーとすき焼きを食べながらオーナー特典（レンタルなんもしない人に一日同行する権利）をいつ行使するかについての打ち合わせをしています（今半本店でのすき焼き同行はもともと予定されていたもので、打ち合わせはそのついで）。※「オーナー」とは何かについては前掲参照。

先日出品したオーナー権につきまして、落札者が特典（レンタルなんもしない人に一日つきまとえる権利）を使う日程が【6月11日（土）】に決まりました。この日は「オーナーがついてきてもいいよ」って人だけご依頼ください。

オーナー権は金さえ出せば手に入るように見えて実は「オーナー権という得体の知れ

ないものに価値を見出せる感性」がないといくら金があっても得られない。自分にはないそれを持ってるという点でオーナーは尊敬に値する。逆にそんな感性がない人は四四万四〇〇〇円も使わなくて済んだから四四万四〇〇〇円得したと言える。

【5月13日】 #収納、殺してしまう

片付けが圧倒的にできないという依頼者の話。収納の多い部屋ならとクローゼット付き物件に引っ越すもクローゼットにクローゼットくらいの大きさのタンスを収納。クローゼットとタンスに殺し合いをさせながら住み続けた部屋は旧居同様の有り様だったらしい。収納があっても私が殺してしまうと絶望してた。

㋹

「知人との食事会があるが、その中に少し険悪になってる人がいて気まずいので同席してほしい。気まずくなったとき話をふれる人として、また自分の居心地悪さが目立たないように自分より居心地悪そうにしてる人としてその場にいてほしい」という依頼。その会で最も居心地悪そうな人の座を終始独占した。

㋹

どうしても行ってみたい餃子のお店があるのですが場所柄ひとりで行くのは気が引けるので一緒に行ってもらえませんか？　という依頼がありたしかにひとりでは入りづらいかもしれないお店に連れていかれてビールと餃子をやらされました。

㋹

この『質問』という本を喫茶店に持ち込んで適当にめくりながら答えたり答えなかったりするやつに同席。

【5月14日】 #キャラデザです

また女子大の授業でレンタルされました（前回は2021年12月24日）。今回は「レンタルなんもしない人」について事前に調べてきた学生さんたちが僕にインタビューをするという内容でした。「いつもその服装をされているようですが、何か理由などあるのでしょうか？」という質問に「キャラデザです」と答えたらウケて嬉しかったです。

――なぜ女子大の授業でこんなにリピートレンタルされるかというと、なんと人気だかららしいです。

㋹

神谷バーで謎のグラサン親子と乾杯。

急遽ボウリングに連れてこられてます。 ㋹
――レンタルなんもしない人、ボウリングの投げ方はうるさい。

ロシア人 YouTuber のマリアランドさんにレンタルされました。いろいろ聞かれたり、スワンボートに乗せられたり、ロシア料理を食べさせられたりして楽しかったです。動画は YouTube からじゃなくてＬＩＮＥから見られるそうです。 ㋹
https://twitter.com/MariaLand1717/status/1525456912200134657

【5月15日】#マイクにかぶさってたこれ
「死ぬほど受験勉強しているがやればやるほど心配になるし親も危機感を煽ってくるばかりで全然褒めてくれないので代わりに『頑張っててえらいね大丈夫だよ』と言ってほしい」という依頼。見事合格の報告がさっき来た。タイムマシンがあったら僕がシカトした場合ちゃんと落ちたかどうか確認しにいきたい。

こないだカラオケボックスでレンタルされたとき依頼者が「ポチ袋忘れたけど裸で渡すのもなんなので」ってことでマイクにかぶさってたこれに依頼料入れて渡してきた。これに紙幣入れたひと史上初じゃないかと思った。

【5月16日】 #詩を吸ってるような気持ちに

今日は結婚について思ってることを誰かと話しまくりたいという人からレンタルされました（依頼主は独身女性、結婚に関心あり）。同性の友人相手だと既婚であれ未婚であれ互いに比べてしまったりしてなんか気をつかってしまうので、何も気にせず話す相手としては全く関係ない既婚男性が適任だったそうです。

Q　レンタルなんもしない人って昔あったなぁ……。

A　サービス開始からもうすぐ四年。悪口より郷愁が目に付くようになってきた。

僕は「ドラえもんの道具でほしいものはありますか？」という質問に「あります」とだけ答えて終わったりするから、僕から実のあることを聞けた人は質問が上手いと思っていい。

㋹

旦那さんのちんちん触らなかった報告、続いてます。

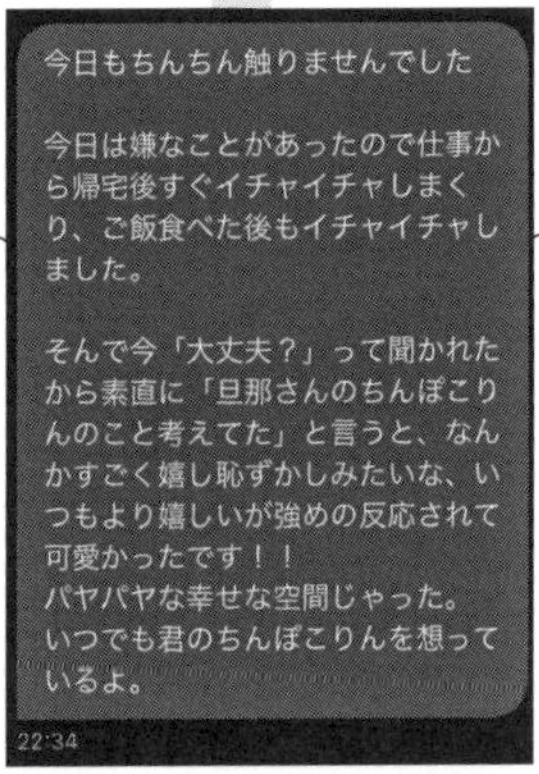
今日もちんちん触りませんでした
今日は嫌なことがあったので仕事から帰宅後すぐイチャイチャしまくり、ご飯食べた後もイチャイチャしました。

そんで今「大丈夫？」って聞かれたから素直に「旦那さんのちんぽこりんのこと考えてた」と言うと、なんかすごく嬉し恥ずかしみたいな、いつもより嬉しいが強めの反応されて可愛かったです！！

パヤパヤな幸せな空間じゃった。

いつでも君のちんぽこりんを想っているよ。

22:34

㋹

たまに外でマスク外してにおいかぐとめちゃくちゃいいな。詩を吸ってるような気持ちになる。

【5月17日】 ＃多種多様な大人が七名

「心霊スポットになってて気になってる神社があるが一人だと怖いので同行してほしい」との依頼。数年前ここの境内でこの神社の宮司さんが弟（前々任の宮司）に日本刀で斬り殺され、さらに弟の妻（共犯者）も殺されたあと弟自身も自害するという凄まじい事件がありいわくつきらしい。人がほとんどいなかった。

多種多様な大人が七名限定で集まる夕食会を企画してるが急なキャンセルがあったため代わりに来て席を埋めてほしいとの依頼。産婦人科医、言語学専攻の院生、スポーツボイストレーニングの第一人者、元重役秘書、面白ポイント研究所の所長、電線と配管の写真を撮る人の中になんもしない人が混ざりました。

【5月18日】 #リーマンショック後の自社の株価

高尾山に同行してほしいとの依頼。過去三度訪れ一度も登りきれなかったのでリベンジしたいが一人だとやはり挫けそうとのこと。階段のたび「やだ～」と文句言いつつも無事登頂成功。"599.15M"に「そんな低いの～?」「八〇〇はほしかった～」とまだ文句たれてたが景色を見ると「来てよかった～」と言ってた。

一三年前に亡き母と訪れた際の写真が出てきたらしく持参してた。撮影場所が見つかればいいなとあったがとくに探す様子はなく山頂でその写真を眺めたり写真を挟んでた当時の手帳を読み返したりしてた。手帳に思い出が書かれてるかと思ったがリーマンショック後の自社の株価が細かくメモられてただけだった。

【5月19日】 #僕は奢ったことない

「元ネタの方（プロ奢ラレヤー）のフォロワー数抜いちゃいましたねｗ」とか言われるけど、ほとんど前例もロールモデルもないなか死にかけたりしながらこんなよくわからない生き方を拓いてきたプロ奢のほうがフォロワー数云々言うのあほらしく思うくらい凄いのでもっとみんなプロ奢に奢ったほうがいい。僕は奢ったことないけど。

これのリピートが数か月に一回のペースでくる。依頼で一時的によくなっても「ピアノ一日弾かないと腕を戻すのに三日かかる」じゃないけどまたどんどん自分がわからなくなり会話も下手になってくるためリハビリみたいに定期的に話し相手を借りる必要があるらしい。永遠にレンタル続けてくれと言われてる。

【5月20日】 #頭の中は団体旅行

「内在性解離という病気？になったことについて話を聞いてほしい」との依頼。内在性解離は、自分の中に複数の人格が存在する点で解離性同一性障害（いわゆる多重人格）に似てるが、明確な人格交代がなく記憶がとばない点で別物で、なかなか説明

レンタルなんもしない人
@morimotoshoji

「結婚を機に職も住む土地も変わり、趣味の友達とは疎遠に、ママ友はいるがやはり子供を真ん中においた話にしかならず、もう何年も自分の話をしていない、自分がどんな人間だったのかどんどん忘れていってるので、私が個人的なとりとめのない話をするのをただ聞いてほしい」という依頼で話を聞きました

午後0:58 · 2020年3月8日

3,811 件のリツイート　219 件の引用ツイート　2.4万 件のいいね

しづらい症状らしい。ちょっと楽しそうな相関図で説明された。

具体的には人によってだいぶ違うそうだが、依頼者の場合、頭の中になんか殺風景な異空間があり、中心に主人格（自分）、その周りの定位置に別人格たちがいるらしい（エヴァンゲリオンでゼーレが会議してる場所みたいな感じらしい）。別人格たちも人間の姿、声をもち、人格同士会話して交流をもってるらしい。

いろいろ話しかけてくる人格や寝てばかりの人格などさまざまだが皆それぞれの形で依頼者の助けになっているそう。助言してくる人格は言うまでもないが、たとえば希死念慮のある人格も、自分が元々もってた希死念慮を彼が引き受けてくれてるため自分自身が死にたいと思うことはほとんど無くなったらしい。

最初から九人もいたわけではなく、一人うまれると脱臼グセみたいな感じでクセがついて前より小さなきっかけでも新しい人格がうまれるようになりどんどん増えて今にいたるそう。人格は姿も声も名前ももってうまれてくるが姿に関してのみ気に入らなければうまれてから二、三日以内なら変更可能らしい。すげえ。

人格交代がないせいかかなり疲れやすいらしい（一枚のピザを九人で食べるからすぐ無くなる感じ）。でもどこかへひとり旅に行っても頭の中は団体旅行なのでけっこう楽しいらしい。

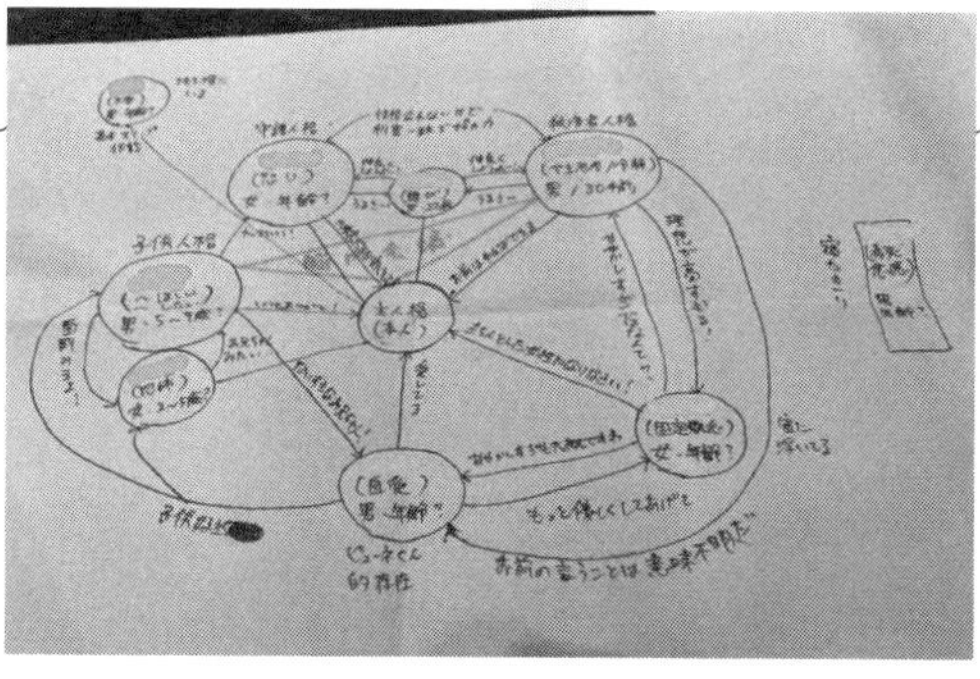

【5月21日】 #赤い椅子に自分がもう一人

無印良品で机と椅子を買うのに同行してほしいと依頼を受け大阪駅の商業施設ルクアへ。が、ルクアの無印は机や椅子が置いてないタイプの無印なことが判明、隣の巨大商業施設グランフロントに移動。が、グランフロントの無印のあるフロアはまだ開いておらずタリーズへ。無印良品に振り回されて面白かった。

無印開くまでお茶飲みましょうってなり一階のタリーズへ。「買ってきますのであの赤い椅子に腰掛けてお待ちくださいあっ、赤い椅子大丈夫ですか?」と謎の心配をされた。赤い椅子に腰掛けて待ってると別の赤い椅子に自分がもう一人いたのでタリーズから出てきた依頼者にいち早く目を合わせるよう心がけた。

無印が開き、店員さんのアドバイスをもとに机と椅子とサーキュレーターを無事購入。配送先とかを記入するとき僕が「トイレ行ってきます」ってトイレ行って戻ってきたら「お気遣いいただきありがとうございます」と言われた。見透かされてた。

——今まで机がなかったのでご飯を床に置いて食べていたらしい。本当に必要な買いものができたようで何より。

来ない。

——来ないのでなんばで一件依頼をこなしてカレー食べて戻ってきた。まだ来ない。

㋹

【5月22日】 #あのババア！

占いに同行。一人机に突っ伏して寝てる占い師がいて〝凄そう〟となりそこへ。出産間近、父親はいないと言う依頼者に「えっ」と引いたり占う前から「お父さんほしいって言われたらどうするの」と説教したりで依頼者「あのババア」とキレながら帰ってった。ただ机に突っ伏して寝てただけのクソババアだった。

㋹

前にテレビの密着ドキュメンタリーに出ることをテレビ局で働いてる人に言ったら「密着系の番組はストーカー製造機と言われることがあって、ものすごく感情移入しながら見ちゃってストーカー化する人が絶対現れるんで気をつけてください」と言われたけど放送後も全然そんなこと起こらなくて切なかった。

【5月23日】 #なんもしないためのノウハウ

惚気報告、続いてます。

依頼料を一時間いくらみたいに時間制にしてないのはなんもしない人は長くいればいるほど良いわけではないから。

——なんもしてないとなんもしないためのノウハウが蓄積されていく。

【5月24日】 #都庁で飯食ってる

「依頼料一万円かかりますが大丈夫ですか？」は「いら」で辞書登録してある。

——みんながそういうのやらないのは思いつかないんじゃなくてもう卒業したんだよ。

「平日の昼、東京都庁の食堂についてきてほしい」という依頼。見晴らしがいいらしくずっと行ってみたいと思っているが一人では心細いとのこと。見晴らしもいいが「都庁で飯食ってる」という事実だけでテンション上がった。都庁職員は景色なんて見飽きとるやろうと思いきやそこはやはり窓際が人気だった。

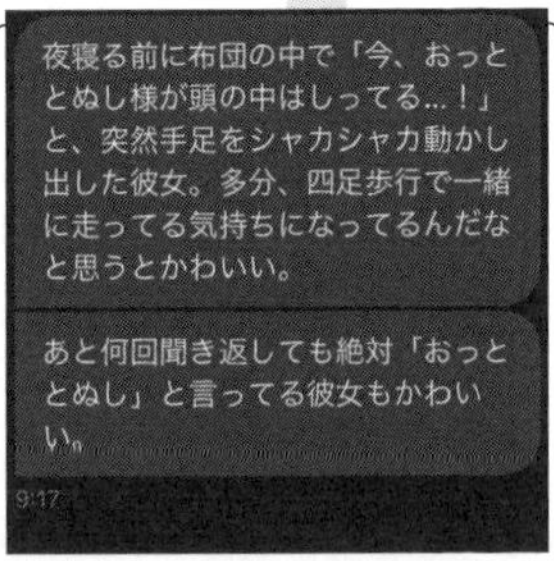
夜寝る前に布団の中で「今、おっととぬし様が頭の中はしってる…！」と、突然手足をシャカシャカ動かし出した彼女。多分、四足歩行で一緒に走ってる気持ちになってるんだなと思うとかわいい。
あと何回聞き返しても絶対「おっととぬし」と言ってる彼女もかわいい。
9:17

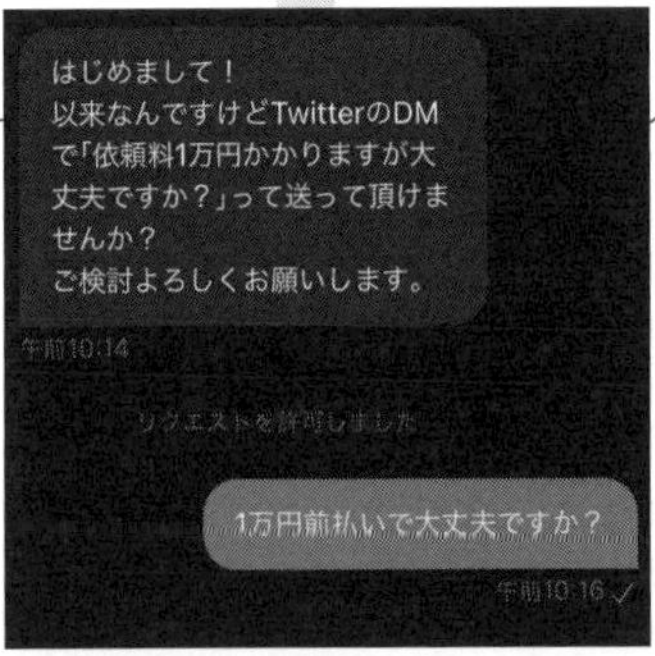
はじめまして！
以来なんですけどTwitterのDMで「依頼料1万円かかりますが大丈夫ですか？」って送って頂けませんか？
ご検討よろしくお願いします。
午前10:14
リクエストを許可しました
1万円前払いで大丈夫ですか？
午前10:16

【5月25日】　#諸悪の根源なのにいいの？

沈黙が続いたとき、依頼者から「気まずくないですか？」と聞かれて「いやべつに」とこたえると「こっちだけ気まずいのはむかつくので」とその後ずっと目を合わせてきたの面白かった。

Ⓡ

ごく一部だが「レンタルなんもしない人」の利用者同士が交流をもつようになりうっすらコミュニティみたいなのもできてきてコミュニティにありがちな揉め事とかも起こってそれに起因する悩みや愚痴を吐き出すのにまた僕がレンタルされることがあり「諸悪の根源なのにいいの？」と思いながら一万円もらう。

Ⓡ

めっちゃ山の方でレンタルされてます。廃墟や廃旅館や普通に滝がある。

――おいおい気をつけろよ。

【5月26日】 #でも噛んでもらったし

「最近私の性的嗜好を満たしてくれる人を見つけ、そのことを誰かに話したいが友達には話せないので聞いてほしい。噛み跡も見てほしい」という依頼。とにかく強く噛まれるのが良いらしい。跡が残るのも良い点だそうで仕事で嫌なことがあっても噛み跡を見て「でも噛んでもらったし」と元気になれるらしい。

血が出るくらい思い切り噛まれたいけどそれをしてくれる人がなかなか見つからず（どうしても手加減される）そんな中やっといい感じに手加減のない人に巡り会えて喜んでた。本当は毎週噛んでもらいたいがそんな毎回お願いするのも気味悪いかなとサブも探してみるもやはり他の人だと噛みが甘くてだめらしい。

【5月27日】 #犬の餌と怪文書

「周囲の人には話せない話を聞いてほしい」という依頼で居酒屋へ。酔わないと話せないとのことだったので僕のリュックの中に入っていた酒飲み用サプリメント「酒豪伝説」を一包あげた。なぜリュックに酒豪伝説が入ってるのかという話になったが過去に人からもらったということ以外よくわからなかった。

——今みたら犬の餌とか怪文書も入ってた。

【5月28日】#ローランドさんがスポンサーにでもならないかぎり

自分は基本楽観的という意味ではポジティブ思考だが、他人が自分をどう見てるかについて常に最悪を想定しているという意味ではネガティブで、実際に最悪だったとしてもわりと平気という意味ではポジティブ。

㋹

「アパレルの新ブランドの予約会についてきてほしい」との依頼。サイトを見るとお洒落な感じなので一人では心細いとのこと。お洒落じゃない人を連れてて余計入りにくくならないかと思ったが大丈夫だった模様。MINIMUSというローランドさんプロデュースのブランドらしい。ローランドさんなんでもしてるな。

無事何点か気に入ったのがみつかり予約できたようです。ローランドさんもいることがあるそうなんですがいなかった。依頼者は店に残りローランドさんを待つことに（僕だけ帰った）。いま来たらしい。

ちょうどグレーのパーカーもあり、なんか買ってくれてラッキーだった。でもなんか違う気がしてきた。よく見たらロゴが入ってたんでローランドさんがスポンサーにでもならないかぎり着用しないことが決定した。

誰かのバースデーパーティーに同席。準備中。

――僕のだった。四周年祝いですって！ ㋹

一緒に手持ち花火をしてほしいという依頼で立川市の立飛駅前にある「タチヒビーチ」へ。海はないがビーチだけ広がっててこのあたりではレアな花火ＯＫスポットだそう。花火楽しそうでなによりだった。花火中もエゴサを怠らない。 ㋹

【5月30日】 #ブタが怖い

声優にガチ恋してる話をきいてほしいとの依頼。友人に話すと引かれる&迷惑がられるのは明白なので、どうでもいい人に金払って気兼ねなく話すことで自分のやばさを客観視したいとのこと。実際に話すまでもなく話したい内容を深夜までスライドにまとめてるとき「なにしてんだろう」と冷静になれたらしい。

その声優さんへの気持ちを冷ますためにネットの匿名掲示板でその声優さんのアンチ

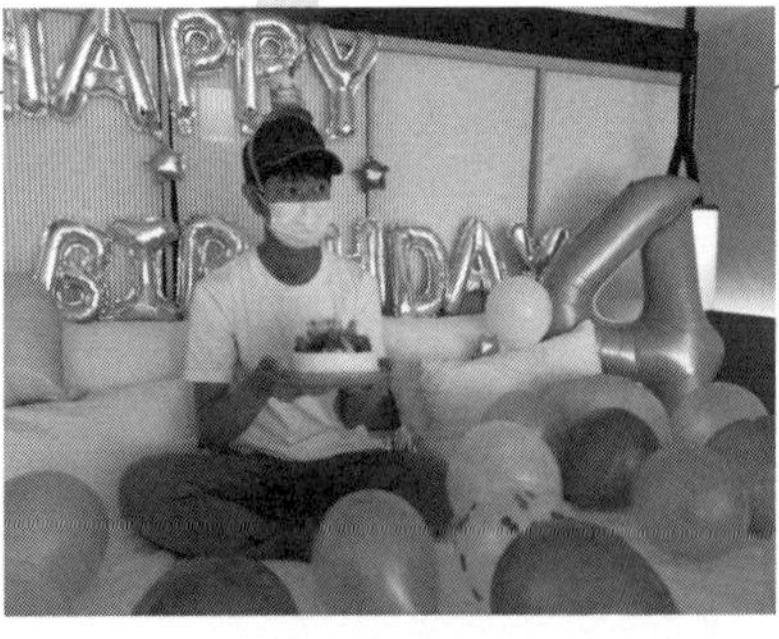

スレをのぞき悪口やよくない噂にあえて目を通したりもしたらしい（結構えげつないことが書かれてるらしい）。「レンタルさんのもあるかな」とその場で僕のスレも検索しだした。あったけど恐ろしく過疎ってて恥ずかしかった。

㋹

気の毒すぎる人からお金をもらいました。

㋹

トイ・ストーリーホテルに同行。

開業したてのホテルでどうしても中が見てみたいけど一人だとキャーキャー言いづらいし寂しいのでついてきてほしいとのこと。部屋に入るまでもなくすでに良い。

部屋。トイ・ストーリーあんま見たことないけど「トイ・ストーリーの部屋だ！」ってなった。依頼者は都合により宿泊できないので僕だけ泊まることに。なんという僥倖。

——依頼主、このブタをひどく怖がっていた。

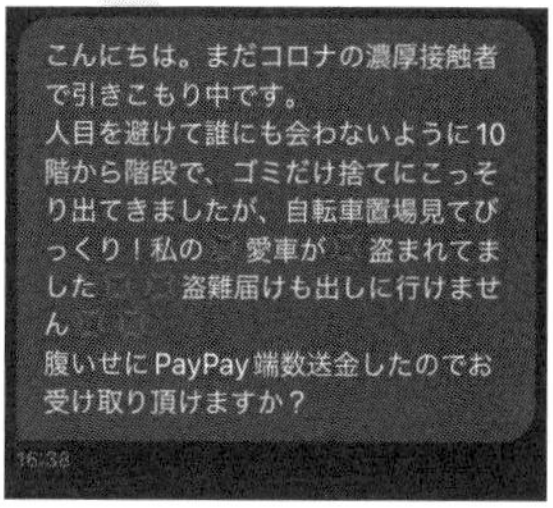
こんにちは。まだコロナの濃厚接触者で引きこもり中です。
人目を避けて誰にも会わないように10階から階段で、ゴミだけ捨てにこっそり出てきましたが、自転車置場見てびっくり！私の愛車が盗まれてました　盗難届けも出しに行けません
腹いせにPayPay端数送金したのでお受け取り頂けますか？
16:38

【5月31日】 #だれかとだれかが

あの日だれかとだれかが濃厚接触しなければ飲めなかったバナナナバナナフラペチーノ。

昨日は用事を済ませて自宅近くまで帰ってきたところで急な依頼が入ったので引き返し知らない人の自分語りの聞き流し役をしに鳥貴族に行った。やっぱ良いよな、こういうのだよなと思った。依頼者は「急に呼び出したわりにしょうもない話ですが」と切り出していたけど「だとしたらなおさら良い」と思った。

プロ奢

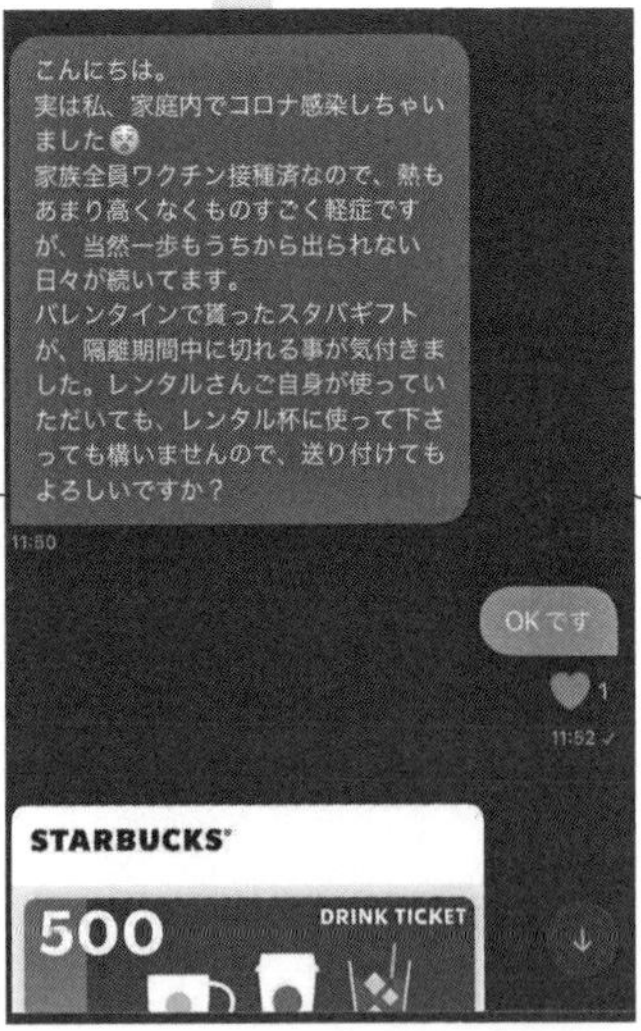
こんにちは。
実は私、家庭内でコロナ感染しちゃいました
家族全員ワクチン接種済なので、熱もあまり高くなくものすごく軽症ですが、当然一歩もうちから出られない日々が続いてます。
バレンタインで貰ったスタバギフトが、隔離期間中に切れる事が気付きました。レンタルさんご自身が使っていただいても、レンタル杯に使って下さっても構いませんので、送り付けてもよろしいですか？
11:50
OKです
1
11:52
STARBUCKS
500
DRINK TICKET

6　6月：キャンペーン実施中

【6月2日】　#圧よけに

今日は交番前で待ち合わせです。危険な人は交番前で待ち合わせにしないだろうから安心。

Ⓡ

「蒙古タンメン中本に行ってみたいが、食券をスムーズに買える自信がなく、もしモタモタしてしまったとき後ろからの圧に耐えられないので私に圧がかからないよう私の後ろの人になってほしい」という依頼。食券機の前でもたついてる人の後ろでなんもしなかった。食券を無事買えたのを確認し僕だけ帰った。

Ⓡ

Q　レンタルなんもしない人っていつも同じ格好で徹底してるのすごいな。プロ意識

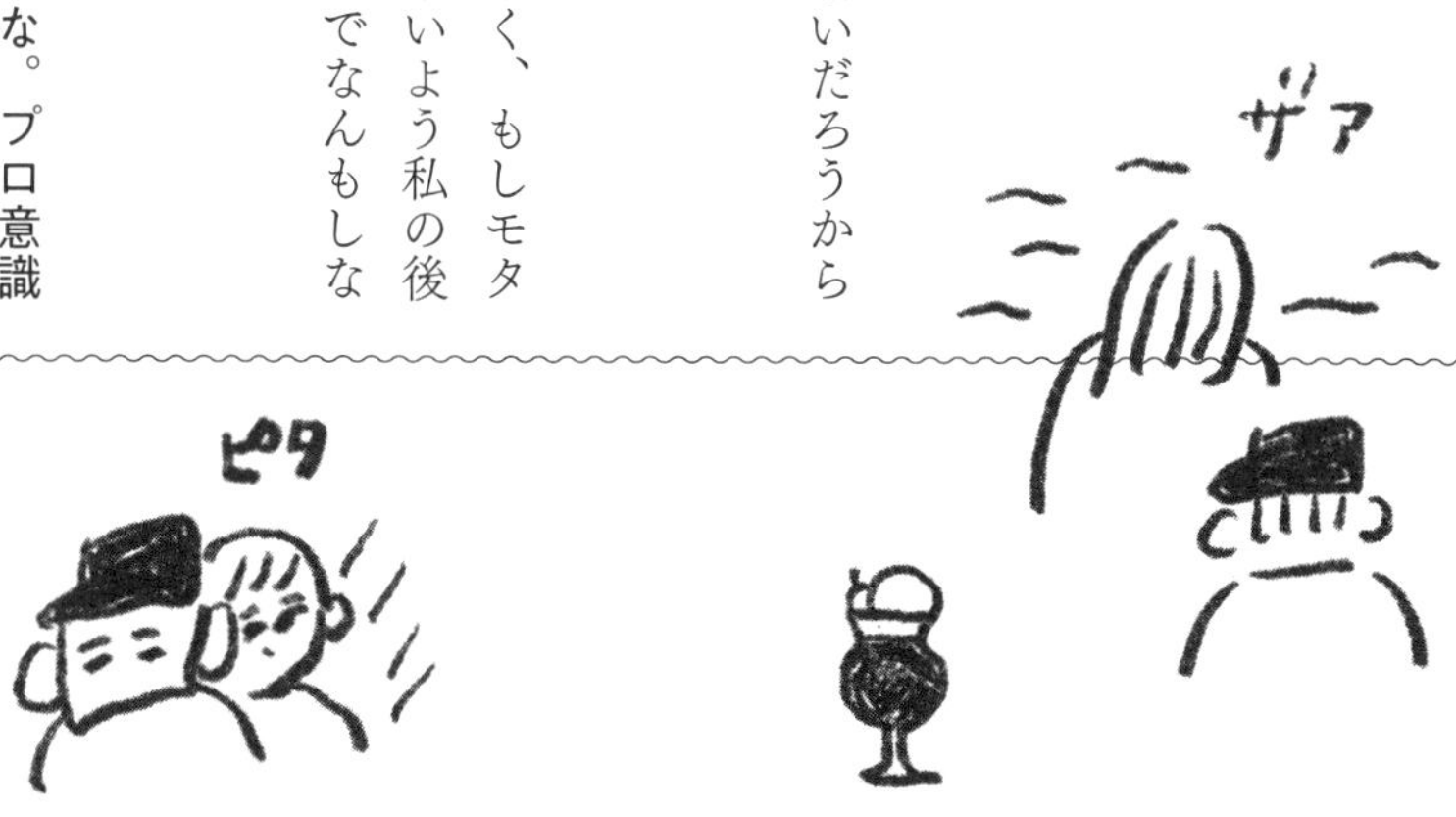

高い。

A　待ち合わせ場所で合流したとき「これから行く場所的にその服装は違うな」と思われた場合は、適切な服を買い与えてもらえればそれに着替えることも可能です。いつもの格好は初期アバターだと思ってもらえればと思います。

Ⓛ

今日は約半年ぶりに四件の依頼が入った。コロナ落ち着いたか。

Ⓛ

【6月3日】　#三一年後の依頼

「レンタルなんもしない人」というサービスの告知がなんかしようと頑張ってきた人生の集大成だったな……。

Ⓛ

今日は「支払わないといけないものを支払ってなくて督促が来ているが一人だと腰が重くて払いにいけないのでついてきてほしい」という依頼で郵便局に同行する予定だったんですが合流してついていくと明らかに郵便局ではない場所に到着しました。「郵便局はもう大丈夫です、大丈夫じゃないけど」とのこと。

㋹

カフェ同席レンタル中ゲリラ豪雨があり、ちょうど近くでプロ奢ラレヤーが傘なくて困ってるツイートを見た依頼者がプロ奢ラレヤーに傘を届けに行った。会計してる時間も惜しいくらい急いで駆けつけたかったみたいで僕は座席に残され依頼者一人で届けに行った。ただ一人分の人間の存在が必要なシーンだった。

㋹

二八年後の依頼入った。

㋹

ここ最近でいちばん変なお手拭きです。
（動画はこちらより https://twitter.com/morimotoshoji/status/1532717699700101120）

㋹

三一年後の六五歳になった時に定年退職を迎えます。通常ですと令和三七年三月三一

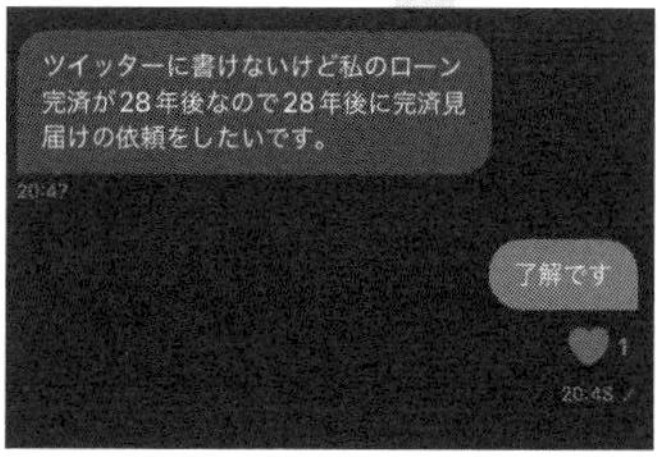

日の午前中に退職式が実施される予定です。その日がもし空いていたとしたら、退職式までの道のりに同行していただき……

令和37年3月31日に依頼が入った。詳細は令和37年2月中旬に連絡くれるらしい。楽しみ。と思ったら一年遅刻するところだった……。

【6月4日】 #拾いレンタル

今日は立川でレンタルされてます。来ない。

——やっぱこれは来ないか。

急遽でかい蜂の前に連れてこられた。

今日は立川で依頼をすっぽかされ立ち尽くしてたら同じく立川にたまたま来てた人から拾いレンタルされ立川で開催中の蚤の市に連れていかれました。初の立川で単独行動中ツイッターを見るとなんもしない人が余ってたので連絡したそうです。蚤の市、誰が買うんだろうというものがいっぱいで楽しかったです。

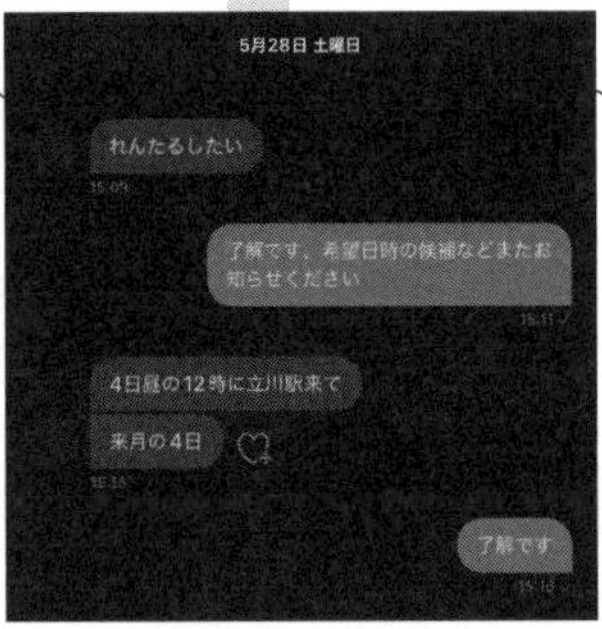

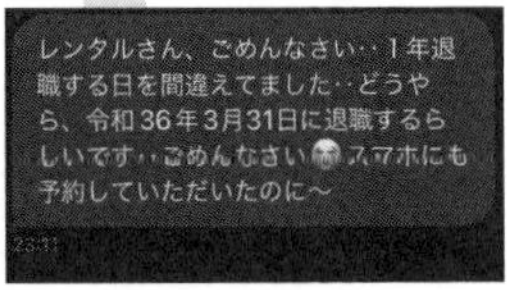

とくにリサーチせず思いつきで参加する上で〝何見ても買う気ゼロの人間〟は同行者にピッタリだったらしい。物凄くテキトーに歩き、ぶつかった店の気になったものを即買い、間違った列に並んでることに気づいてもそのまま並んで飲むつもりなかったビールを飲むなどセレンディピティを存分に楽しんでました。

――遠方に住む知人の服をかわりに買ってあげようとしてる人が知人に服のサイズ感を伝えるのに一人分の人間の存在が役立ちました。

㋹

バックレ依頼者に待たされてる間に合計七〇〇〇円くらいPayPayが送られてきたうえに別の依頼も入ったのでバックレられたことでかえって儲かる形となった。バックレにウェルカムの気持ちが芽生えつつある。

服を持っていただいたとき、丈感やサイズ感を伝えるのに、なんと便利な…と思いました。こぶしひとつ分とか、サイズを伝える時に何か近いなと。レンタルさんひとり分のサイズを知る共通認識のある方でないと、全く通じないわけですが、幸いでした。

【6月6日】 #演歌の大御所風に

依頼内容を聞いた時点で楽しそうとか思わなくても嫌じゃなければだいたい引き受け、行ってみると嫌じゃないどころかめっちゃ楽しい（重い内容でも赤の他人なので面白い）ことばかり。〝好きを仕事に〟を掲げてやる前から好きそうにみえることだけやろうとしてたら好きをめちゃくちゃ取りこぼしてただろう。

㋹

一人カラオケに同行してほしいとの依頼。一人で店まで行っても学生風のグループに気圧され受付まで辿り着けなかったことがあるそうで受付と会計だけついてきてほしいとのこと。受付を無事突破し初の一人カラオケを体験。出ないキーの曲を入れたり演歌の大御所風に歌ったりとめちゃくちゃ楽しめたそうです。

㋹

チームラボに同行。自分、壁にもたれかかる角度多分よくないな（これは三年前）。

㋹

人生うまくいかない報告、続いてます。

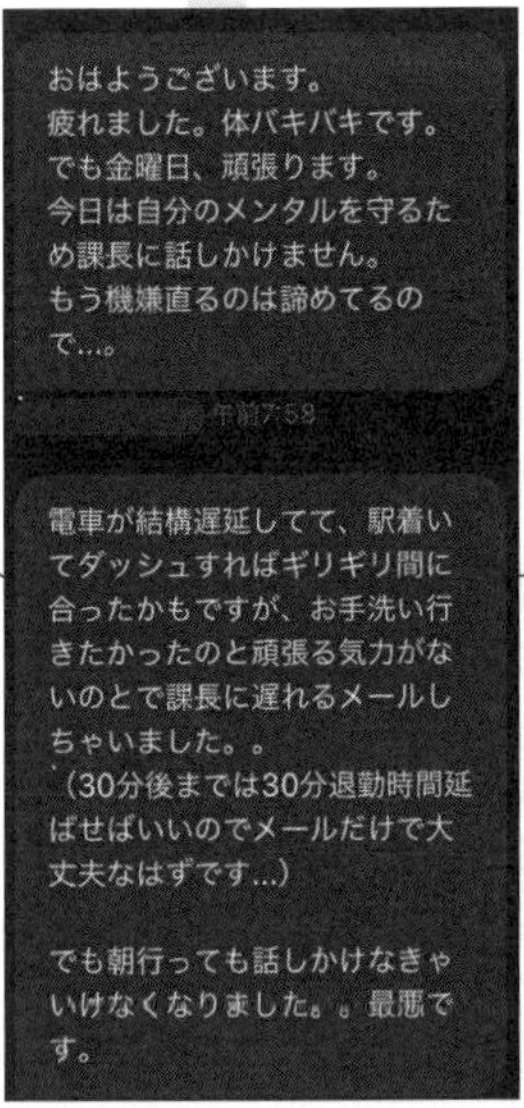
おはようございます。

疲れました。体バキバキです。

でも金曜日、頑張ります。

今日は自分のメンタルを守るため課長に話しかけません。

もう機嫌直るのは諦めてるので…。

午前7:58
電車が結構遅延してて、駅着いてダッシュすればギリギリ間に合ったかもですが、お手洗い行きたかったのと頑張る気力がないのとで課長に遅れるメールしちゃいました。。

（30分後までは30分退勤時間延ばせばいいのでメールだけで大丈夫なはずです…）

でも朝行っても話しかけなきゃいけなくなりました。。最悪です。

【6月7日】#sexの応援

パスポートをゲットしました。国境をまたぐレンタルもお待ちしてます。

㋹

【新規無料キャンペーンのお知らせ】本日から、まだ一度も依頼したことがない人については依頼料の一万円無しでレンタル可能とします（国分寺駅からの交通費と現地でかかる飲食代等は変わらず負担してもらいます）。期限は未定です。依頼したことある人も一万円払ってもらえればもちろんレンタル可能です。

㋹

「髪の毛がのびてそろそろ切りに行かないと見かけ的にもよくない感じだが美容室が苦手なため『そろそろ髪型おかしいから美容室行ってきた方がいいよ』と言ってほしい」という依頼。前回のキャンペーンのときも依頼したが締め切り後だったため断られた模様。二年越しにようやく切りにいけるようで何より。

㋹

新規無料キャンペーン開催中です。無料でsexの応援をしました。

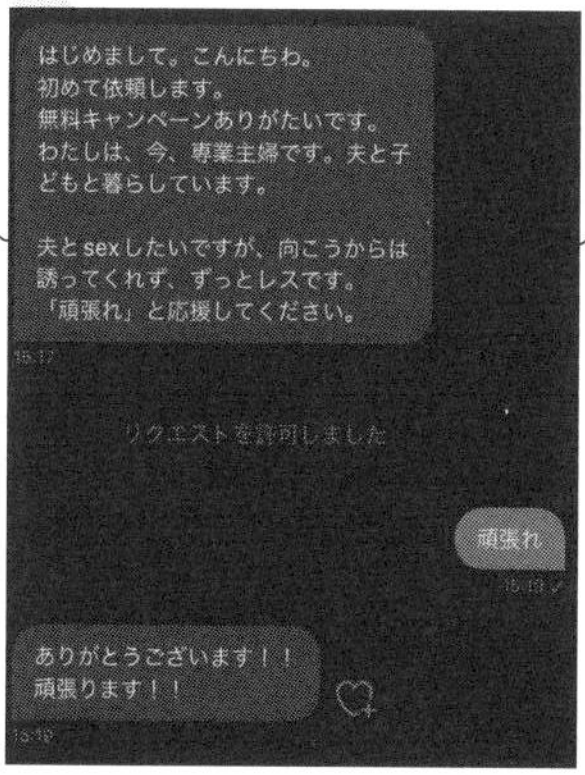

新規無料キャンペーン実施中です。無料でFカップが垂れてきたアラフォー主婦を励まして高い下着の購入を思いとどまらせました。浮いたお金で家族とキャンプ行くそうです。

お疲れとは言うがありがとうとは言ってくれない旦那のかわりに出産育児への感謝を述べさせられました。

「私が長年疑問に思っていることについてほかの人の意見を聞いてみたい」という依頼。ごく簡単なうけこたえをしました。

来た言葉をただやまびこのように跳ね返してるだけなのに普段の料金一万円も納得ら

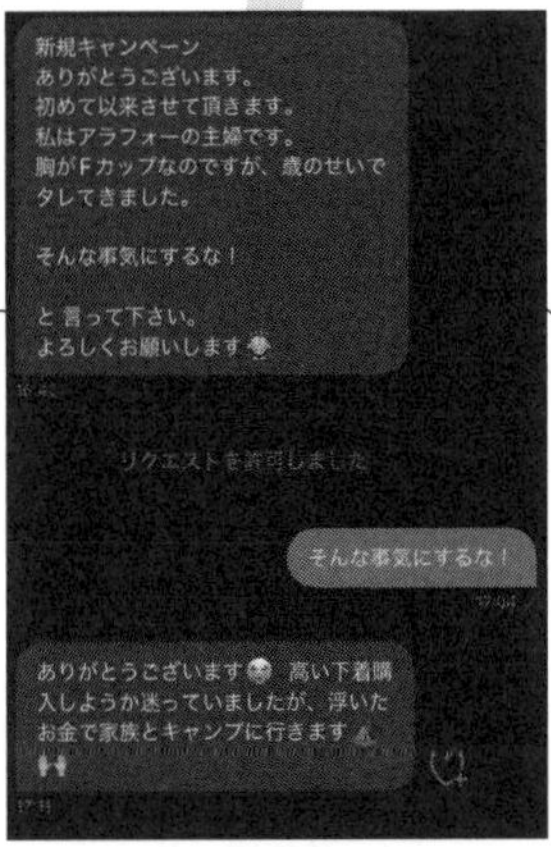
新規キャンペーン
ありがとうございます。

初めて以来させて頂きます。

私はアラフォーの主婦です。

胸がFカップなのですが、歳のせいでタレてきました。

そんな事気にするな！

と 言って下さい。

よろしくお願いします
リクエストを許可しました
そんな事気にするな！

ありがとうございます 高い下着購入しようか迷っていましたが、浮いたお金で家族とキャンプに行きます

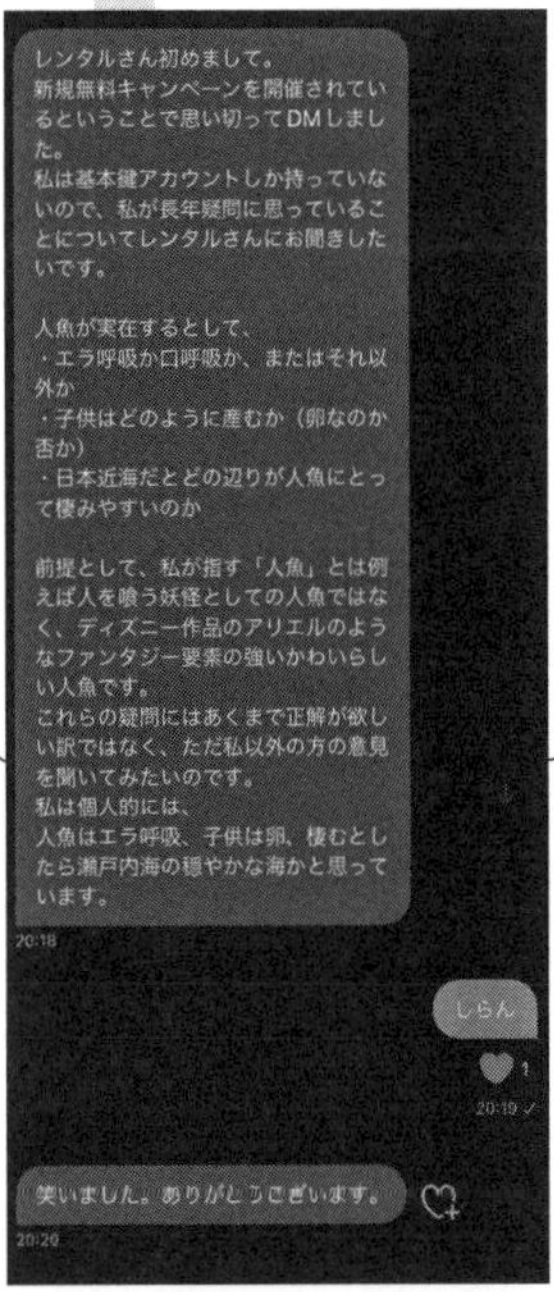
レンタルさん初めまして。
新規無料キャンペーンを開催されているということで思い切ってDMしました。
私は基本鍵アカウントしか持っていないので、私が長年疑問に思っていることについてレンタルさんにお聞きしたいです。
人魚が実在するとして、
・エラ呼吸か口呼吸か、またはそれ以外か
・子供はどのように産むか（卵なのか否か）
・日本近海だとどの辺りが人魚にとって棲みやすいのか
前提として、私が指す「人魚」とは例えば人を喰う妖怪としての人魚ではなく、ディズニー作品のアリエルのようなファンタジー要素の強いかわいらしい人魚です。
これらの疑問にはあくまで正解が欲しい訳ではなく、ただ私以外の方の意見を聞いてみたいのです。
私は個人的には、
人魚はエラ呼吸、子供は卵、棲むとしたら瀬戸内海の穏やかな海かと思っています。
20:18
しらん
20:19
笑いました。ありがとうございます。
20:20

しい。俺にはさっぱりわからない。

【6月8日】 #塩で無料を消費する

ちゃんと読まないと「塩」で無料券消費することになるのでお気をつけください。

——「は・か・た・の!?」と送ったら「しお!」と返してほしいという依頼がややバズってから、それに便乗してるのかなんなのか「は・か・た・の!?」とだけ送ってくる人があとをたたないんですが、自分そういう〝相手のノリの良さ頼み〟みたいなコミュニケーションめちゃくちゃ苦手だし嫌いなんで。

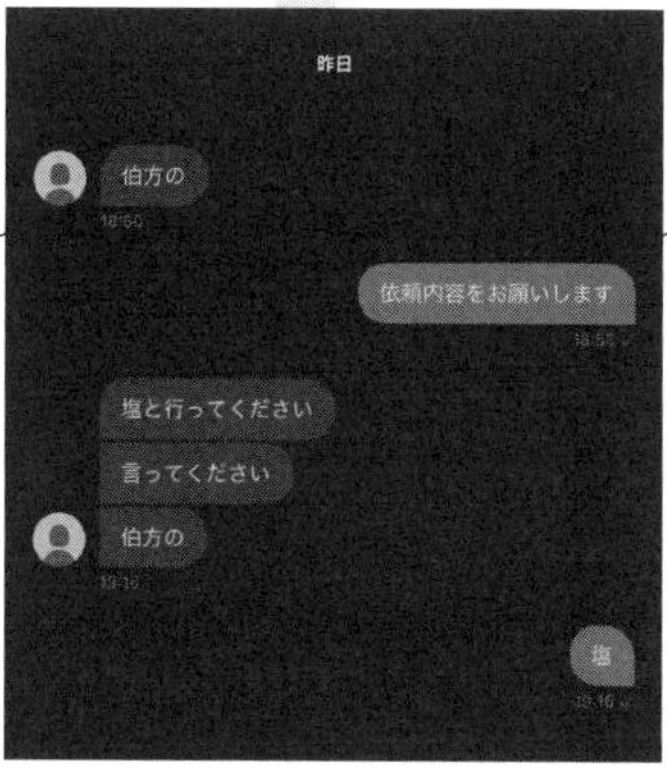

㋹

「献血に同行してほしい」という依頼。一人でもよく行くが一度誰かと行ってみたく、ただあるとき友人に「献血友達がほしい」と言ったら「気持ち悪い」と一蹴されて以来誰も誘えないらしい。僕は献血せず待機しただけだが「なんか待ってくれてる人がいる」と思いながらの献血は新鮮で楽しかったそうです。「献血の依頼って前にありましたか?」と聞かれて「ありました」と答えたらくやしそうでした。もう五年目なので実績解除は難しいと思います。

【6月9日】 #早くも用済み

アメリカンなフードコートに同席してます。🍕だ！

㋹ 歌舞伎町の端っこにあるバー3rd Placeにレンタルされてます。木曜かつ雨模様かつオープンしたてでまだ常連にしか教えてないので誰も来ないかもしれずやる気が出ないので一人は必ず来ることにしたいとのこと。僕と同時にもう一人来店してきたので早くも用済みになった。

【6月10日】 #晴れの日は死にたくなる

「消費者として『レンタルなんもしない人』というエンタメを消費してみたいのでいっしょに食事してほしい」という依頼。

㋹ 新たにエンタメの会社に入り、とにかくいろんなエンタメコンテンツに触れて仕事に活かしたいとのこと。なんもしないをしっかり体験してもらうためいつもより強めになんもしなかった。

「精神疾患により休職中で、気分転換にどこか行きたいので同行してほしい」との依頼。

上京、念願の一人暮らし、好きを仕事に働き出すもすぐに適応障害を発症、雨の日は憂鬱に、晴れの日は死にたくなるため一人だと外出が難しいとのこと。明治神宮をぐるぐる歩いて気分転換しつつ順調な復職を祈願してた。

意味がわからないことでも堂々と来られたら堂々と断れるな。

——依頼の文面で引き受けるかどうかの判断をするんですが、ひとつのポイントは「メジャーではない固有名詞を当たり前のように使っていないか」だな。

【6月11日】 ＃オーナーがうしろに張りつく日

DMで指定された言葉を言わされる依頼は気持ちをこめるどころか何の感情もこめてないどころかちょっといらっとしながら言ってる（交通費も飲食もともなわないので相手はタダ乗りだし楽しいもんでもないので）し、言ったあとお金が飛んできたら容易に嬉しくなるので自分普通に拝金主義者なんだと思う。

なんもしない人なんだから教えられませんよと言いたかったけど嘘教えたみ

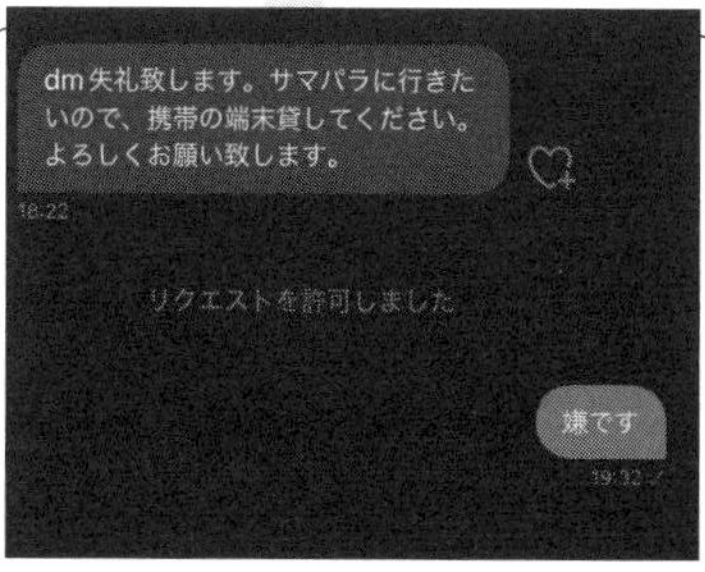
dm失礼致します。サマパラに行きたいので、携帯の端末貸してください。よろしくお願い致します。
リクエストを許可しました
嫌です

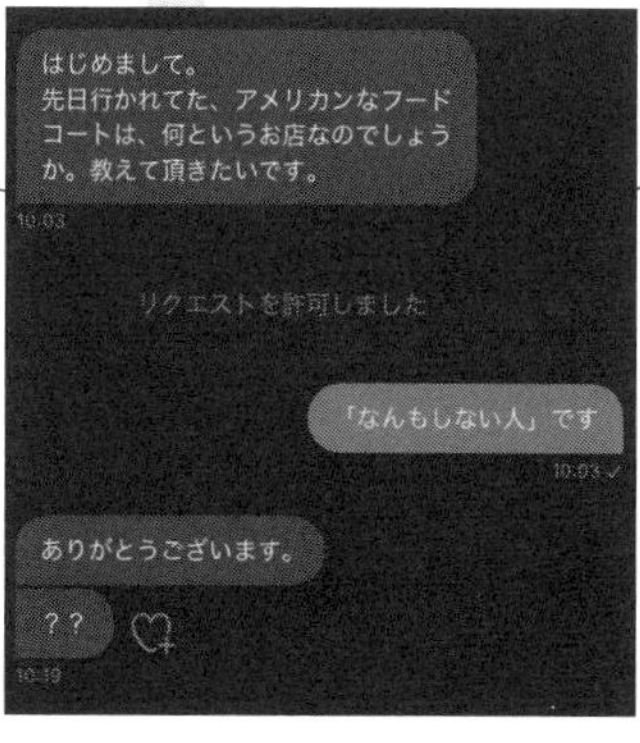
はじめまして。
先日行かれてた、アメリカンなフードコートは、何というお店なのでしょうか。教えて頂きたいです。
リクエストを許可しました
「なんもしない人」です
ありがとうございます。
??

たいになった。

今日はレンタルなんもしない人のオーナー権なるものを四四万四〇〇〇円で競り落とした人が一日中ついてくる日です。うしろに張りつかれてます。

Ⓡ

依頼者とオーナーとなんもしない人と依頼者でもオーナーでもなんもしない人でもないなんでもない人の四人で外で「赤から鍋」を食べてます。依頼者でもオーナーでもなんもしない人でもないなんでもない人が中心になって動いてくれています。

Ⓡ

「旅する喫茶」という喫茶店にてお酒が飲めない人のかわりに大人のクリームソーダを飲まされています。大人のクリームソーダというのはアルコールが入ってるクリームソーダのことで夜だけ飲めるようです。左からアメジスト、ルビー、夜空（これだけお酒が飲めない依頼者が注文した普通のクリームソーダ）。

Ⓡ

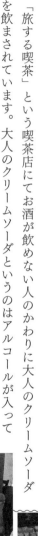

今日はレンタルなんもしない人のオーナー権をもつ人（通称〝オーナー〟）がついてくる日でした。依頼者皆オーナーをもてなしてて面白かったです。オーナーとの集合解散は国分寺駅のNewDays前。ここはサービス開始して初の依頼の待ち合わせ場所でした。なんもしない人もオーナーには粋な計らいをしてしまう。

——オーナー曰く、レンタルなんもしない人の歩き方に関する発見があったとのこと。依頼場所への移動中はシャッシャッと音がしそうなくらいきびきびとした歩き方だが、誰かにレンタルされてる間はぽてぽてと頼りない歩き方になってるそう。「依頼者さんと合流なさった途端フヌケになってらした」と言ってた。

【6月12日】　#ささやかなラッキー

今日は一人では挑みづらいわんこそばに同席してます。

依頼者は一〇杯でギブアップ。「インドカレー食べてきちゃって」とのこと。僕は一一〇杯で、男性は一〇〇杯以上食べたらもらえる賞品（お守りかキーホルダーかでキーホルダーを選択）かくまきあねっ娘キーホルダーをゲット。「一人だったら一〇杯は気まずかったんで居てもらえてよかった」と言っ

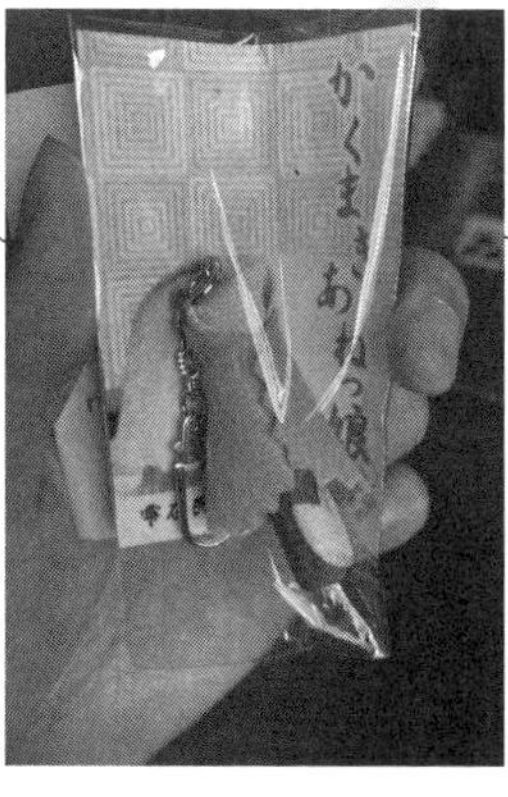

て何よりだった。㋹

「わたしはラッキーが多い人間です」という人からの依頼。自分の身に起こったささやかなラッキーを人と共有したいが大人になると人にいちいち話すのがはばかられるのでそういうの気にしなくていい人にちょこちょこ報告したいとのこと。絶妙にささやかで良い。㋹

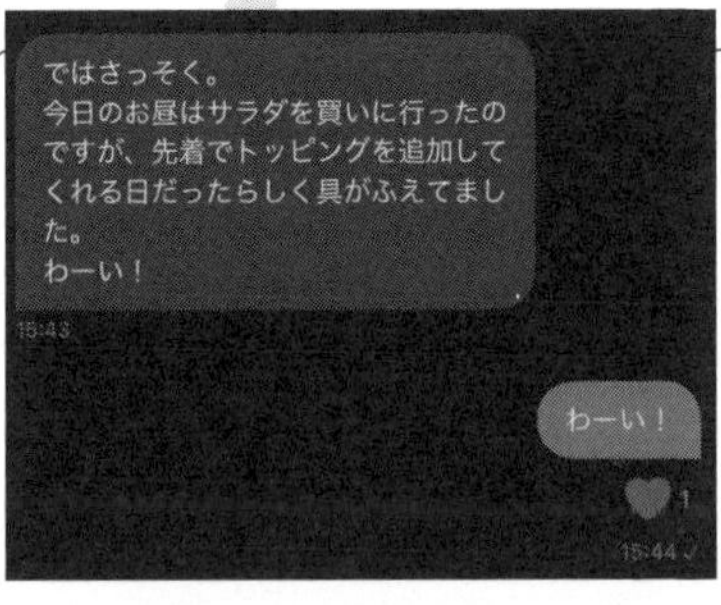
ではさっそく。
今日のお昼はサラダを買いに行ったのですが、先着でトッピングを追加してくれる日だったらしく具がふえてました。
わーい！
15:43
わーい！
1
15:44

「サンリオのイベントに妹と行く予定だったが先日ケンカしてから別の予定を入れられてしまい一緒に行く人がいなくなってしまったので一緒に来てほしい」との依頼。パシフィコ横浜で開催された2022サンリオフェスにて依頼人の妹さんの代打をつとめた。チケットが無駄にならずに済んでよかったと喜んでた。

――サンリオキャラクターたちによるかわいいかつキレキレのパフォーマンスに終始感激してる様子で何よりだった。同じくらい感激してたのがグッズ売り場にあったこのめちゃくちゃデカいぬいぐるみクッション。「Yogiboより大きい！！！」と興奮してた。

【6月13日】 #いろいろ助かる店主

夜の新宿を恐れている人に同行してゴールデン街に来てます。「二年前テレビで見てからずっと行ってみたかった新宿ゴールデン街のお店に行きたいので同行してほしい」という依頼。今年上京してやっと足を運べる距離になったがまだ新宿の夜を知らないので治安など恐ろしく一人ではとても行けないとのこと。憧れの店に行き憧れの店主にも会えて二年越しの夢が叶ってた。

客同士の会話が盛んで僕のことも説明しなきゃかなと思ったが店主が僕をフォローしてるとのことで即声かけてくれて話が早くて助かった。注文時飲み方を聞かれてキョドりかけるとすかさずソーダとトニック両方で割る〝ソニック割り〟を提案してきてじゃあそれってできて助かった。いろいろ助かる店主だった。

【6月14日】 #最高記録更新

オーナーとロブションで打ち上げしてます。

食後にハーブティーを注文したら「どれになさいますか?」って生えてるハーブがたくさん運ばれてきて怖かった。本当に夢かと思った。悪夢よりの。

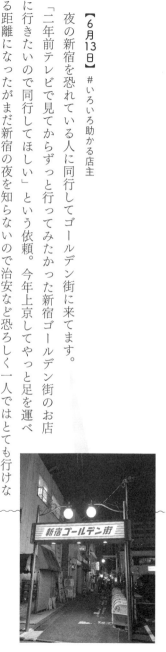

――これ二人で一七万だったらしい。たぶん一回のレンタルでの費用としては最高記録。

【6月15日】 #ボンタンアメ防衛戦

今日はバーミヤンに同行してます。二〇〇円のレモンサワー飲んでます。射的に同行。ボンタンアメをゲット。めちゃくちゃ嬉しい。スポッチャに同行。マリオカートをひたすらやる予定だったが満席だったためクレーンゲームをひたすらやりに。この状態になり依頼者がスタッフを呼びに行ってる間このマシーンの前に居座るという重要な役割を果たしました。

「本当においしいのでぜひ食べてみてほしいメニューがある」とのことでバーミヤンに連れて行かれ、「台湾大からあげチャーハン」を食べさせられた。本当にめちゃくちゃおいしかった。可能な限り多くの人に食べてみてもらいたいのわかった。

――射的でとったボンタンアメをかけてオセロを挑まれた。「俺は強いぞ」と思いながら受けて立ったが依頼者もめちゃ強くて大接戦のすえボンタンアメ防衛した。このボンタンアメ欲しい方は挑んできてください。

波打ち際に行ったことがないという依頼者。初波打ち際を見届けた。

㋹

【6月17日】 #自分どうなるん

「最近カフェをオープンしたがお客様がまったく来ず、毎日料理を仕込んでも廃棄する日々がつらいのでご飯を食べにきてほしい」という依頼。お客さん普通に来てたけどおいしかったのでまあよし。

㋹

今日は「南大塚」という知らない駅から車に乗せられて「自分どうなるん」がいつも以上に来た。

【6月18日】 #もうひと部屋あった

「部屋の掃除をしたいが一人だとやる気にならない。友達を呼べば来る前に片付けると思うが失敗した時が怖い。何もしない人なら来る前に終われればそれで良し、無理でも当日掃除するところを見守ってもらえる。それならできる気がする」とのことで掃除を見

守ってます。実際には用意された漫画を読んでます。
終わりました。人が来る前にとにかくリビングだけでも片付けておくため犠牲になった部屋（リビングの物をそこへ移した）がありそこが凄かったがこの三時間で掃除機かけられるくらいまで片付いてた。他人の目はありつつも干渉されないので自分の好きなやり方、好きな度合いで作業できたのがよかったらしい。
——帰り際「実はもうひと部屋あるんです」とさらにすごい部屋をチラ見させられた。クリア後の隠しダンジョンを匂わせるエンディングだった。

【6月19日】 #臨時休業でも○Ｋ
行きたいカフェがあるので一緒に行ってほしいとの依頼だったがその行きたいカフェがピンポイントで臨時休業だった。同行者がなんもしない人でよかったなと思った。

【6月20日】 #お言葉に甘えて総スルー
「普通なら言わずに封印してしまうようなことを吐き出させてほしい」という依頼。恥も外聞も常識も気にせずなんでも言っていいとなったら自分は何を言うのか、またそういうことを言うと自分はどんな気持ちになるのか知りたいとのことなので返信なしでＯＫらしい。お言葉に甘えて総スルーさせてもらってる。

今日は朝から飛行機の時間までの時間潰しに付き合ってます。旅の疲れでぐったりしてても無理にテンション上げなくていいから楽だそうです。

旅の疲れでぐったりしてた依頼者、好きな土偶や刀やゲームの話をしてるうちに元気になってきたようでまだ終了時間きてないのに「ノってきたんでこの勢いで飛行機乗って帰ります！」ってコメダを出たが外に降り立った瞬間またぐったりしてた。好きなものを語ってるときのテンションに騙されてはいけない。

㋹

「家に来る約束をしてほしい」という依頼。鬱で休職中、気力がわかず家が散らかり放題だが人が来ると思えば片付けられるかもとのこと。日程が決まると重い腰が上がり始めたようで、当日家に行くとビフォー写真からの明らかな進展が確認できた。来ると〝思う〟のが重要であり別に来なくてもいいのが面白い。

㋹

中二の娘のいる依頼者、娘に「レンタルなんもしない人をレンタルするんだ」と言っ

㋹

たら「も〜〜やめてよ〜〜〜」「あのね、考えてみて、自分の母親がレンタルなんもしない人をレンタルしてたら、絶対嫌でしょ」とだいぶ嫌がられたらしい。

「不定期でエッチな写真を送らせてほしい」との依頼。三〇代になり日に日に老いていくのが怖くなってきたので今の若い肉体を写真に残しておきたいがＳＮＳに垂れ流すのは無料で見ず知らずの男にオカズを提供するようで嫌だしかといって誰にも見せないのも悲しいとのこと。ダイエット効果も見込んでるらしい。

何人かから挙がってる「なぜ自分のアカウントで垂れ流すのは嫌なのにレンタルなんもしない人経由で垂れ流されるのは大丈夫なの?」という疑問について依頼主本人から説明が送られてきました。言われてみると不思議でもなんでもなく、なんもしない人がメディアの役割を果たしてるということだと思います。

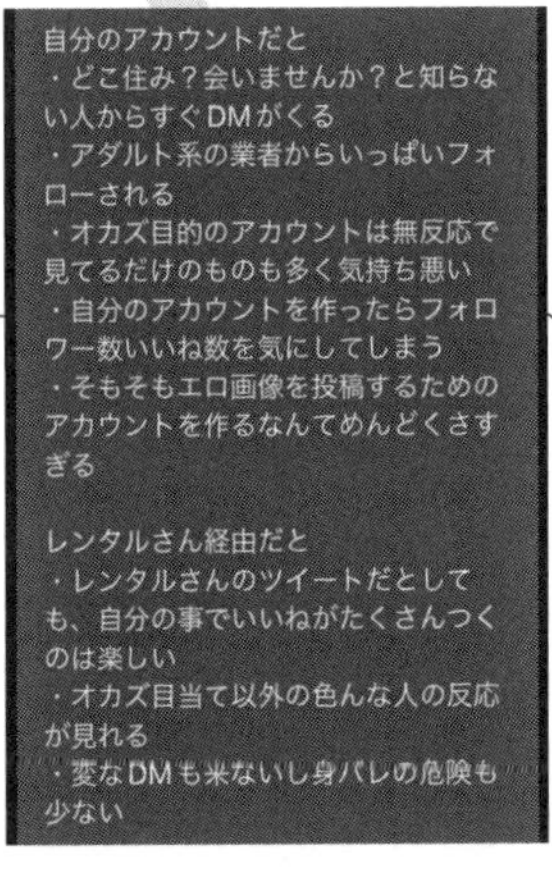
自分のアカウントだと
・どこ住み？会いませんか？と知らない人からすぐDMがくる
・アダルト系の業者からいっぱいフォローされる
・オカズ目的のアカウントは無反応で見てるだけのものも多く気持ち悪い
・自分のアカウントを作ったらフォロワー数いいね数を気にしてしまう
・そもそもエロ画像を投稿するためのアカウントを作るなんてめんどくさすぎる

レンタルさん経由だと
・レンタルさんのツイートだとしても、自分の事でいいねがたくさんつくのは楽しい
・オカズ目当て以外の色んな人の反応が見れる
・変なDMも来ないし身バレの危険も少ない

惚気報告、続いてます。

【6月21日】 #ボスの命を守るため

今日の最大の目的は、結婚を報告したら「裏切り者！」と喚いて私と夫（職場の先輩）の二人ともクビにしやがった職場のボスが現在どうしているのか、元職場がどれだけ愚かな有り様になっているかを遠目に見届けに行くことです。……

……不謹慎と思われるかもしれませんが、もしボスが不治の病とかになっていることがわかれば、祝杯を上げに行きたいと思っています。

「神楽坂に同行してほしい」という依頼。依頼理由に怨念が溢れてる。祝杯は上がらなかったが目的は果たせた模様。ボスの命を守るための同行でもあったように思う。

――「レンタルなんもしない人」、一人だとやる気が起こらない場面ではアクセルとして、一人だと何しでかすかわからない場面ではブレーキとして機能する。

【6月22日】 #オーラがあったら困るだろう

「一緒に行ってくれる人が思いつかない行きたい場所があるので同行してほしい」という依頼で時計の博物館と資生堂パーラーと警察博物館に同行しました。

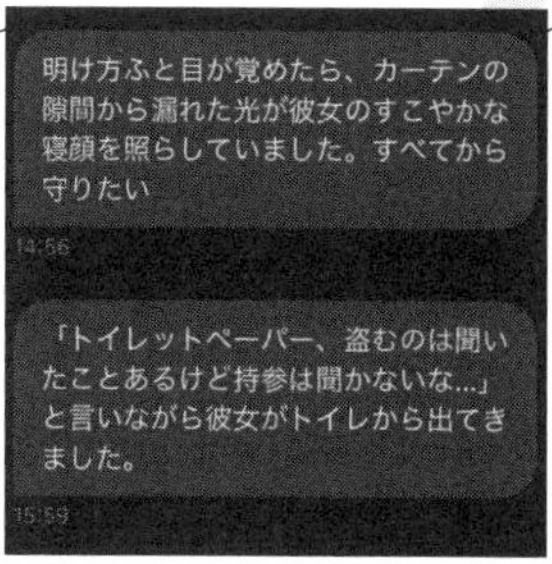
明け方ふと目が覚めたら、カーテンの隙間から漏れた光が彼女のすこやかな寝顔を照らしていました。すべてから守りたい
14:56
「トイレットペーパー、盗むのは聞いたことあるけど持参は聞かないな...」と言いながら彼女がトイレから出てきました。
15:59

こないだ依頼者と対面したとき「思ったより普通な感じなんですね。もっとこう、オーラがあるのかと思ってました」と言われた。レンタルなんもしない人にオーラがあったら困ること多いだろうからよかった。

【6月23日】 #適切な励ましのタイミング

「友達や彼氏に言いづらいことをダラダラ話すので適当に聞き流してほしい」という依頼。発達障害による生きづらさの話、過去や現在のしんどい職場の話、鬱になり自殺を図った話、自殺志願者の集いに出向くも道に迷って辿り着けなかった話などをケバブを食べながら聞き流した。話せて少しスッキリしてた。

──「楽しくない話ですみません」と何度も言いながら話してた。そういう点ふくめ〝人に話しづらさ〟が満載で、なんもしない人の出番という感じがしてうれしかった。

Ⓡ

最近DMでのやりとりで完結する依頼において依頼者との間にトラブルが発生した。それは僕が業務範囲をこえて依頼者の発言に反発してしまったことを主な原因とするものだった。レンタル中は基本なんでも聞き流せるが、DMでのやりとりは「レンタル中」という感覚が薄く（ツイッターの延長みたいな感覚に近い）、たとえば自分や過去の依頼に関する話題になったりすると、「返信はいらない」と言われてるのに、つい訂正を入れたり場合によってはブチ切れたりとなんかしてしまうことがあるようです。看板通りのサービスが適切に提供されることを期待している人はDM完結の依頼は避けたほうがいいかもしれません。

ⓛ

「計画分娩を明日に控えているので励ましてほしい（指定した言葉「明日会えるよ！　順調に進みますように。応援してるよ！」を送ってほしい）」との依頼。念のため一昨日からフライング入院した都合で親や友人からはフライング励ましをすでにうけてしまったため、いま励ましを気軽に頼めるあてがほかになかった模様。結果、脅威のスピード出産だったようで何より。

【6月24日】　#いわくつきの洞窟

「カラオケに同行してほしい」という依頼。いつも一人で行くがたまには人にきいてもらいたくなり、ただ友人相手だと選曲に気をつかったりしてしまうため他人をレンタルしたとのこと。とはいえ人間相手なのでいろいろ考えてしまったようだが友人相手の時に比べたらあまり引きずらずに済みそうらしいです。

㋹

一人で入りにくいいわくつきの洞窟でレンタルされてます。

奥多摩の日原鍾乳洞というところで、めちゃくちゃ寒くて（入り口は五度）不気味で、足場も頭上もけっこう危ない中をどんどん進んでいくとなんか綺麗にライトアップされた巨大な空間にたどりついた。「いわく」がなんなのかは行く前に知ってしまうと怖くて行けなくなりそうなので何も調べずに来たらしい。

洞窟を出てゴンチャに移動。「いわく」を調べるのに同席してます。一七年ほど前？に家族四人がこの洞窟に入った↓うち一人（父親）が行方不明に↓警察が捜索↓「三途の川」という場所の近くで彼の右腕を発見、右腕以外はまだ見つかっていない、などと出てきた。やっぱ行く前に調べなくて正解だったそうです。

㋹

トイ・ストーリーシリーズが好きだがトイ・ストーリー4だけは口コミやSNSでの評判があまりにも悪すぎて映画館で観るのを回避した人にレンタルされ、本日の金曜ロードショーでの地上波初放送で初めて観るところに同席してます。あまりにも怖くて

一人では観られないそうです。呻きながらスタンバってます。鑑賞後「全然納得いかない」と叫んでたが気持ちを吐く相手がいたことで幾分昇華できたらしい。

【6月25日】 #無事入場

「小沢健二のライブに行く道のりに付き添ってほしい」という依頼。二年前チケットをとったがコロナの影響で延期となり、その後体調を崩したりしたため行けることになった今も一人で行ける気力があるか自信ないとのこと。開場までビールを飲みながら二五年以上前のCDについて語ったのち無事入場できて何より。

【6月28日】 #依頼者のコラボのおかげで

水道橋の宝生能楽堂という所で、流派の学生能の全国大会があり、それには私が直接知っている最後の代の後輩も出ます。四年に一度の東京開催ということもあり、差し入れだけでも持って行こうと決めてお菓子まで買ったのですが、現役時代に色々あり能(特に学生能)がめちゃくちゃ嫌いになってしまい……

「三田駅から水道橋の能楽堂まで同行してほしい」という依頼。「もし依頼してなかったら差し入れのお菓子全部自分で食べてました」と言ってて、それほどまでに能(学生能)

が嫌いになるって一体何があったんだろうと気にならないことはなかったがとくに踏み込まなかった。お菓子無事渡せたようで何より。

Ⓛ

Q 依頼の連絡をしたのにレンタルさんからの返事がこない。

A 依頼したのに返事が来ないという人は、依頼理由をもう少し明確にするか、依頼内容ももう全然別のに変えるかしてもらえると返事が来るかもしれません。

Ⓛ

小沢健二さんの公演「So kakkoii 宇宙 Shows」に同行。前日も別件で会場入り口まで接近したが、この日は中まで同行し、鑑賞もともにした。小沢健二さんのライブには今までずっと一人で来ていたという依頼者、初めて喜びをほかの誰かと分かち合うことができ、記憶に残る夜になったとのこと。

この日は千秋楽ということで『今夜はブギー・バック』の途中、サプライズでスチャダラパーが登場し、めちゃくちゃ良いことでよく知られているコラボレーションが始まり、小沢健二さんに関して浅い知識しか持っていなかった僕もさすがに声出そうになった。そしてめちゃくちゃ良かった。

前日の依頼で今回の公演の表題になっているアルバム『So kakkoii 宇宙』を譲られた（明日行くとも言っておらずたまたま）。これを聴いてからライブに臨んだので何もせず同行するよりしっかり楽しむことができた。お互い見ず知らずの二人の依頼者がコラボしてなんもしない人を楽しませてくれた。ありがとう。

㋹

Q　一日中外にいて、暑くないですか？

A　暑いのは平気なほうです。汗をダラダラかいたり、それによる悪臭を放ったり、熱中症になって死ぬ恐れがあったりするのが嫌なだけで暑いの自体は全然平気。

【6月30日】＃人が来るまでサーターアンダギーを

「自宅で一日中サーターアンダギーを揚げる会をするが、来る時間がわかってるのは朝に来る人だけで、その後はいつ誰がどのくらい来るかわからないので、昼頃来て、人が来るまで食べててほしい」との依頼。行ったら既に人来てたので僕のいる意味は0だったが揚げたてのサーターアンダギーはおいしかった。

7月：どうぞ。無職の一万円

【7月2日】 #僕は普通量

大食い対決を見守ってます。僕は普通量食べてます。

【7月3日】 #下心の中では最下位のやらしさ

東京ディズニーランドに同行。

友達が急遽来れなくなったとのことで代わりに同行しました。基本無言だったけど、スプラッシュマウンテンの途中のとこ（別に落ちたりしないし動物たちが和気あいあいと歌ったりもしないなんもないところ）にいた本物のカラスに同時に笑いました。乗りたいものだけ乗ってあっさり解散しました。

㋹

レンタルなんもしない人本人としてのコンテンツは消費され尽くして終わってしまっ

てもその利用者（のうちツイッター上にやたら浮上している特殊な人たち）がかわりにコンテンツになってくれて無限に回っていく仕組み助かる。

㋹

先日バーミヤンの台湾大からあげチャーハンを食べさせてきた依頼者、「レンタルなんもしない人に食わせることで美味しいという事実を拡散させ人気メニューにし、台湾大からあげチャーハンがメニューから消えないようにしたい」という下心があったらしい。下心の中では最下位のやらしさなので良しとした。

【7月5日】 ＃三か月以内に柿の種食べました？

「行ってみたいお店が男性同伴でないと入れないので同伴してほしい」との依頼。鶯谷駅の近くにある『鍵屋』という居酒屋で、女性のみの客は入れないという鉄の掟があるらしい（男性が一人でもいればOK）。念願叶って趣ある空間と冷酒と冷奴を堪能してた。「チケットありがとうございます」と人をチケット呼ばわりしながら感謝してきた。

「行ってみたいけど男性同伴でないと入れないお店がもう一軒ある」とのことで茅場町の立ち飲み屋『ニューカヤバ』にも同行。こちらは男性がついていても女性の比率が多

いと断られることがあるらしい。酒も焼き鳥もセルフで作るという、僕にはハードな店だったが依頼者はテーマパークのように楽しんでた。

僕は自分から話をふらないので質問される側になることが多く、日々いろんな質問をされだいたいどういう質問が来やすいかわかってくるんですがたまに本当にどういう意図か全くわからない質問が来て笑ってしまうことある。今日来たのは「三か月以内に柿の種を食べましたか?」で「何それ??」って笑った。

——人間レンタル業をやっていると「好いてこない異性」って有用かつ希少なんだとよくわかる。

続いてます(2021年10月19日からの依頼)。お風呂に入るのがめんどくさくなった理由に夏の情緒を感じる。

【7月6日】 #半泣きの妊婦

コストコ舐めてた人の帰り道に同行してます。荷物持つのはなんかしてることになるが半泣きの妊婦なので良しとした。これだけ買うつもりだったら

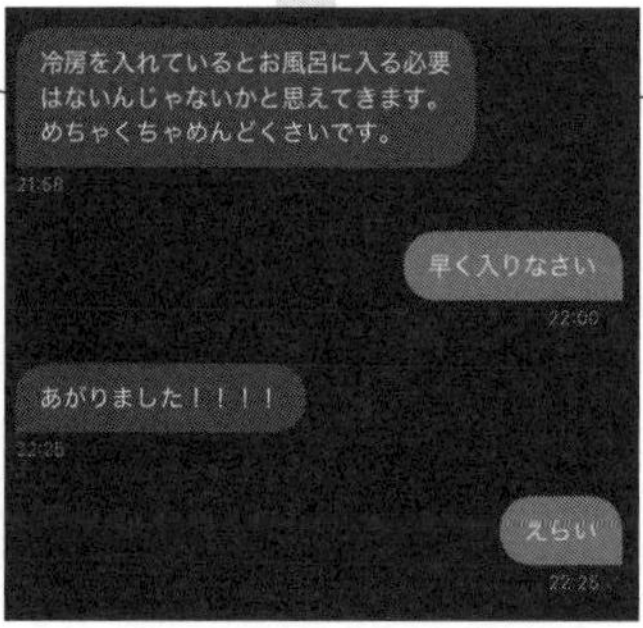
冷房を入れているとお風呂に入る必要はないんじゃないかと思えてきます。めちゃくちゃめんどくさいです。
21:58
早く入りなさい
22:00
あがりました!!!!
22:25
えらい
22:25

COSTCO

しい。

Q　妊婦さんの荷物持ったらフォロワー増えましたね。

A　なんかして増えたフォロワーは泡沫。

Ⓛ

【7月7日】　#誰かの不在が伝播する

よくある「友達が急遽来れなくなったのでかわりに来てほしい」みたいな依頼も誰かの〝不在〟から生み出されていて、その友達というのも職場の誰かの穴を埋めるために駆り出されていたりするわけで、遠く離れた全然知らない誰かの不在がその付近の人々を順々に動かしていってここまで伝わってくるの面白い。

Ⓛ

昨日のコストコ舐めてた半泣きの妊婦、「半泣きの妊婦、半妖の夜叉姫」とか言ってたからわりと平気そうだった。

——今日はインフィニティプールに連れてこられてます。

【7月8日】 #あ~

家族がコロナ陽性となったため僕は濃厚接触者となり7月25日まで自宅待機となりました。その間、外出を要する依頼は受けられませんのでご承知おきください（DMや通話で対応できるものは大丈夫です）。今のところ自分は症状なく健康です。26日以降で依頼したいことなどあれば遠慮なくお声がけください。

あ~。

自分も陽性になったことにより自宅待機期間が19日までに縮まり、再開は20日からとなります。

8日時点で25日までの依頼を全部キャンセルしましたが、その後自宅待機期間が短くなったことでいくつかの依頼は行けるようになったとしても僕からその旨ご連絡することはありません。今は諸々を遡ったり調整とか配慮とかする体力がないのでキャンセルさせてもらった件は白紙ということでご理解願います。

まとめると

・再開は20日から
・いったんキャンセルさせてもらった依頼についてこちらから連絡することはありま

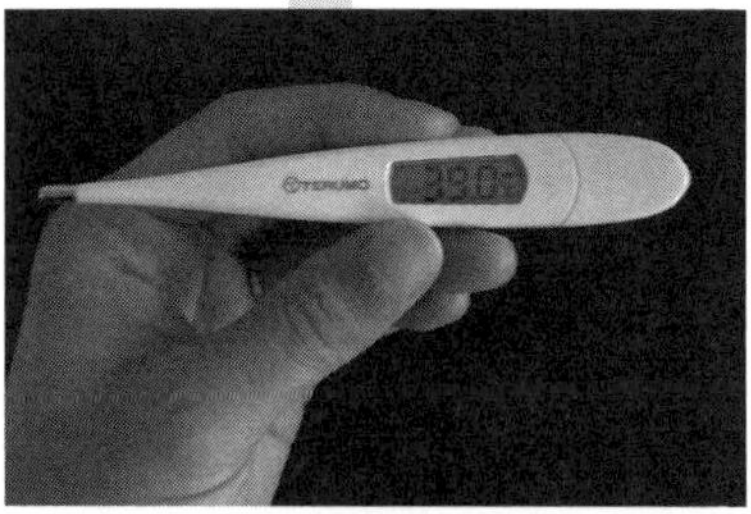

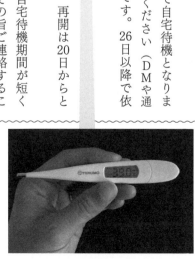

せん（改めて依頼してもらえばそのとき受けられるかどうか判断します）
このこと含め、コロナ感染で疲れて対応がいつもよりさらに雑になってることご承知おきください。

——陽性者より濃厚接触者のほうが自宅待機期間長いの不思議だな。わざと感染しにいったほうが早く自由になれるっていう。

——「家族に陽性者が出て濃厚接触者になったのでしばらく自宅待機です」って投稿した私のフォローを遠慮なくはずしていった人たちの名前はちゃんとメモってます。

㋹

「素晴らしい人だった」と「亡くなって悲しい」は個別に感じて全然問題ない感情だが「素晴らしい人だったので亡くなって悲しい」となると危険な思想のにおいがしてくる。ただしコメントを求められたときに咄嗟にコメントっぽくするために「ので」などの接続詞を足してしまうことは十分あり得る。

【7月15日】　#全巻じゃなかった

「ワールドトリガーの漫画を読んだことありますか?」→「いいえ」でワールドトリガー全巻セットが送られてきました。

――完結してなかった……。

【7月19日】 #今日から再開

「レンタルなんもしない人」コロナ感染による自宅待機が今日で終わりまして明日から再開となります。体調回復してますのでお気軽にお声がけください。ちなみにまだ初回無料キャンペーン中です。

【7月20日】 #怒る人もいるから

会社員のとき、先輩に誘われて行ったバーベキューで手を後ろにしていたら普通に低い声で怒られました。会社の先輩が「それ、俺は許せるけど怒る人もいるから」って理由で怒ってくるの嫌だった。会社で二年目、三年目と進むにつれて、自分が嫌いな「会社の先輩」的な性質が自分の中にも出現してくるの嫌だった。

【7月21日】 #自分で買っちゃおう

結婚指輪を選ぶのに同行してほしいとの依頼。四年前結婚間近の相手がいて、どんな指輪にするか考えてたところ、自身に末期癌が見つかり余命宣告をうけ結婚は破談に。結局指輪を買わなかったことが今も心に引っかかり、

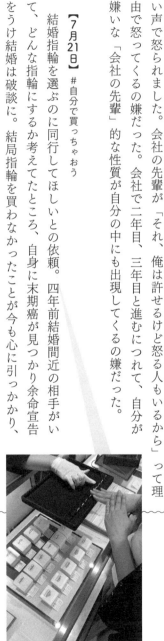

じゃあもう自分で買っちゃおうと思い至るも一人で選びにいくには踏み切れなかったそう。
　今日のところは購入に至らなかったが、破談のトラウマで近づくことすらできなかったジュエリーショップに足を踏み入れ、いくつかの指輪をはめてみるまでできたのは大進歩だったらしい。指輪選びのあとは犬の散歩に同行した。めちゃくちゃかわいかった。

㋹

Q　レンタルさんにお金を払える人がこれだけ大勢いるという日本は、豊かなのか、病んでいるのか。

A　レンタルなんもしない人にお金を払う人たちは慈悲の施しをしてるのではなく、必要だから利用しその対価を払ってるだけです。他人を借りたいという需要に病的なものを感じる人には「需要の多くは、他人を借りる必要性を理解できない人たちによって生み出されてます」と申し添えておきたい。

——つまり、なんもしない人を必要としてる人だけでなく、なんもしない人を全然必要としてない人にも間接的にお世話になってるということになる。全員ありがとう……。

——いや、そうでもないか（今までの全ての発言について）。

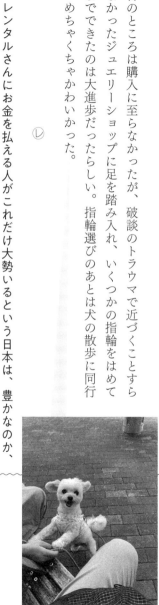

【7月25日】＃今日はかき氷の日

ナンパできかねます。

「一方的にいろいろ話すのを聞いてほしい」という依頼。かき氷を食べながら一方的にいろいろ聞かされました。今日が「かき氷の日」なのは関係ないそうです。

【7月26日】＃一人でヘラヘラするとこだった

「亡くなった母が住んでいた家に来てそこからの景色を見てほしい」という依頼。売却することにしたが名残惜しい気持ちもあり、そこからの景色が誰か全くの第三者の記憶にも残ったらいいなと思ったとのこと。タワマン最上階の角部屋でいい眺めだった。何箇所かの花火大会を同時に眺めたりもできたらしい。

景色を眺めつつ「母が亡くなってから今までの振り返り」を聞いた。主に「母や私に嘘をついて母の財産を騙し取っていた兄との骨肉の争い」の話だった。法の網をすり抜ける手口だったため依頼者の要求は通らず、大好きだった兄からの仕打ちに単なる怒りでは済まない大ストレスをうけ適応障害になったそう。

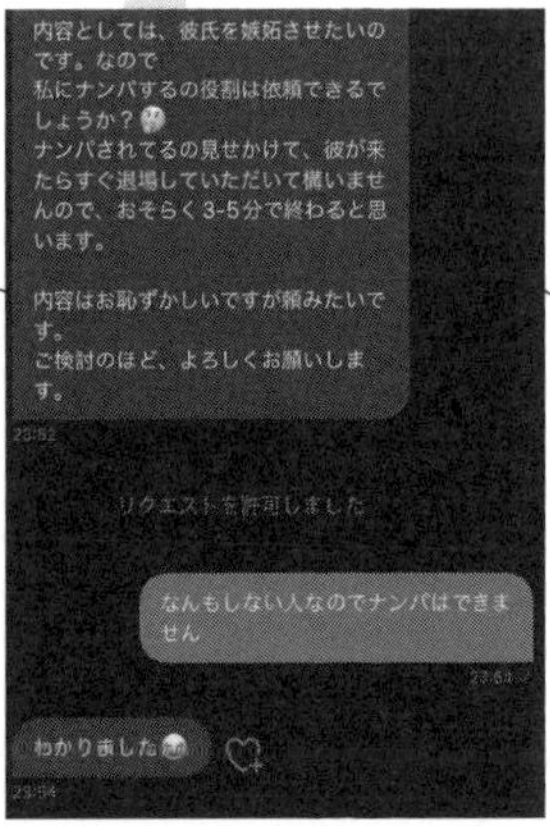
内容としては、彼氏を嫉妬させたいのです。なので
私にナンパするの役割は依頼できるでしょうか？
ナンパされてるの見せかけて、彼が来たらすぐ退場していただいて構いませんので、おそらく3-5分で終わると思います。
内容はお恥ずかしいですが頼みたいです。
ご検討のほど、よろしくお願いします。
リクエストを許可しました
なんもしない人なのでナンパはできません
わかりました

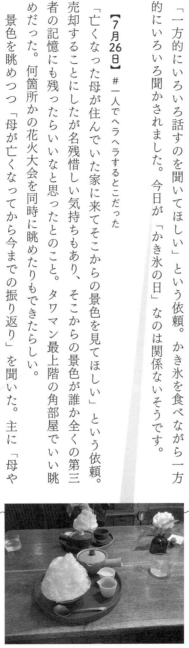

「利尻昆布ラーメンくろおびで一緒にラーメンを食べてほしい」との依頼。誕生日だが友達は仕事で都合がつかず、しかし今年も一人で過ごすのもなぁということで「誕生日一人じゃなかった」「ずっと行きたかった店に行けた」という事実をつくることにしたそう。見事、紛れもない事実が完成してました。㋹

「執事喫茶に一緒に行く予定だった相手が来れなくなってしまい、当日だとキャンセル料がかかってしまうため代わりに同行してほしい」という依頼。キャンセル料を払いたくないのが動機なのに依頼したことで倍以上の出費になるという不思議な依頼だったが楽しめたようで何よりだった。金銭感覚って不思議。㋹

執事喫茶とは執事に扮したキャストが貴族文化の世界観でもてなしてくれるコンセプトカフェ。未経験の依頼者にとってお一人でのご帰宅は厳しかったそう。実際、世界観に入りきれず執事の所作に対してヘラヘラしてしまう場面もあり「一人でヘラヘラするとこだった。居てくれて本当によかった」と言ってた。

【7月27日】 #無職の一万円

無職の依頼者が「どうぞ。無職の一万円」と受け取りづらい渡し方してきて面白かった。

Ⓛ

「解決策などはなく気にしても仕方ないのはわかってるがモヤモヤしてることがあるので無関係な人に話して気持ちを切り替えたい」という依頼。いろんな人の善意と様々な偶然が結果的に残念な事態を招いたという話で、誰も悪くないしどうすればよかったとかもないだけに気持ちのやり場が難しそうだった。

——善意だけでうまれた不幸な出来事の話、当事者はしんどいだろうけど赤の他人としては文学を感じて良かった。

Ⓛ

今日の依頼者「みんなタワマンとかディズニーランドとかインフィニティプールとかで依頼されてるのに私こんなしょぼい依頼で大丈夫でしたか……?」と不安げだった。タワマンとかディズニーランドとかインフィニティプールに行くとハードル上がるらしい。ハードル下げてくれるしょっぼい依頼も歓迎です。

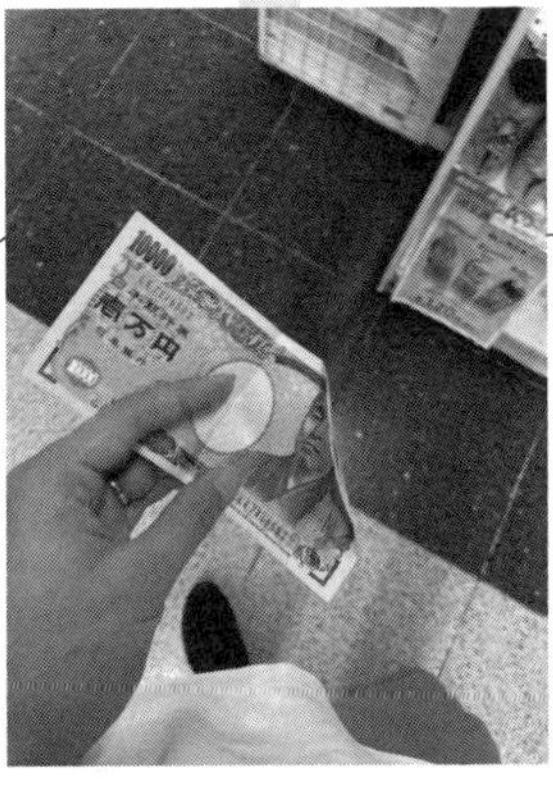

【7月28日】 #巨大なQRコード

ホテルの個室アフタヌーンティーがしたい人に同行。優雅。テレビつけたらちょうどハンニバルがやってたので見ながら食べた。二人とも食欲をうしなった。最悪のチョイス。

㋹

一人では入りづらい巨大なQRコードに同行。

「ルイ・ヴィトンの展示がツイッターの広告ツイートでしょっちゅう流れてきて、見てるうちに行きたくなってきたがなかなか派手な建物で一人で行くには厳しいものがあるのでついてきてほしい」という依頼。建物が巨大なQRコードでたしかに厳しいものを感じた。あと広告ってちゃんと効果あるんだなと思った。

【7月29日】 #ブラジルよりは近い

ブラジルのテレビから取材。この距離でインタビューされた。やりづらかったけど「ブラジルより近いしな」って割り切れた。

——間違えた、イギリスだった。ずっとブラジルだと思ってた。

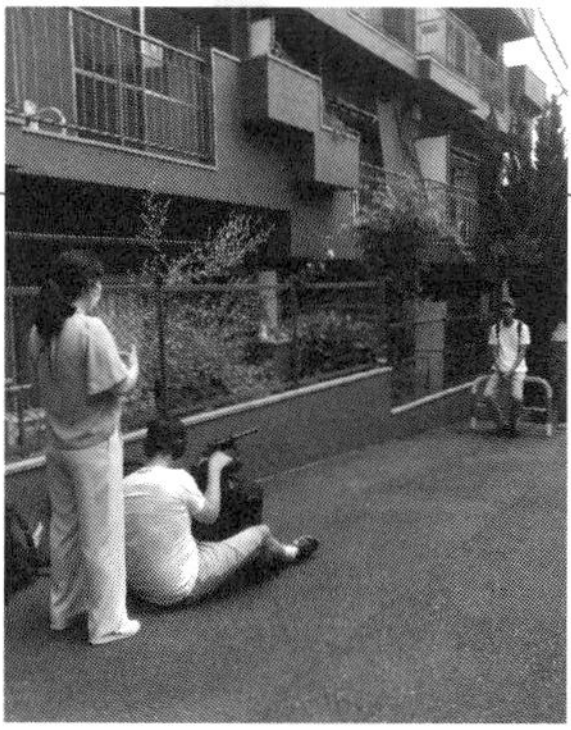

「役所の窓口で働く私を遠くから見ててほしい」との依頼。職場のストレスで体調を崩し心療内科を予約したがそれまで気を保てるか不安なので同僚でもお客様でもない第三者に頑張ってる姿を見てもらい励みにしたいとのこと。お客様の中一人たたずむなんもしない人に笑いそうになりつつも励みになったそう。

——しっかり怪しまれてた。

㋹

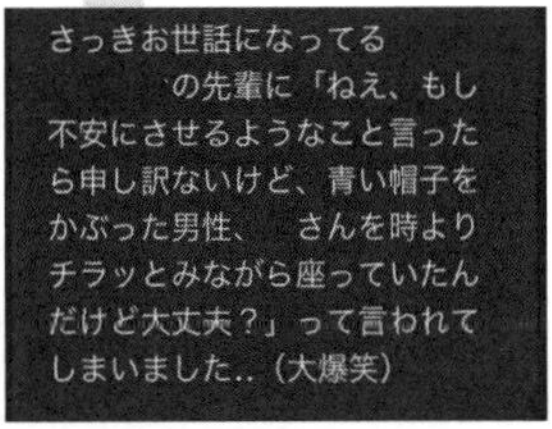
さっきお世話になってる
の先輩に「ねえ、もし不安にさせるようなこと言ったら申し訳ないけど、青い帽子をかぶった男性、　さんを時よりチラッとみながら座っていたんだけど大丈夫？」って言われてしまいました..（大爆笑）

ささやかラッキー報告、続いてます。

㋹

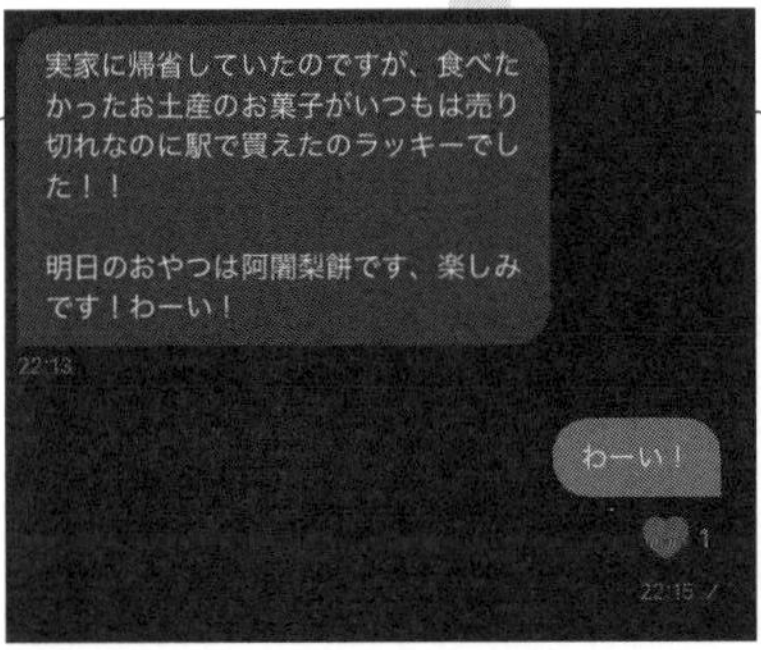
実家に帰省していたのですが、食べたかったお土産のお菓子がいつもは売り切れなのに駅で買えたのラッキーでした！！
明日のおやつは阿闍梨餅です、楽しみです！わーい！
22:13
わーい！
1
22:15

【7月30日】 #猫は普通です

「弦楽四重奏コンサートに友達三人で行く予定だったが一人来れなくなったのでかわりに来てほしい」との依頼。来れなくなった友達が大の猫好きで、出演者に「今度猫好きの友達つれていきます」と伝えちゃってた手前、僕が猫好きということにさせられそうになったがそれは「嫌です。猫は普通です」と断った。

——「猫好きですか？」みたいな質問に答えるの毎回難しい。猫によるし、距離感にもよる。もし僕が人ならざるものになって、別の人ならざるものに「人間好きですか？」と聞かれても同じように困りそう。別に人ならざるものにならなくてもよかったか。

【7月31日】 #あと84日

昨日知らない人からこれが送られてきて、そのときはスルーしたけどなんか不気味になってきた。なんなんだ84日って。

㋹

Q　さっきのツイート、どういうことですか？

A　「あと100日」ならわかるけど「あと84日」って何？　なぜわざわざ84日前のカウントを報告してきた？　ってことです。

㋹

ごんぎつねを正しく読めない小学生の読解力が話題になってるけどツイートを正しく読めないおじさんおばさんの読解力のほうが日々問題だよ。

小学生は「え、わかんない、こういうこと？」みたいなテンションで誤読するけどおじさんおばさんは「（誤読した内容は本人の中ではもう完全に正しいものとなっててそれを

昨日
レンタルさんの誕生日まであと84日
22:50

前提に）わかる〜」だからいつもきもい。 ㋹

学校のテストでわからない問題があったとき何も答えないと確実に加点されないけど勘でも何か書いたらもしかしたら合ってて点もらえるかもしれないから何か書いたほうがいいっていうの納得できなかったな。わからないことをわからないって言える人のほうが勘でテキトーなこと言う人より好きだから……。 ㋹

カートに手を添えるだけの仕事。 ㋹

——カートに手を添えたお礼に激辛カレーをくれました。なんで？ ㋹

Q　スマホを見ている写真が多いけど、何を見ているのだろう。

A　おまえ。 ㋹

いろんな人と会う仕事をしているので「人が好きなんですね」と言われることが多い。
本当に人が好きなら会社員をやれていたと思う。

㋹

差し入れは完成したのをください。

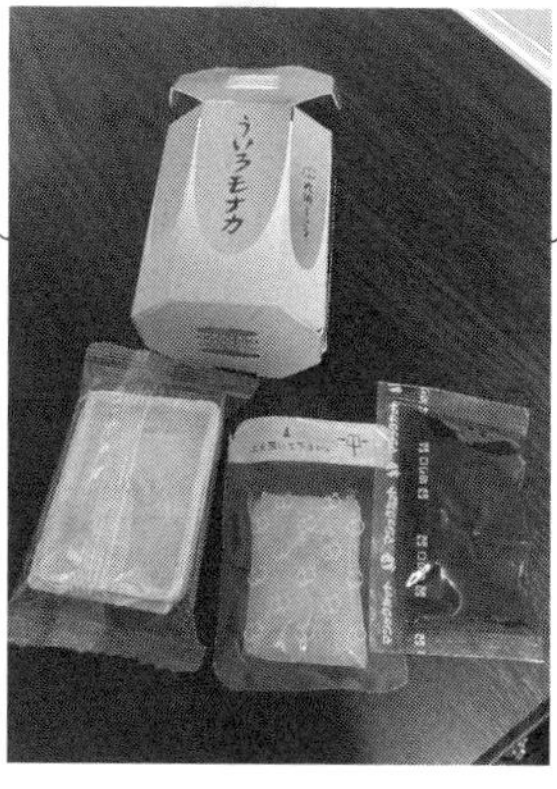

8 8月：敷居は低くあってほしい

【8月1日】 #ツイッターでは尖ってらっしゃる

「コロナ療養明け、人と話したいけど人との接し方を忘れてそうなので、知り合いより気をつかわなくてよさそうな他人と話したり話さなかったりして過ごしたい」という人にレンタルされてます。

「すごい、ちゃんと普通に受け答えしてくれるんですね。ツイッターでは尖ってらっしゃるから怖かったんですが、全然話しやすいです」と言われたので「悪口を言われてないので」と答えました。

僕の悪口を言いたいときは「お前の悪口を言わせてほしい」と書いて依頼してくれればなんもしません。

サマージャンボ宝くじの購入を見守ってほしいという依頼。理由

は不明。三分で終わった。一人で行けばあと一万円分買えたのに不思議。正気とは思えない。こういう人が七億手にしてほしい。

【8月3日】＃ＢＢＣ

ＢＢＣに出ました。「The Japanese man who 'does nothing'」
https://www.bbc.com/reel/video/p0cqnfbv/the-japanese-man-who-gets-paid-to-do-nothing-?ocid=ww.social.link.twitter

【8月4日】＃餃子を作る場所？

「応援してる地元のサッカークラブが経営難により無くなるかもしれず最近そのことばかり考えていろいろ手につかないので冷静になろうとクラブに対する思いをとにかく書き殴っているが、この思いをただ一方的にぶつける相手がほしいのでレンタルさせてほしい」との依頼。無事冷静かつ前向きになれた模様。Ⓛ

初回無料キャンペーン終わります。

㋹

「私の作った餃子を食べながら『耳をすませば』をいっしょにみてほしい」という依頼。レンタルルームにて依頼者の作った餃子を食べながら『耳をすませば』のDVDをみるのに同席した。「餃子、ここで作るんだ」と思った。

【8月5日】 #今日蟹だっけ?

「注文してた指輪を受け取りにいかないといけないがその指輪にまつわる人物といろいろあって不要になり受け取りにいく気にならないまま何か月も経過、このまま店に放置するのもなんだしそろそろ取りにいこうと思うが一人だと気が重いのでついてきてほしい」との依頼。受け取ったその足で売りにいってた。

㋹

リュックの差し入れがありました。

㋹

IQ70くらいですって人からレンタルされたけど話す感じとくに知能の低さは感じら

れず、聞くと「IQテストとか途中で面倒くさくなって投げ出しちゃう」とのこと。IQって体重みたいに自分の意思と関係なく測れるものじゃないからそもそもIQに全く興味もてない人の正しいIQって測りようないだろうなと思った。

惚気報告、続いてます。

うなぎ同席。
うな重までに蟹が三回出てきて（今日、蟹だったっけ？）とやや心配になったが無事うな重出てきてよかった。途中で「うなぎの白焼き」が出てきたときは（うなぎって、これ？）とやや心配になったが無事うな重出てきてよかった。

【8月6日】 #もうレンタルしたくない
「中野ブロードウェイにて開催中の『怪奇サミット2022 伊藤潤二編』に同行してほしい」との依頼。薬を過剰摂取しないと友人等とも会えないが、なんもしない人となら規定量の服用でいけそうとのこと。結局余計に緊張し

時計売って下さい。
怪奇サミット2022

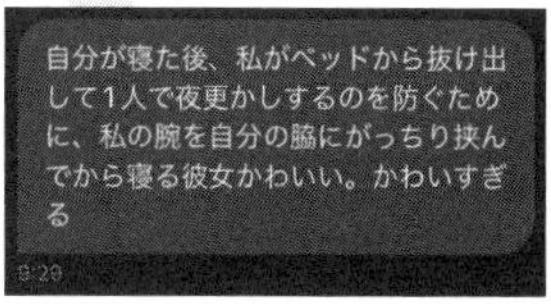
自分が寝た後、私がベッドから抜け出して1人で夜更かしするのを防ぐために、私の腕を自分の脇にがっちり挟んでから寝る彼女かわいい。かわいすぎる

て友人と会うときより大量に服用してしまってたけど怪奇サミット楽しめたようで何より。

——疫病退散のお守りもらった。

Ⓛ

レンタルなんもしない人のドラマ化が決まったとき「もうレンタルできなくなるかもしれないので今のうちにレンタルしたい」と依頼してきた人がいてそのときは「殺到しちゃうから」的な意味で捉えてたけど今思うとあれは「ドラマになんてなった人はもうレンタルしたくない」と言いたかったのかもしれない。

Ⓛ

今日同行したパスタ屋さんメニューが豊富でメニュー表にいろんなパスタやデザートが載ってて選ぶの大変なほどだったけどドリンクだけどこにも載ってなかった。え、まじか、結構並んでるしそうやって回転率あげてるとか？　そういえば他のテーブルも水だけっぽいなって一応飲み込んだけどまだ信じられない。

【8月7日】 #依頼でもうまくいかない

ルイ・ヴィトンのカフェ「LE CAFE V」に同行（リピート）。このテーブルにあるもの合わせてちょうど一万円。

Ⓛ

最近うまくいかないこと続きで沈んでるからやりたいことやって気を取り直すために依頼したって人が当日トラブルで待合せに遅刻しさらにその依頼で使う物を出発駅のベンチに忘れてきた状態で泣きながら現れ「私生活でうまくいかないから依頼したのに依頼でもうまくいかない」って泣いてて笑ってしまった。

【8月9日】 #ローラを降ろす

一瞬だけ広告業界にいた時期、業界の人たちの集まりに行くときは事前にネットでローラが出てる動画を見まくり自分にローラを降ろした状態で臨んでたんだけど、その集まりの場で「事前にローラの動画を見てローラを降ろしてきた」ことまでローラの軽いノリで喋ってしまいかなり引かれてしまったことある。

【8月10日】 #西国分寺の車

今日は西国分寺でレンタルされてます。西国分寺の車すごいな。

㋹

来ない。

体調崩して眠ってしまってたとのことでした。無事で何より。連絡ありのキャンセルはいかなる理由でも全ＯＫです。

【8月11日】 #ポテトみたいなにおいがするけど

きのう目の前で天ぷらを揚げまくってもらえる店にいたので全身に油のにおいがついてしまいました。当面は鞄などからポテトみたいなにおいがすることご承知おきください。

【8月13日】 #カレーにピッタリ

新宿でゆずのファンの方がやっているＢＡＲ「くず星」に同行。ゆずの曲を言えばその名前のカクテルを出してくれる。写真は依頼者がウーバーイーツしたカレーと、かなり変なＭＶで知られる「イマサラ」という曲のカクテル。ＭＶの通りカレー

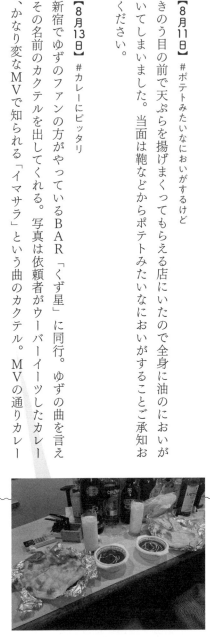

にピッタリでおいしかった。お店はもうすぐ横浜に移転するらしい。

俺は暴言や誹謗中傷では傷つかない。一人ずつ順番に同じことをやらされたあと自分だけ褒められなかったときとかに傷つく。

【8月14日】 #出世払い可

年明けにいきなりの卵巣がんが発覚し、手術二回と抗がん剤治療が全クール終わりました。なかなかにしんどかったので、抗がん剤最終回の日は「やったー！　ついにおしまいだー！」とよろこんでいたのですが、主治医と化学療法室の看護師さんから「とりあえず終わりね！」と言われてしまい……

「卵巣がん治療後の経過観察中、不安な内容のメッセージには『だいじょうぶだよ！』、検査結果よかった報告には『よかったね！』と返してほしい」という依頼。一〇年くらい続くらしい。

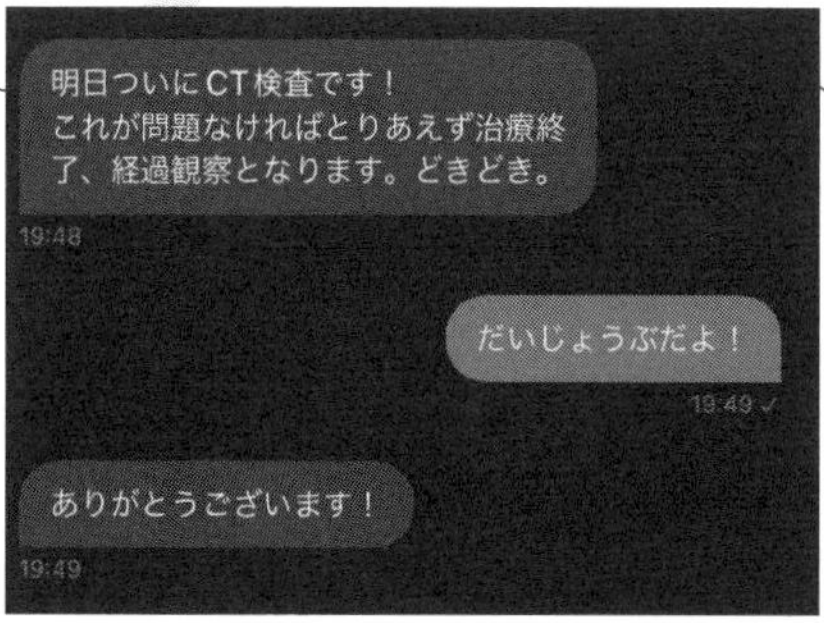
明日ついにCT検査です！
これが問題なければとりあえず治療終了、経過観察となります。どきどき。
19:48
だいじょうぶだよ！
19:49
ありがとうございます！
19:49

依頼料一万円について、まだ学生だからなどの理由で今はキツいとかであればある程度稼げるようになってから払いますとかでも依頼内容によっては大丈夫です。ある程度稼げるようになったとしても絶対払いたくないということであればその程度の必要感ということで何よりです。

【8月15日】 #前々回と同じで

いつも行ってる美容院、「前回と同じで」ってお願いしても前髪がかなり短くなる回がある。次は「前々回と同じで」って注文しないと。

【8月16日】 #警察を呼ばれてる

「ドラえもんのエアホッケーなるものを購入したので一緒に遊んでほしい」との依頼。人間をレンタルする必要があるくらい対戦相手のあてがないのになんでエアホッケーを購入したのか、またなんでドラえもんなのか、などには一切立ち入らずただただパックを打ち返し続けた。これもごく簡単な受け答え。㋹

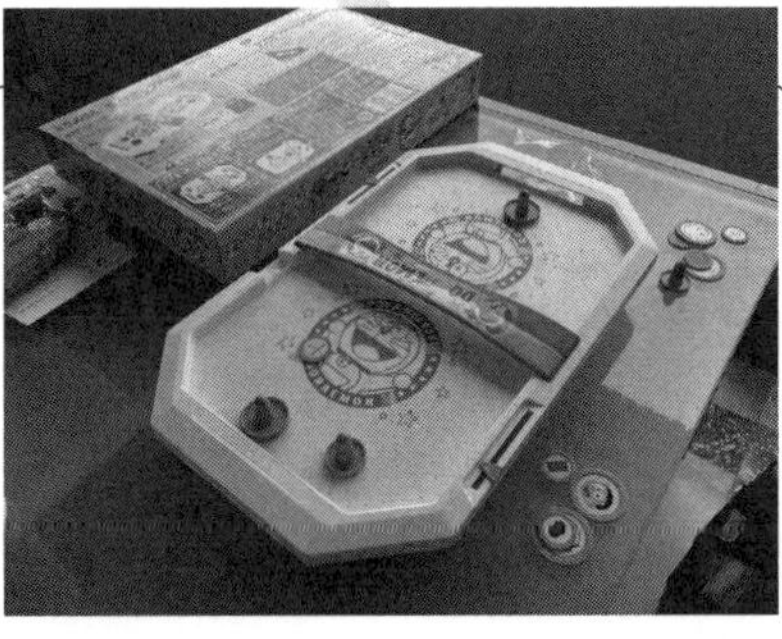

いままさに警察を呼ばれてしまってる人からの依頼。気が動転してるのでとにかく誰

かに状況を話したいらしい。この状況でなんもしない人に依頼する判断、たしかに冷静じゃない。

㋹

「寄席を一緒に見てほしい」という依頼。いつもは一人で見に行くが今日は誰かと行きたいとのこと。新宿のここ何回も通ったことあるけどこんなんあるの知らなかった。

㋹

「好きなカフェでゆっくり過ごしたいが四人掛けのテーブル席しかなく一人だとなんともいえない居心地の悪さ（罪悪感？）からゆっくりできないので同席してほしい」との依頼。基本黙々と書きものをするため会話しなくても気にならない人が適任らしい。〝無限にスマホをいじれる〟という特技がここで役に立った。

㋹

「仕事つらくて一人暮らしだと死にたくなるんですよ」という人と飲んでます。

——自分だけかもしらんけど「目指したもの」は全部向いてなかったな。

ツイート二万回祝い。／(^^)＼ ㋹

【8月18日】＃サイズで値段は変わらない

箱根でレンタルされてます。箱根に濁流のイメージなかった。 ㋹

何時間レンタルしてもレンタル料金が一万円で変わらないの不思議がられることあるけど、TシャツがサイズSでもLでも値段変わらないのと一緒だと思ってもらえるとわかりにくいです。

【8月19日】＃これは撮りたい

「これをどうしても飲みたかったけどこれだけのために片道三時間かけて長野まで行くのに友達は誘いづらかった」らしい。動画も絶対に撮りたいけど一人だとなんとなく遠慮してしまって撮れないかもしれないので念のため誰かしらにはついてきてほしかったそう。たしかにこれは撮りたい。

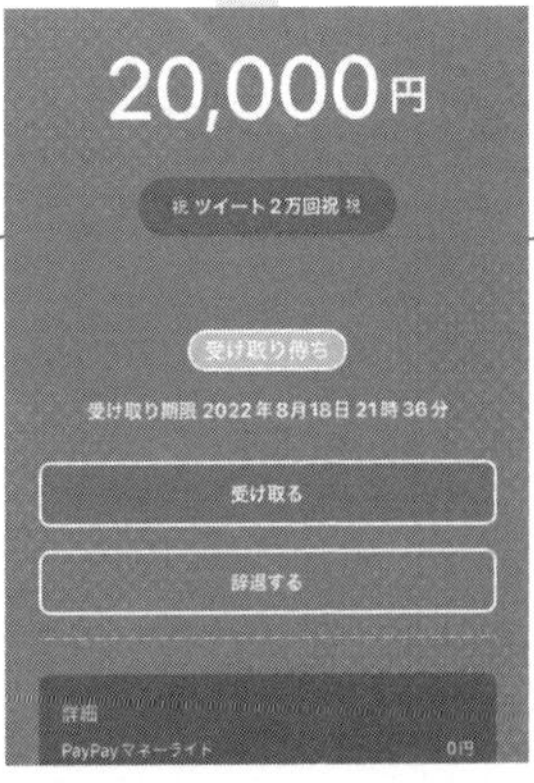
20,000円
祝 ツイート2万回祝 祝
受け取り待ち
受け取り期限 2022年8月18日 21時36分
受け取る
辞退する
詳細
PayPayマネーライト 0円

https://twitter.com/morimotoshoji/status/1560494715207725057

休日前の夜の新宿駅で飲み会帰りの人たちを眺めるのに付き添ってます。ところどころにできる輪っかがなんかいいみたいです。

㋹

——皆帰り際に何を話してるか、全部は聞き取れないけどたまに聞こえてくる言葉の端々からその人たちの関係性を想像したり、輪っかの中で一番帰りたそうな人を眺めたりするのが楽しそうだった。基本酔っ払いとナンパ師だらけの空間だし一人でいるにはおすすめできる感じじゃなく横でなんもしないがいあった。

【8月20日】 #レンタルしてて本当によかった

「観てみたい映画のレイトショーに行こうとしたら全部空席でこのままだと完全に一人で観ることになるかもしれず内容が内容だけにそれは怖すぎるので隣りで一緒に観てほしい」との依頼。今から『死刑にいたる病』という映画を一緒に観ます。これはたしかになんもしない人の出番。

始まる少し前くらいにすぐ近くの一席（一つあけて隣りの、これだけガラガラなのになぜそこ?って席）が埋まりさらに怖い状況になって「レンタルしてて本当によかった」

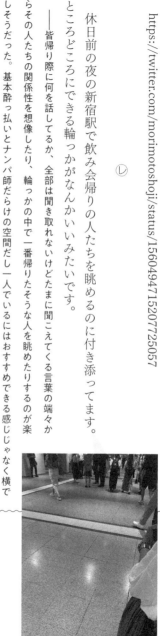

と言ってた。実際には変な人は来ず、たぶん本当にその席がよかったんだろうなって感じだったけどそれがわかるまでなかなかの恐怖だった。

Ⓛ

めちゃくちゃ面白い人ってやっぱ怖いな。昨日お笑いライブに同行したんだけど、出てる人みんなめちゃくちゃ面白くて、絶対直接は関わりたくないと思った。

——僕はツイッターが面白いだけで実際会ったらそんな面白くないのでご安心ください。

Ⓛ

宝くじの当選番号を確認するのを見守ってほしいとの依頼。一万円分買ってたのが一万三九〇〇円になり喜んでました。「私は三〇〇円のほうを頂きます」と言って一万円と三〇〇〇円の当たりくじを僕に渡してきたあと依頼料一万円と交通費を支払い帰っていきました。僕はどんな訳わからないお金も受け取れるので大丈夫です。

Ⓛ

「自分は一人で何でもできちゃうから依頼することはない」との声をよくきく。依頼しないのはいいけど依頼してる人のことを「一人では行動できない人」と決めつけてるのがやや気になる。例えば「一人だと行動しすぎてしまう人」からの依頼も多い（飲みすぎてしまう、買いすぎてしまう、考えすぎてしまう等）。

——ただそうやって簡単に他人の気持ちを決めつけてしまえる感性の人があえて他人の存在を必要とする場面というものになかなかピンとこないのは理解できる。

【8月21日】 #ちんこでオナニー

ららぽーとでたまたまやってたアイドルグループのステージをちょっと見てたら息子が知らない人からCDを渡されてた。布教される血を引き継いでいる。

「夫が生理的に受け付けられなくなり、たまに発生するセックスが苦痛」という人にレンタルされて話を聞いた。「夫とセックスしてる」と思うと無理なので「ちんこでオナニーしてる」と思って乗り切ってるらしい。悲しすぎて笑ってしまった。

【8月23日】 #凄まじいトップガン愛

断ることもあるんですか？　ってよく聞かれるけどあるに決まってる。

明日目黒駅にてAKB48の恋するフォーチュンクッキーを全力で踊ってほしいてす

「何してる人ですか?」「レンタルなんもしない人です」で終わらず「それはお仕事ですか? それとも趣味ですか?」がたいてい飛んでくるところに現代を生きることの苦しみがギュッと詰まってる気がする。

——レンタルなんもしない人、チェコで「ミスターごくつぶし」って呼ばれてるらしい。

Q 前にレンタルさんに「ヤバそうな人に会うのに同席してほしい」って依頼して、結局レンタルさんを連れていくって言ったら話もなくなったことがあって、また言われたら「レンタルさんと一緒でって言っていいですか?」って依頼料を払ったんだけど、それ以降なにもなくて、レンタルさんて……新しい保険?

A しなさ(いかになんもしないかを示す尺度)高い。

映画を一緒に観たあとひたすら語らせてほしいとの依頼。『トップガン マーヴェリック』という映画を二種類の上映方式で連続鑑賞させられたあと凄まじいトップガン愛を語られた。もう二八回目の鑑賞だったそうで、自分が観て楽しむだけでは足りず他人にも味わわせて語りまくりたかったそう。なんか凄かった。

㋹

隅田川沿いでレモンサワー飲むのに同席。

㋹

「終わったらさっさと帰る」はなんもしない人の特長のひとつだと思ってる。「友達とかだとなかなかそうはいかんやろ」って早さで立ち去れる。

でも前に依頼者と一緒に見た飲み会おわった人たちが輪っかになるやつ、あれまたやりたい気持ちもある。今ならあの輪っかもっと味わえる気がするんだよな〜。

——このときは帰れなかった。

㋹

今日会った依頼者から先日の依頼について「長野まで行かれて本当にあの喫茶店しか行かなかったんですか？　あそこ入ってコーヒー飲み終わったらすぐ帰ったんですか？」と聞かれて、はいあそこだけ行ってすぐ帰りましたと答えたら「すっっっごいい

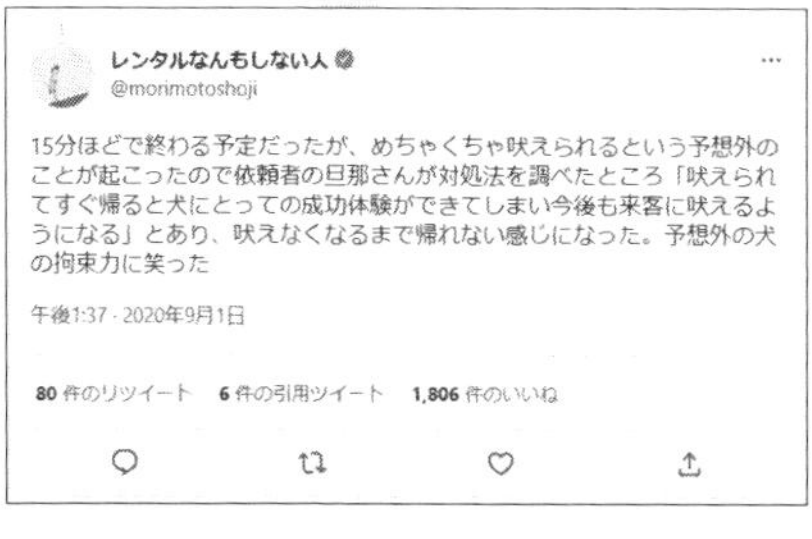

レンタルなんもしない人
@morimotoshoji

15分ほどで終わる予定だったが、めちゃくちゃ吠えられるという予想外のことが起こったので依頼者の旦那さんが対処法を調べたところ「吠えられてすぐ帰ると犬にとっての成功体験ができてしまい今後も来客に吠えるようになる」とあり、吠えなくなるまで帰れない感じになった。予想外の犬の拘束力に笑った

午後1:37 · 2020年9月1日

80 件のリツイート　6 件の引用ツイート　1,806 件のいいね

いですね！！！！！」ってめちゃくちゃ感動された。

【8月24日】 #ここは切ったら無効

「ふなっしーのスタンプラリーに同行してほしい」との依頼。開催してる新京成はたまにしか乗らず乗るときもよく乗り間違えるので一人だと不安らしい。駅だけかと思いきや「ふなっしーＬＡＮＤ船橋本店」が駅から離れたららぽーとにあり結構大変そうだったが見事コンプしてた。ほかにやってる人は見なかった。

今日この一日乗車券を利用したけど、ふなっしー部分がポケットに収まらずかなり邪魔だった。ここは切っちゃっていいんだろうけどと思ったら「切り離して使用した場合は無効となります」と書いてありまじかと思った。ここって切ったら無効ですか？　と一応駅員さんにも聞くと「そうなりますね」と言われた。

【8月25日】 #スパイスもりもり

一人カラオケをしたいが一人は寂しいという人にレンタルされてます。

――四時間ずっとスマホいじってるだけで人を楽しませることができるんだな。この活動を

始める前の自分には信じられなかっただろう。

㋹

「行ってみたいお店があるがスパイスの効いた料理が多く身近にスパイスもりもりいける人がいないので誘う人がいない。かといって一人だと胃の容量的にいろいろ注文できないので一緒に食べてほしい」という依頼。本当にこれでもかってくらいスパイスもりもりで凄かった。普通のハムカツもおいしかった。

依頼者が真っ先に注文した「まるごと人参のスモーク」。たしかにこれはシェアしたい。バナナステーキも気になってたけど満腹のため断念。まじで気になる。

【8月27日】＃一緒に引きこもって

レンタルなんもしない人に依頼した人がどんな依頼でどうだったか等を話しそれを聞いたり麻婆豆腐食べたりする会終了。ツイートで知られてる依頼も本人の口から語られるとまた違う味わいがあった。わりと涙を誘う話もあり所々すすり泣きがきこえてきて、だいたい麻婆豆腐が辛くて鼻水出てる人たちだった。

「家に来て一緒に引きこもってほしい」という依頼。一人だとすぐどこかに出かけてめちゃくちゃ遊びまくってしまうとのこと。最近さすがに遊びすぎててそろそろ休みたいらしい。なんもしないことで人の過剰な行動力に歯止めをかけてる。

——紅の豚と千と千尋の神隠しと東京リベンジャーズを見て帰りました。

【8月28日】 #二礼してからどうのこうの

「一緒に神社に行ってお詣りしないでほしい」との依頼。神社は好きだがお詣りは嫌いとのこと。人と行くと流されて自分もお詣りしてしまうが本当はそんなんせずただ散歩したいらしい。共に賽銭箱をスルーしながら歩いたあと「初めて人と神社を楽しめた」と喜んでた。〃しない〃で喜ばれるのは冥利に尽きる。

依頼者自身、神仏関係の職に就いている人で、常日頃そういうものに関わっているうちにそういう儀式的なものへの拒否反応みたいなのが生まれたらしい。「まず二礼してからどうのこうのとかあるじゃないですか？　あれほんと嫌いで」と言ってて面白かった。

「前はフォローしてたけど今はフォローしてない、なんかいっぱい流れてくるから」って人にレンタルされた。ツイートは一切見てないけど必要になれば依頼するって人ちゃんといるんだなと嬉しかった。

「土器をもらったがどうやら魔除けチックなおどろおどろしいデザインらしく一人で箱から取り出すのはなんだか怖いので見守ってほしい」との依頼。結構デカくて重そうだったので落として粉々に砕け散るところなどを想像しながら見守った。無事に取り出し、わりと気に入った様子。テレビの横に飾るらしい。

すみません、花見の場所とりやっぱ無理かも。

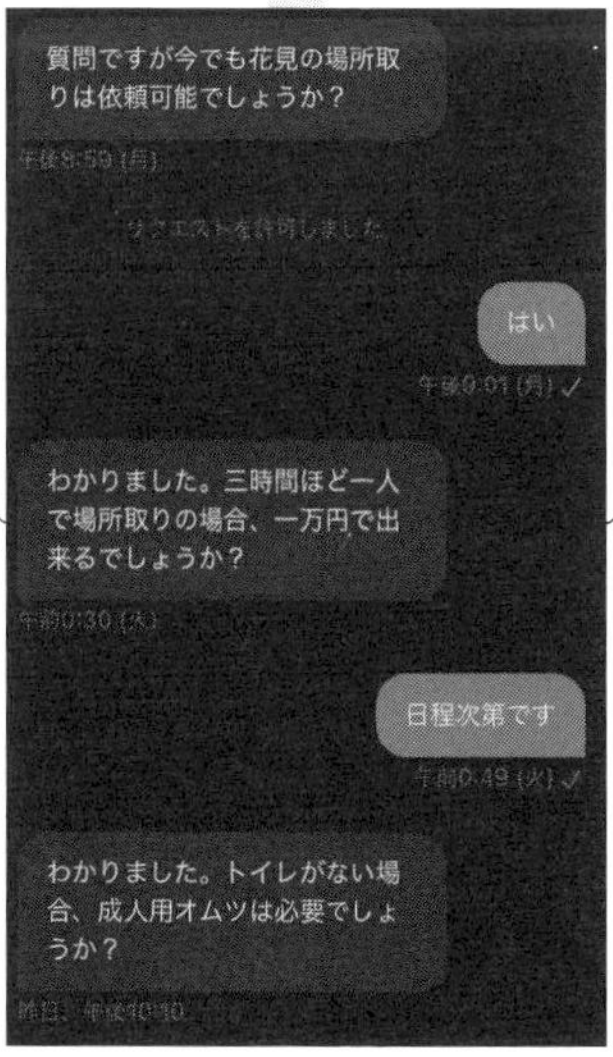

【8月29日】 #ネタになるようなことはない

コロナ禍でいろんな店が終わっていく中なんもしない人が生存できてるのすごいな。今日はなんもないけど。

——今日もうなんもないかなと思い私服で出掛けてたけど依頼入ったので急いで制服に着替えました。

㋹

今日、「レンタルさんの本やツイートを読んでると、自分が依頼するときもこうやってネタになるような面白い内容じゃなきゃってなるけど、実際のところ普通に生きててそんなネタになるようなことは滅多に起こるものじゃない。だからふと依頼しようかなと思っても『こんなことで……』と尻込みしてしまうし、そういう人は私のほかにも多いと思う。でもそういう人こそなんもしない人の存在がすごく助かるんじゃないかと思う。私ふくめ、普通に生きてるように見えても本当はギリギリのバランスを保ちながらどうにか生きてる人ってすごく多いから。『ただ話を聞いてほしい』とか『少しの間だけ誰かに横にいてほしい』とか、そういうちょっとしたことを望んでる人って、本に載ってるような面白い内容の依頼を思いつく人たちよりもずっと多いと思う。もちろんタイミング次第だけど一万円と交通費でそういうちょっとしたことだけを頼める存在ってほかにはなかなかないもので、だからもっとみんなが気軽に、尻込みせずに使えるサービスであってほしい。どうか敷居は低くあってほしい」と言われました〜ハードル下がってくれ〜。

——敷居を下げるためにタウンページで活動しようかな。

【8月30日】 #雨と浴衣とドラゴンフルーツ

昨日の依頼者は二回目の人で、一回目は「存在を認知したのがつい最近。本もツイートも読んだことがなく、詳細をほとんど知らなかったから逆に依頼できた」、二回目は「酔った勢いで依頼した」と言ってました。ハードルが高く感じる人は記憶を消すかお酒を飲むかしてください。

㋹

今日は仙台に呼ばれたので来ました。

——牛タンおいしかった。

㋹

雨の新宿で浴衣と合流。浴衣とドラゴンフルーツ。

【8月31日】#二人でディスカッション

依頼文としてはわかりやすいんだよ。

はじめまして。21歳の大学生ですが、大便がマヨネーズの星形みたいな形状で出ます。自分の肛門は人と違うのかと悩んでいます。そこでレンタルさんに肛門の画像を撮影して貰いたいのです。レンタルさんの肛門は僕が撮影します。残りの時間で二人でディスカッションするのは可能でしょうか？

9

9月：東京こえ〜

【9月1日】 #リプライは決死の覚悟で

肛門の依頼がバズってたくさん依頼が来てます。ありがとう。

遅めの初詣に同行。

依頼はお気軽に、フォローは慎重に、リプライは決死の覚悟で。

——DMは依頼か依頼に関する問い合わせに使ってください。

【9月2日】 #私の夏納め

「おしゃれなサリーを買ったので着ておしゃれなお店で写真を撮りたいが一人で自撮り

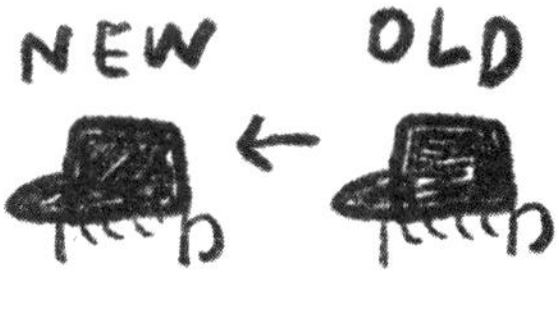

するメンタルがないので同席してほしい」という依頼。誕生日プレートの名前のところをツイッターアカウントにするメンタルはあるのかよと思った。

㋹

「レンタルなんもしない人？　何それ？　なんもしないん？　なんでなんもしない奴に一万円も出さなあかんねん」ってピンと来ない人は難なく人間関係をこなせてる人でバリバリ仕事して社会を支えてくれてると思うので僕がこういう変な仕事で生きていけるのもそういうピンと来ない人たちがいるおかげなんだよな。

㋹

「私の夏納めに付き合ってほしい」との依頼で手掴みシーフードの店へ同行。陽気な人が行きそうな店に行って今年の夏を締めくくりたかったそう。いろんなものを手でぐっちゃぐちゃにして食べたりロブスターを豪快に解体したりして楽しんでた。陽気な店なだけあって僕もカニのカチューシャをつけさせられたりした。

　途中、店員さんがみんなでキレキレの踊りを披露してくれる時間があったんですが、みんな髪を振り乱しながら全力で踊ってて、踊りの時間じゃないときもスキップで移動

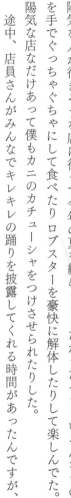

したりしてて、本当に良かった。依頼者も「もし学生くらいの歳に戻れたら絶対ここでバイトしたい」と言ってた。

——ロブスターも、完全に死んでるのに陽気に見えるからすごいよ。

㋹

からのアフタヌーンティー同行。

【9月3日】 #呪いのゴミ箱

惚気報告、続いてます。

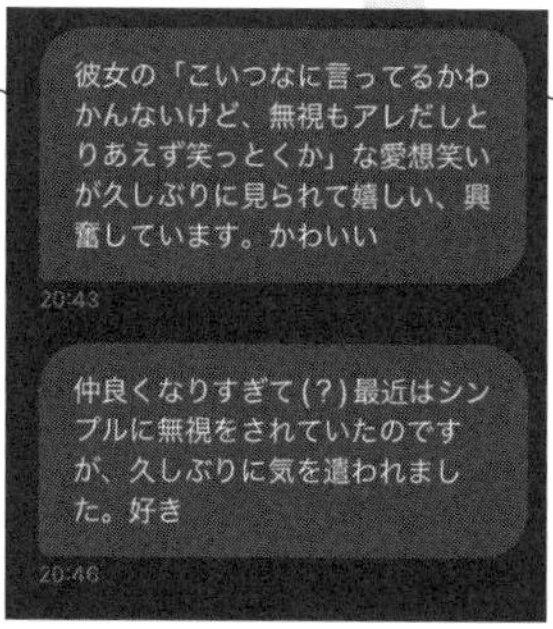

彼女の「こいつなに言ってるかわかんないけど、無視もアレだしとりあえず笑っとくか」な愛想笑いが久しぶりに見られて嬉しい、興奮しています。かわいい
20:43
仲良くなりすぎて(?)最近はシンプルに無視をされていたのですが、久しぶりに気を遣われました。好き
20:46

㋹

「実家を片付けてたら色々出てきて、自ら無意識に封印してた昔の記憶（多くはめちゃめちゃ不愉快なもの）が芋づる式に甦ってしまい、とりあえず誰かに吐き出さずにはいられない」という人にレンタルされた。話し終えるとそれを書き出した紙を僕に押し付けて帰っていった。呪いのゴミ箱としての利用シーン。

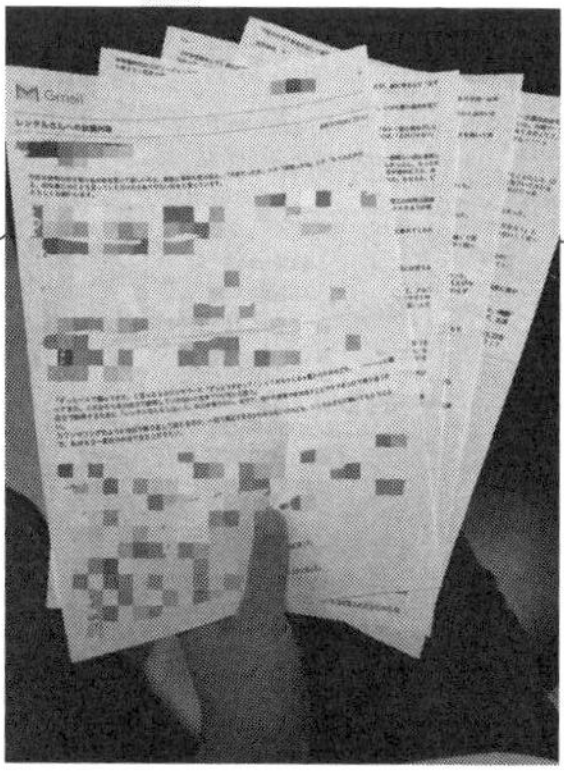

【9月4日】 #ロケーション良すぎ

バックレる人のなかにはブロックしてくる人もいるんですが、優しいなと思う。事故か何か（車に轢かれて意識を失ったあと病院のベッドで目覚めて「行かなきゃ」って頑張って向かってるが携帯は壊れてるとか）ではなくちゃんと悪意をもったバックレなんだとわかりやすくてこちらも別の用事を入れやすい。

Ⓛ

僕はアスペだけど自分より強いアスペに会うと「うわーアスペだ」ってなるね。

交通費をＩＣ料金で調べて一円単位で渡そうとしてきて一円玉とか無ければ両替をしにいく人とか「うわー」と思いつつ嫌いではない。

アスペの人はかなりたくさんレンタルされたことあるけど、程度がめちゃくちゃ強いともはや周囲の目とか全然気にならない（というかわからない）からむしろ堂々と生きてて、「場の空気は読めてしまうけどそれに適した思考や言動ができない」という軽めのアスペが自己嫌悪すごくてかなりキツいみたいですね。

アスペの人たちが集まってお互いの困りごとや生きづらさエピソードを話す会みたいなのに参加した人の話を聞くと、強いアスペの人が「そんなのいちいち気にするから悪いのでは？」みたいなことを言いまくって二次災害を起こすケースがままあるらしい。

仕事が変わってるだけで人間としては普通なのでリピートされるとうれしいです。週三くらいで依頼されると「多いな」となります。

夫と喧嘩してもう帰ってくるなと言われた人とフィッシュ・アンド・チップス。

家追い出されてる人がくるにしてはロケーション良すぎて笑ってました。ふつうに終電前に帰り、チェーンとかかけられてることもなく無事入れたようです。

【9月5日】　#余韻がすごい

今日は新潟に呼ばれたので来ました。
びっくりドンキーに同行。
びっくりドンキーおいしかった。
新潟まで行ってびっくりドンキーでハンバーグだけ食べてすぐ帰った余韻がすごい。

思わぬ展開。

【9月6日】 #なんもしないでロイターに

同じ帽子を新調しました（右）。

「ツイッターで知り合った人と初めて会うことになったが二人とも人見知りなので同席してほしい」という依頼。二人きりよりももう一人いたほうが人見知り同士の気まずさが薄れるらしい。わりと会話が弾んで楽しそうだった。僕は同席してるだけでとくに話に参加しなかったので食べるスピードが段違いだった。

なんもしないでロイターに載りました。

https://twitter.com/Reuters/status/1566987085432733698

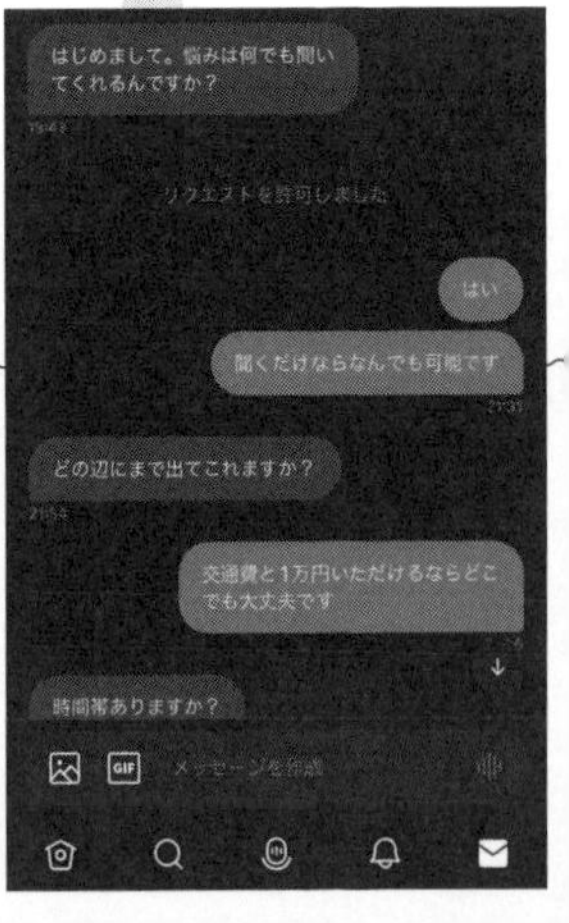

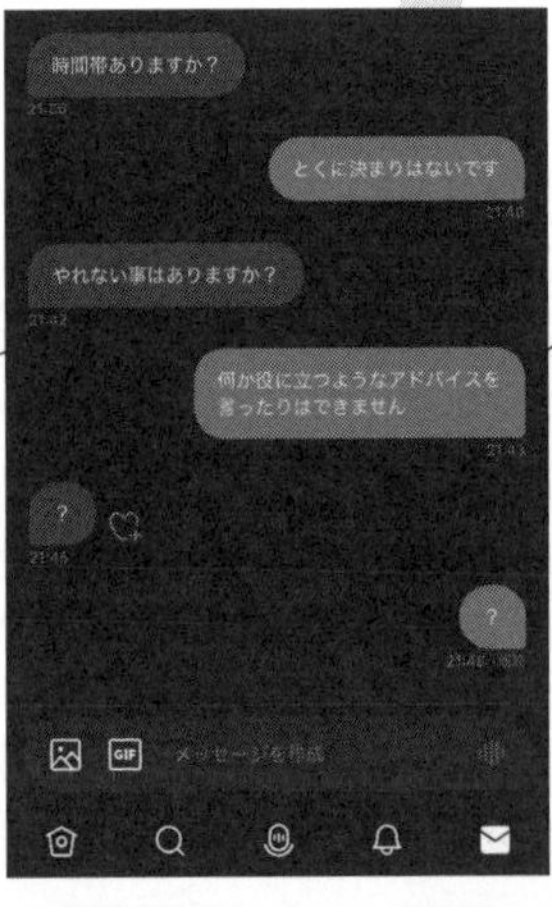

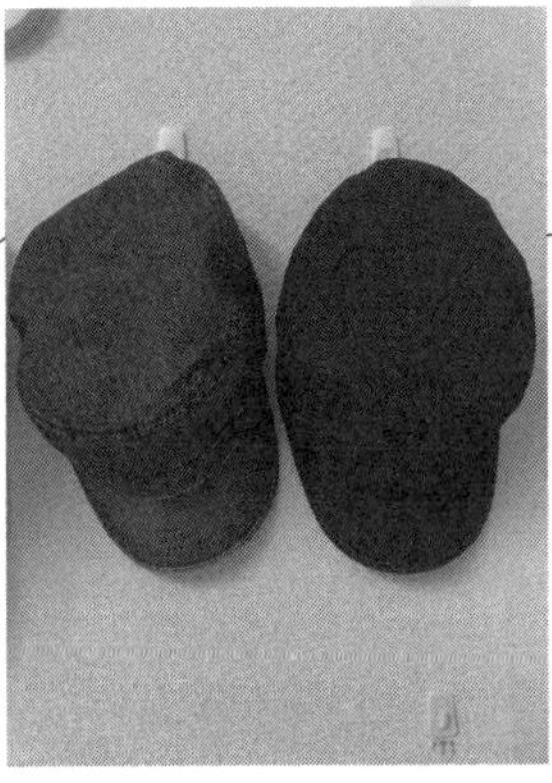

行ってみたいお店に同行してほしいという依頼。行ってみたいお店が閉まっていたため絶望からのヤケ酒に付き合ってます。

行きたい店が閉まってて別の店へヤケ酒しにいく途中の電車ですでにきめてる依頼者。たしかに電車で飲酒してはいけないなんて決まりはないんだよな。㋹

「同じようなサービスをはじめてもいいですか？」という問い合わせは全部無視してます。㋹

普通すぎてあんま言及されないけど「平日昼間に誘えるような人がいない」という依頼理由がいちばん多いかもしれない。㋹

【9月7日】 #ベルーガにタッチ
依頼者がメディアから「レンタルさんをレンタルして行きたいというお店

には何か特別な思い入れがあるのですか？」と聞かれて「とくにないです」と答えると「あ、ないんですね……」とテンション下げられ、「それ！　その反応が嫌だからレンタルさんに依頼したんです！」とキレそうになった話面白かった。

㋹

躁転して、親友に「おまえの相手をするのはしんどい」とさじを投げられてしまいました。本当にいちばん頼りにしているひとなので、どうしていいかわかりません。しばらく連絡を断つのがいいのかもしれないけど、躁転してるとメール連打がやめられません（いまのところ耐えています）。生きてていいよ、お願いします。

㋹

生きてていいよを言い続けて三年。

「水族館に初めて一人で行くので同行してほしい」という依頼。ベルーガが大好きとのことで基本的にベルーガの水槽に張り付いてました。一人では絶対できなかったという〝ベルーガにタッチ〟も連れがいることで思い切れたようでめちゃくちゃはしゃいでて

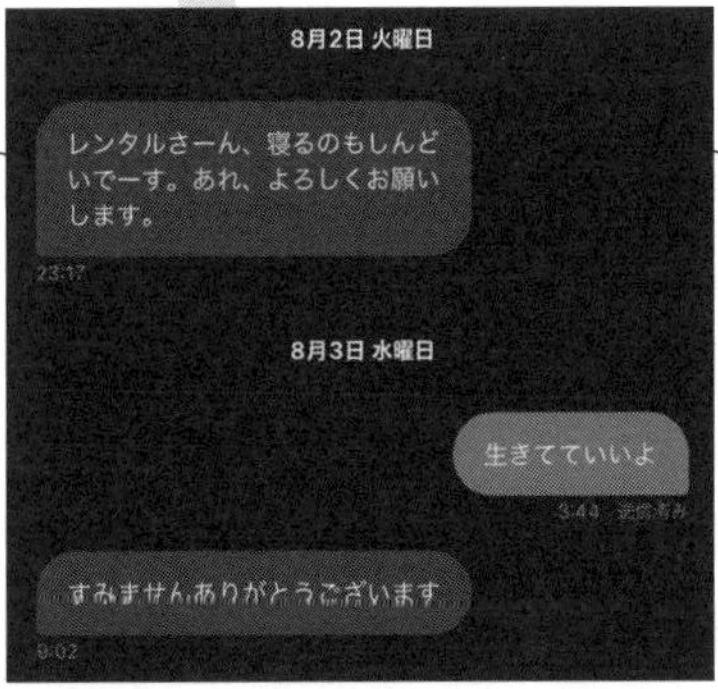
8月2日 火曜日
レンタルさーん、寝るのもしんどいでーす。あれ、よろしくお願いします。
23:17
8月3日 水曜日
生きてていいよ
3:44
すみませんありがとうございます
8:02

何よりでした。ベルーガ、同じ表情してくれた。

【9月8日】#見守り隊員、急募

記憶喪失になった人からレンタルされて話を聞いたとき「記憶を失う前に小説を書いてたみたいなんですが覚えてなくて、この前その小説を読んでみたら〝へ〜！〟ってなりました。おそらくほとんどの人が経験したことのない〝自作の小説をネタバレ無しで自分で読む〟ができて面白かったです」って話面白かった。

㋹

日中翻訳家にレンタルされて、台湾の伝統人形劇『布袋戯（ポテヒ）』に字幕をつける作業を見守っています。追い込みで死にそうなので見守り隊員が欲しかったそうです。必死に作業する依頼者を台湾のお菓子などをつまみながら見守ってます。

【9月9日】#いい友達

いい友達だな。

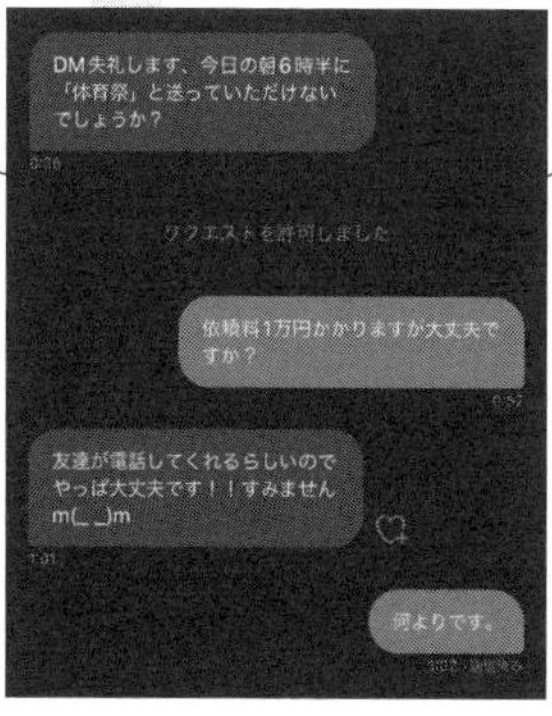

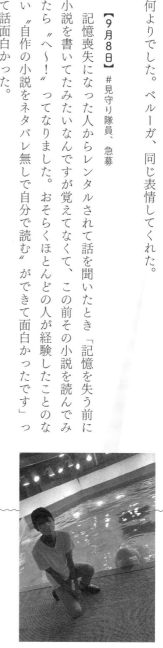

バズるの気持ちいいのは確かだけどたまにでよくて、地味な内容でも気にせずご依頼ください。「こっちは金払ってんだからいいだろなんでも」の精神で大丈夫です。

㋹ 駆け引きむずい。

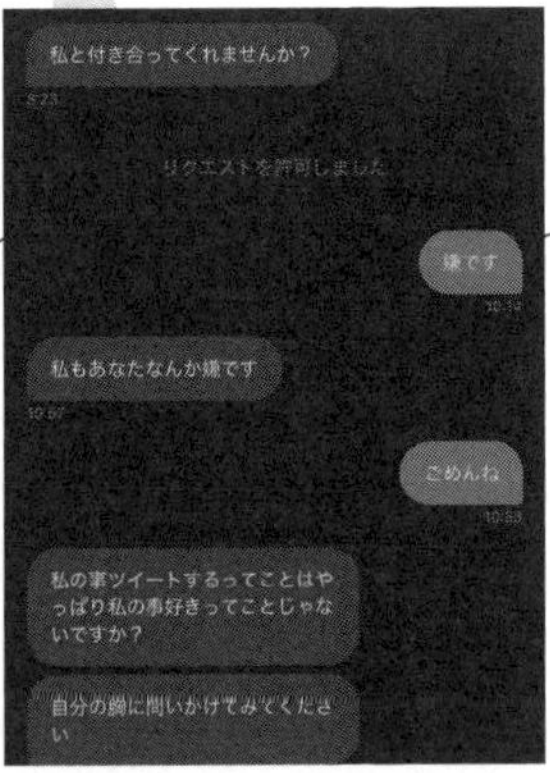

㋹ 三越の英国展に同行。この人が気になってた。

——三越の英国展、エリザベス女王逝去により激混みで、依頼者もなんもできてなかった。

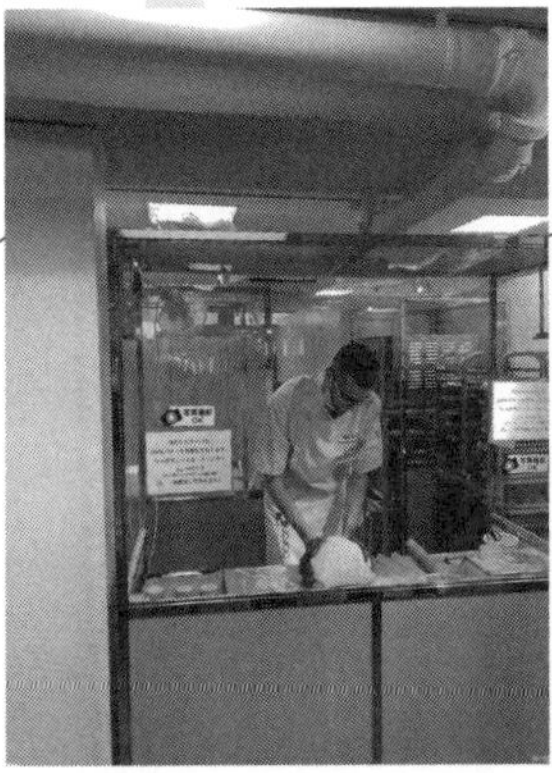

【9月10日】 #東京こわ〜、東京こえ〜

㋹ 愛想よくするのが苦手なので依頼者以外に愛想悪くすることで差をつけてる。

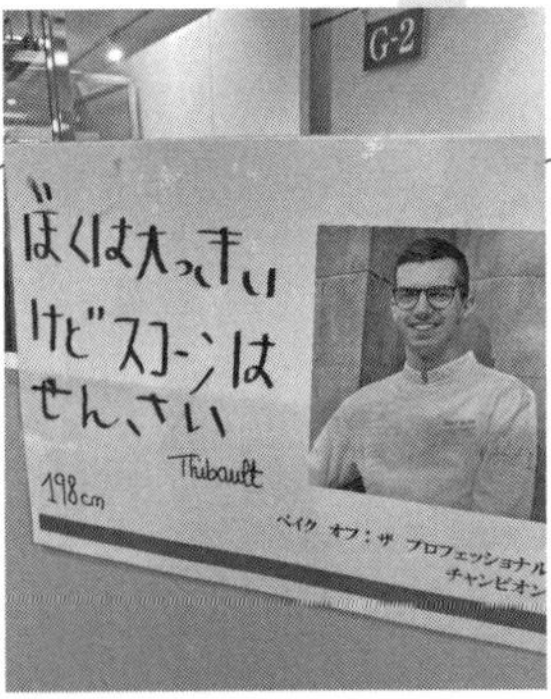

静かに一人で失恋した話をただ聞いてほしいとの依頼。人には弱みを見せたくないので話せないがこのまま誰にも言わないと何もなかったかのように世界は回り、今感じてることも存在を認められない気がしたため誰かには話しておこうと思ったそう。公園のベンチで時々プチトマトを食べながら淡々と話してた。

㋹

どこかで伝言ゲームうまくいってない。

㋹

新宿駅のトイレでおしっこしてたら「レンタルさん」って声かけられて恥ずかった。

㋹

新宿歌舞伎町に行ってみたいのでついてきてほしいという依頼。一人では行きにくいとのこと。

新潟から来てる依頼者に付き添って夜の渋谷を歩いていたら、群れて酒飲んで騒いでる若者や、車道の真ん中を駆け抜けていくスケボーがいっぱいいて、それらを横目に依頼者が「東京こわ～」とつぶやくと、さっき駆け抜けていったスケボーがスケボー抱え

依頼料払えばなんでもしていただけるのですか？
22:33

ながら戻ってきて「東京こえ〜」って言ってて笑った。

【9月11日】 #なんかの聖地

今日所用で増田貴久さん（ドラマでレンタルなんもしない人を演じた人）の晴れ舞台（所属グループのコンサート会場）の周辺（増田さんのファンつまりレンタルなんもしない人を知ってる人がうじゃうじゃいる）をうろうろしてたけど誰にも気づかれなかった。帽子とるだけで十分変装になることが実証された。

㋹

なんかの聖地巡礼に同行。

【9月12日】 #え、ちがう

さっき知らない人に会釈されたので気付いていてくれたと思って会釈を返したら「え、ちがう」と言われたので逃げました。

㋹

今すぐ電話で話を聞いてほしいとの依頼。電話をとると号泣してた。人生で初めて応

援してたアイドルグループが今日解散したとのこと。家に帰ろうにもこんな号泣してる状態で電車にも乗れず、とにかく誰かに話して落ち着きたいがこんな時間に友達には電話しづらかったらしい。本当にめちゃくちゃ泣いてた。

【9月13日】　＃〝中〟でこれか……

（三年前に電車で声かけられて少し話して、去年も遭遇した学生さんに）さっきまた遭遇した。「今四年でもうすぐ卒業します。もうあの橋やトンネルのあるキャンパスともお別れです……」としみじみ話してた。一年生の頃から遭遇してたので僕も感慨深かった。「森の中なんでたまに鳥のさえずりが音姫かなって音量できこえる。教授も授業とめる」との新エピソードも語ってくれた。

㋹

水を異常によく飲む大学生にレンタルされました。水のおかわりで四時間ねばると言い出したので僕だけ逃げてきました。

依頼者は中程度のＡＳＤ（いわゆるアスペルガー症候群）を持ってるとのことで、水でねばることについて「国分寺なんてもう今後来ることはないし何しようがどう思われようがどうでもいい」と言ってて「〝中〟でこれか……」と圧倒された。僕は依頼者にただならぬ可能性を感じながら荷物をまとめて逃げた。

——お店を水でねばるのが厳しいというだけで、僕が水でねばられるのは大丈夫です。

——現代における強さってこういう強さだよな。

(レ)

ジンギスカンに同行。「けっこうにおいがつくらしいので」と依頼料にお洗濯代（一万円）をのせてくれた。五〇〇回くらい洗濯できる。

(レ)

【9月14日】 #健全なテレクラ

最後はこの依頼を受けて終わりたい。

(レ)

昨日の深夜「さっきツイッターで見かけてなんかおもしろそと思って」って電話の依頼が来てとくになにってわけでもなく二人でヘラヘラして一万円もらったの健全なテレクラって感じでおもしろかった。

(レ)

名古屋に呼ばれたので来ました。

暇すぎて名古屋駅一周してたら去年リモートで依頼されたことある人に遭遇してテンションあがった。「なんでいるんですか⁉」ってびっくりしてた。こういう反応がほしくて一周してたんだ。

ひたすら暇そうにしてたら良さそうな芋けんぴの差し入れが届いた。差し入れをもらう人の中でいちばん頑張ってない自信ある。

——また差し入れ来たと思ったら布教だった。

——また差し入れ来たと思ったら盗撮画像だった。

——「レンタルなんもしない人」は差し入れる側がお礼を言うシステム。

「遠い昔に行って以来やや切ない思い出として残ってるお店がある。そこでその思い出と関係ない人といっしょに食事することで記憶を上書きしたい」という依頼。当時食べたという台湾ラーメンをせっかくなので僕も頂いた。すするとむせるけどめちゃくちゃおいしかった。依頼者もむせながら黙々と

食べてた。

【9月15日】 #NEWSと手羽先

NEWSのコンサートに連れてこられてます。

NEWSのコンサートの感想を手羽先を食べながら語り合うやつに同席してます。手羽先の上手な食べ方を伝授されました。

【9月16日】 #全国の酢豚、全部これに

東京戻ります。名古屋楽しかった。駅で売店に寄ってたらNEWSのファンの方に気付かれて差し入れをもらいました（味仙　藤ヶ丘店監修の「旨辛ふりかけ」）。三日連続の味仙。

前日に僕が味仙でレンタルされてるツイートを見た人が「味仙は酢豚がおいしいんです。酢豚を食べてみてほしい」と依頼してきました。たしかにおいしかったです。「全

国の酢豚、全部これにしたらいい」と力説してました。

音楽ライブって「演者がそこにいる」という感動があるのと同時に「演者がそこ以外にはいない」というのがまたグッとくるな。音楽ライブの演者に限らず全存在がそうだけど。

Ⓛ

【9月17日】　#ツイッターやるじゃん

恋人に裏切られ悲しみに暮れてる人から「目をつぶるたびそのシーンが浮かんできてすぐ目を開けてしまうから最近寝れてない。そばに人がいれば寝れるかもしれないのでとりあえず来て私が泣きながら寝落ちするのを見守ってほしい」と依頼があり家に行ったところ全然泣かずに寝落ちだけしてて何よりだった。

「悲しみに暮れてる最中にツイッター見てたら〝おすすめ〟みたいな感じでレンタルなんもしない人のツイート、なんか応援してたアイドルグループが解散して泣いてる人と電話したみたいなのが回ってきて、そんなのあるんだって思って依頼した」って言ってた。ツイッターやるじゃん。

Ⓛ

自分、駅の床の矢印を逆行してる人にすごく冷たい態度をとる。

㋹

電話で話す依頼たまに受けるけど、電話だと無言の相槌が無効なのでしっかり発声するタイプの相槌ばかりになり、全然なんもしない人然とできなくて、終わったあと「こんなんに一万円も払って平気？」ってなる。力を発揮できない。

㋹

今日は西荻で数字のあるお店を探すのに付き合ってます。

㋹

女二人で行くには心細いとのことでマッスルスナックに連れてこられてます。マッスルスナック、陸海空の元自衛官がそろってて自衛隊のセカンドキャリアになってる。

——肌色多い。

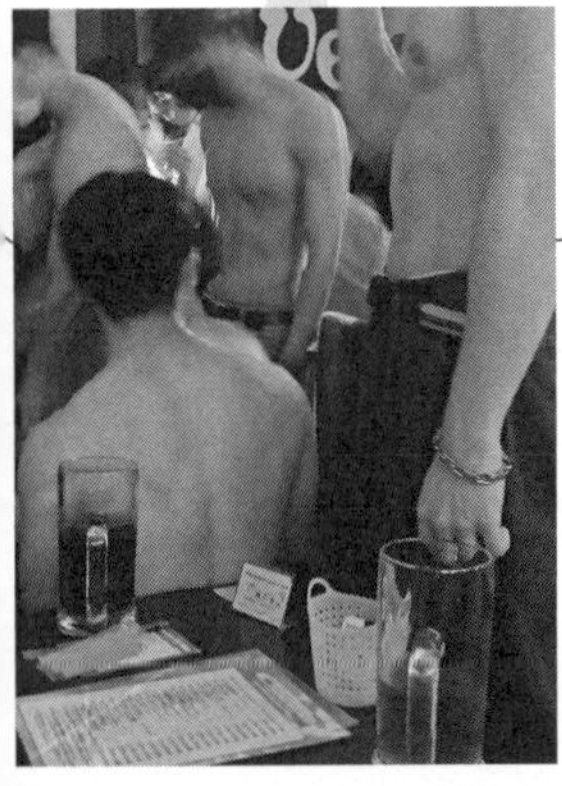

【9月18日】＃反応は普通にします

「誰に自分の話をしても納得のいく反応が得られず、逆になんもしない人に聞いてもらったらどんな気分になるか試したい」との依頼。なんもしない人といいつつなんの反応もしないわけではなくて普通に笑ったりしたがそれは問題なさそうだった。「自分は笑わせるのが好きなんだなと思いました」と言ってた。

【9月19日】＃彼本体には未練ない

好きだった人がつけてた香水を探すのに同行してほしいとの依頼。あまりにいい匂いだったのでどうしても知りたいが女一人でメンズ香水を試しまくるのは気が引けるしテスターをつける部位も一人では足りないので腕など借りながら心ゆくまで探したいとのこと。彼本体には未練がないところにやや狂気を感じた。

「全然高くないんやけどめっちゃ好評でコスパいいねん」という彼の言葉と自分の鼻だけをたよりに見事一〇分ほどで突き止めてて凄かった。ビジュアルなど、匂い以外の要素は好きじゃない感じだったようで「知らんままのほうがよかったんでは」と少し切なげだったがお疲れ様杯は盛大に上げてて何

よりだった。

＊

感想が届いた。やっぱ知らんほうがいいこともあるなという感想はありつつも記憶の中の匂いの正体をはっきりさせるという目的は達成できてすっきりとのことでした。「知らないほうがいいことだったが知れてよかった」というのは人間の心の機微って感じがして面白い。

【9月21日】 #コロナ特需

オレンジヨッシーからエゴサしてます。

㋹

バグった。

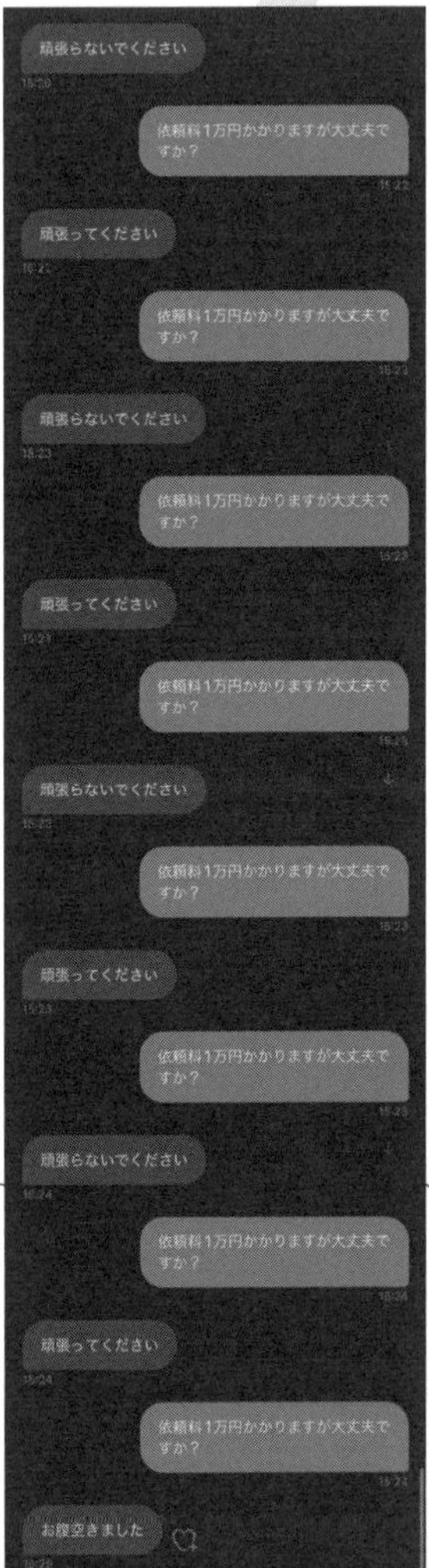

医療従事者からの依頼「周りの人を誘うとすると同業者になるが今の時期に同業者と一緒にいると職場の愚痴合戦になってそれはなんか嫌なので関係ない人に付き合ってもらいたかった」というものでコロナ特需って感じがした。Ⓛ

こないだ話を聞いてほしいという依頼で話を聞いてるとき依頼者から「こういう重い話を聞いても感情が引っ張られて自分も重い気持ちになったりしないんですか？　依頼人が泣き出しても、つられて悲しくなったりしないんですか？」と聞かれて「しません」と答えた瞬間依頼者が泣き始めたのドラマっぽかった。Ⓛ

【9月22日】 #めんどくさいをなめたらあかん

僕は結構「これはいいねがたくさんつくな」とか「いいねがたくさんつくようにここをもっとこうしよう」とか「ひひひ」とか考えながらツイートしてて我ながらあざといなと思うしバレバレだとも思うんですがそれでもいいねしてくる人は心が広いなと思う。

最近かなりハードスケジュールになんもしてないのでリポDを飲みます。㋹

正直に言うのってわりと快楽だから嘘のほうが思いやりを感じる。㋹

コメダ珈琲でゆるい親子にレンタルされてます。なんもしない人なので「学校は？」とかも聞かない。㋹

「産前最後のお茶に付き合ってほしい」という依頼。産んだらもう出歩けなくなるので駆け込みで誰かとお茶しておきたいとのこと。産前最後のパンケーキを噛みしめてた。㋹

すごい怖いのを払いに行くのに同行。㋹

――お金がなくて払えないわけではなくそもそも届いたものを開封して確認するところからめんどくさすぎてできないそうです。なので「ちゃんと相談」なんてできるならとっくに払い終えてると思います。めんどくさいをなめたらあかん。

【9月23日】 #純粋な〝料理欲〟で

語彙力は単に言葉巧みに話す力というより認識力だからたとえば「良い／悪い」しか語彙がない人は「嫌い」という感情をもつとそれを「悪い」としか認識できず責めてしまうが「良い／悪い／好き／嫌い」と語彙が増えれば「嫌いだが悪くない」という認識が可能になり放っておくことができるので語彙力大事だな。

――語彙力のある人は「レンタルなんもしない人のことは嫌いだが必要なので依頼した。レンタル中以外は自分の視界に一瞬でも入れたくないのでブロックしている」ができる。

㋹

「帰省前に自宅の掃除と冷蔵庫整理をしたいので他人が家にくる予定を立てたい」との依頼。他人がくると思うと掃除しようと思えるそうで、ついでに冷蔵庫の食材や酒を消費するのに胃袋も借りたいとのこと。とりためてた有吉の壁の消費にも付き合いつつ沢山飲み食いさせられたのち無理しない範囲で帰った。

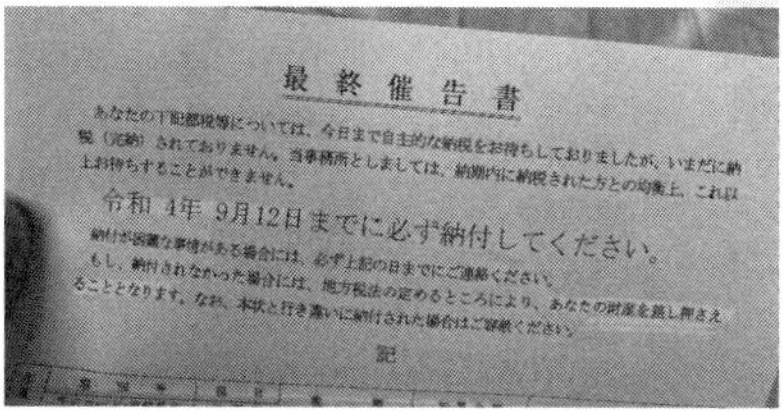
最終催告書
令和 4年 9月12日までに必ず納付してください。
記

——手料理を食べてほしいという依頼の理由の中に「料理するのは好きだが自分の作った料理を食べるのは嫌い。味付け知ってるし食べる気にならない。他人に食べてほしい」というのがあり、料理って自分からしたらくそ面倒な作業で食欲のなせるわざと思ってたけど純粋な〝料理欲〟でやってる人いるんだと驚いた。

【9月24日】 #すべてにおいてポカーン

「後輩の演劇の舞台を一緒に見て、その後の私の感想を聞いてほしい」という依頼。一人で見るのは好きじゃないが、かつての芝居仲間はみんな音信不通で誰も誘えなかったらしい。「ちょっと恥ずかしいので変装をお願いしてもよろしいでしょうか？」と言われてたのを完全に忘れてたが大丈夫そうでよかった。

——依頼で演劇を見せられたことはこれまでに何度もあるが、そのすべてにおいて話についていけずポカーンとしてる。なんもしない人だから許されること。

【9月25日】 #おっさんレンタルだとダメな理由

ハプバー（ハプニングバー）の話をきいてほしいとの依頼。ハプバーの話は家族や友人は勿論、ハプバーの人にもしづらいらしい。夫とのセックスレスで本当に死にたくなってたのをハプバーが救ってくれたと生き生き語ってた。普段話せないことを話しまくり元気になったあと今宵もハプバーに繰り出していった。

ハプバーの話とは別にダイエットに成功した話とかもしてたんですが「実際やせてみて思ったんですが、やせてよかったことって一個しかない。それは騎乗位が楽なこと」って結局ハプバーの話に着地してて面白かった。今は太っててても可愛い服あるしハプバーだと選り好みされないから太っててもモテるらしい。

「おっさんレンタルも考えたんですけど、わたしおっさんが大好きで、サイト見てたらどのおっさんもタイプすぎて、緊張して思うようにしゃべれなそうだったのでレンタルなんもしない人さんに依頼しました」という依頼者、「本当に失礼な話ですけど今めちゃくちゃ話しやすいです」と喜んでて何よりだった。

Ⓛ

亡くなった母の実家に同行してほしいとの依頼。売却に向けてほぼすべてのものを撤去し綺麗になった写真が不動産屋から送られてきたので見に行きたいが実家に関してとてもざわついた気持ちを抱えており一人では行きたくないとのこと。最高の眺め以外何もなくなった部屋を確認後、床で少しお茶して帰った。

――「何もせずただいてくれるだけってすごいですね。よくぞこのお仕事を生み出してくれました」って写真とられた。なんもしない人はまんざらでもない。

【9月26日】 #人間の形から大きく外れてない

夜の公園でバブルガンを撃ちまくるのに付き合ってほしいという依頼。トリオンバトルみたいになった。

「身近な人には言えない話をきいてほしい」との依頼。飲み物の注文を終えるや否や「私いま終わってまして」と話し始めた。家族、お金、恋愛それぞれに重めの悩みを抱えてるが中でもお金の件（現在複数の消費者金融から借金してて返せる見込みもない）は本当に引かれてしまうので誰にも話せなかったらしい。

家族の悩みは妹（学生）についてだった。親はあてにならない状況で金もなく精神不安定な妹が姉である自分を頼りにメンヘラ彼女ばりに鬼電してきてその度に慰め金銭的支援もしてるが妹より家賃低い所に住み借金抱えてる自分が借金抱えてない妹の悩みをきき生活の面倒もみてるこの状況がま〜しんどいそう。

金まわりの悩みはシンプルにお金が無いことだった。複数の消費者金融から合計数百万の借金がありさらにクレジットカードや税金の支払いも追いついてないそう。返せる見込みもなくなかなか厳しい状況だが本人は「死亡保険金でまかなえるなら借金ではない」というオリジナル定義によりわりと飄々としてた。

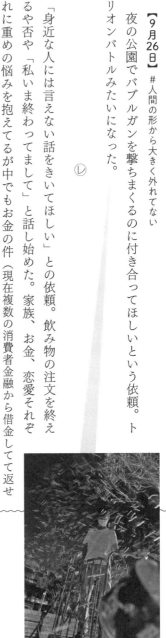

「お金がなくったって彼氏のひとりでもいればまだね……」と彼氏ができない悩みも話し始めた。長く付き合ってたDV男と別れ新たな彼氏を作ろうとマッチングアプリを始めるも「しちゃかちゃな目」にしかあわず嫌になり、かといってほかに出会いもないため彼氏のいない日々は続き毎晩寂しくて泣いてるそう。

「私、超絶美女じゃないにしろそこまで人間の形から大きく外れてないと思うんです。中身も、優しいと思うんです。なのになんでモテないんだろ。なんで彼氏できないんだろ。何かがいけないんでしょうね。それはわかるんですが」「人に好かれないって、本当に辛いことですね」とこれは本当に頭を抱えてた。

こんな感じで悩みという悩みを吐き切ったあと「洗いざらい話せてちょっとだけ良かったです」と言って仕事へ向かっていった。「私の悩みは要するに〝孤独〟ってことかもしれない」「借金の件も、借金してることが辛いというより、借金してることを話せる人がいないのが辛い」と分析しててなるほどと思った。

店を出ると青空で、依頼者も「いい天気」と明るい声を上げていた。視線の先には触れなかった。

【9月27日】 #あの、お礼いいたくて

昨日歩いてたら突然「あの」と声をかけられ「お礼いいたくて。前に愛犬

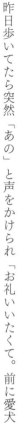

が亡くなったとき、つらくてお話きいてもらおうと思ったんですが結局依頼はしなくて。もし耐えられなくなったら依頼しようって思ってたら乗り切れたんです。あのときは助かりました」と言われた。まじでなんもしてなくて嬉しかった。

ちなみに知らんでしょうがこれまでレンタルなんもしない人に依頼してきた人たちも知らない間に誰かの役に立ってます。僕はこういうのも自分の手柄にしていきます。

https://twitter.com/morimotoshoji/status/1574583358062936065

㋹

バス停でバス待ってたら知らないおばあさんが「ここはいつも一〇分遅れてくるからね」と教えてくれたけど定刻どおり来たし順番抜かされた。

㋹

それじゃ絶対入れないって言われた。

【9月28日】 #初の海外

今日はソウルでレンタルされてます。初の海外レンタルです。明洞（ミョンドン）で本場のサムギョプサルに同席。

「江南（カンナム）とかのほうがよかったですかね？」って言われた。江南っていうのは日本でいう表参道らしい。明洞は西新宿らしい。

＊

韓国で一人旅してるあいだ一日だけ夕飯に付き合ってほしいとの依頼。人と行動するのが苦手なため一人旅をよくするが夕飯だけは誰かと食べたいとのこと。一回の食事だけのために韓国まで呼べる友達は思い当たらなかったらしい。夜ソウルで合流しサムギョプサルなどを食べて解散。翌朝早起きして帰りました。

明洞でサムギョプサルを食べたあとはそのへんの露店の人にすすめられた梨泰院（イテウォン）というところに連れてかれた。梨泰院はまあまあギラついてて韓国版歌舞伎町って感じだった。仮想通貨のマークが光る怪しげな店でシーシャをやらされたがひと吸い目で「向いてない」と思った。

でまたタクシー拾って明洞まで戻りコンビニで炭水化物買ってシメるのにも付き合った。依頼者はおかゆを、僕は一か八かまったくわからないおにぎりを買った。韓国語わからなすぎて楽しかった。

韓国の電車から見えた綺麗な夕日。窓の外みたらめちゃくちゃ綺麗な夕日が見えたので写真撮ってたら隣りに座ってた知らないおばさんが（なにに？）って感じで同じように窓の外みて急いでカバンからスマホ取り出して

写真撮り始めたのよかった。
韓国の空港から出てる電車、吊り革の長さがバラバラでめちゃくちゃに揺れてて面白かった。

——韓国で泊まったホテルに歯ブラシが置いてなくてびっくりしたけど依頼者に聞いたら韓国のホテルは歯ブラシ置いてないよとのことでびっくりした。

【9月30日】 #ロンドンバスに乗って

今日はロンドンバスに乗ってアフタヌーンティーするのに同席してます。

——外見てたらめっちゃ手を振られたので手を振り返したら投げキッスとかもされて楽しい。

うん!
うん!
うん!
うん!

今から焼そば食うぞ
3:49

ゴホッ
ゴホッ

10

10月：これでうちの子存在してますよね

【10月1日】 #ちょおっと待って！

惚気報告、続いてます。

㋹

一人では入りにくい場所に同行してます。日本で一番怖いらしい。

まさかの二周目。

入りたいお化け屋敷があるが一人では入りたくないので同行してほしいとの依頼。以前友達を誘ったらなぜか友達のSuicaがエラーになり来てくれなかったそう。リアル怪奇現象を聞かされたあとのお化け屋敷怖かった。ビビる依頼者から「何か喋ってください」と言われたのでしりとりや恋バナをしながら進んだ。

お化け屋敷

CHEESE BURGER
じゃがポックル
彼女のダブルチーズバーガーセット
11:53
↑
さっき感想を聞いたら「いいかんじだった　妙案でしょう」と得意げでかわいかったです。
17:17

㋹

みなとみらいの散歩に同行してます。花火だ！　と思って立ち止まったらうしろのだれかの視界を邪魔してしまったようで「ちょおっと待って！」と聞こえました。

「散歩に付き合ってほしい」という依頼。今日たまたまみなとみらいで用事があり、そのついでに散歩したいとのこと。一人じゃないのがいろんな面で良かったそうです。オクトーバーフェストとかでわりと賑わってて、それをみながら「みんな楽しそうですね。いいですね」と嬉しそうだったのが印象的でした。

㋹

知らない人たちの割り勘の余ったお金（七円）が送られてきました。

㋹

このまえ二日酔いのとき体の声に耳を傾けると「これ」（贅を尽くした海老せんべい）と言われたので買って食べたら大正解だった、覚えておきたい。

㋹

今日の昼のレンタル中、「ご飯食べましょう、好きな食べ物なんですか？」と聞かれたので「麻婆豆腐」と答えたら「私はサーモンが好きです」と言われて焼肉に連れてかれたの面白かった。

【10月2日】 #ガチはNG

卓球の相手させられてます。

「自宅のダイニングテーブルを台として卓球してみたい」との依頼でした。なんでそんなことしたいのか知らないけどそう思ったならたしかに人一人分の存在を借りる必要あるなと思い引き受けました。今回は「試しに」ということで大丈夫でしたがガチンコ勝負なら断ってたと思います（〝する〟になるため）。

Ⓛ

和太鼓の演奏を見て、おいしいそばを食べて、一万円もらいました。

【10月3日】 #これが本業なんで

「遠方から東京まで一人で手術を受けにいくが手術後の帰り道一人だとふらつきそうで不安だし心細いので付き添ってほしい」との依頼。遠方かつ平日昼間というこ

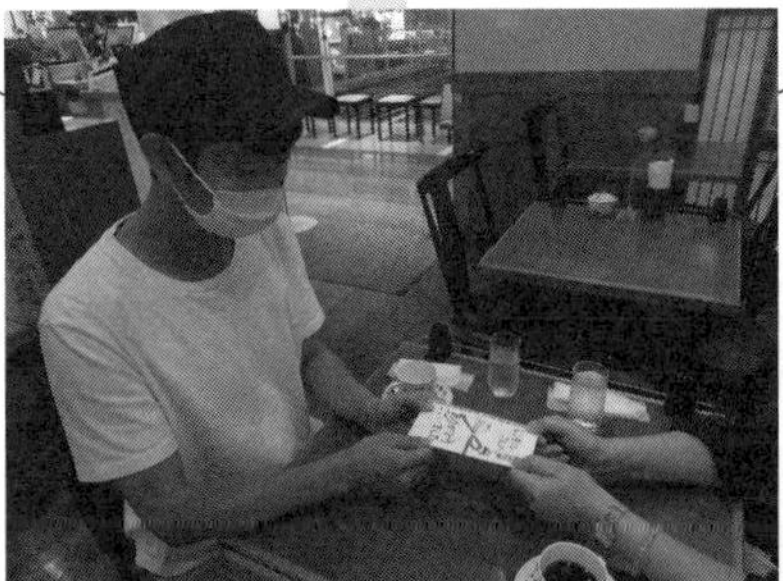

とでお願いできる人がいなかったらしい。無事駅にたどりつき「ほんま居てくれてよかった」と涙ぐんでた（目の手術やって目ぇ乾くねんと言ってた）。

最初「おっさんレンタル」という別のサービスを使おうとしたそうだがサイトを見ると良さげなおっさんはだいたい「平日は17時以降のみレンタル可」とかで日中から来てくれる良いおっさんが見つからなかったらしい。ちゃんと本業をもってるおっさんとくらべなんもしない人は〝これが本業〟という強みがある。

Ⓛ

韓国での依頼から帰国したその日に日本でも依頼が入ってたんですが慣れない海外との往復でめちゃくちゃ疲れててずっとうとうとしてたみたいで、見かねた依頼者が「寝てていいですよ」と言ってくれたので本当にそうさせてもらって寝てただけで一万円もらう形になった。今後もこういうことあると思います。

【10月4日】 #背徳感×3

今日は格式高そうな雰囲気のレストランで依頼者と食事しながら人に言えない話（近日入籍するが婚約者ではない男性におしっこを飲ませてしまった話）を聞きました。背徳感×3って感じがして面白かったです。

【10月5日】 #自販機のうどん

今日は秋田でレンタルされてます。

秋田でなんもしてません。

「この自動販売機のうどんをどうしても食べたかったけどそのために東京から片道5時間かけて秋田まで行くのに一人だと心細いし友達は誘いづらかった」らしい。空路ならわりとすぐ行けるが飛行機が極度に苦手なため陸路での長旅となり、それに知り合いを付き合わせるのは気が引けたそう。たしかに遠かった。

おいしかった。

地元の人たちにひっそりと愛されてるのかと思ったらめちゃくちゃグッズ展開されてて笑った。

帰ります。


――レンタルサービス開始以来いちばん北に行ったし初めて日本海を見た。なんか嬉しい。

インスタ下手くそすぎてフォロワー買ってると思われた。　㋹

【10月6日】 #この世の真理

藤子・F・不二雄ミュージアムに同行。　㋹

「パフェを食べにいきたいのでついてきてほしい」との依頼。受験生で、周りの人とは全然都合あわず、でも一人だとさみしいし気が休まらないので誰か、と思ってたらツイッターにちょうどいい人がいるのを知って依頼したそう。「おいしい……」とめちゃくちゃにやけながらメロンパフェ食べてて何よりだった。

「昨日知ったばっかでよく依頼しましたね、こんな得体の知れない人に」と言うと「いいなと思ったことはすぐにやりたいんです。すぐにやらないと、いつかやろうって思ったまま、ずっとやらない気がして。いつでもできそうなことほど、そうで」と、この世の真理が返ってきて厳かな気持ちに包まれた。

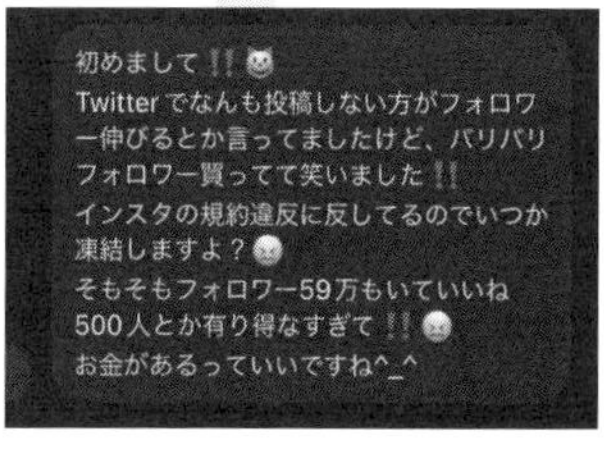
初めまして!!

Twitterでなんも投稿しない方がフォロワー伸びるとか言ってましたけど、バリバリフォロワー買ってて笑いました!!

インスタの規約違反に反してるのでいつか凍結しますよ？

そもそもフォロワー59万もいていいね500人とか有り得なすぎて!!

お金があるっていいですね^_^

【10月8日】　#生きろ

飲みすぎてゲロ吐いた依頼者がガクガク震えながら「これもツイッターに書いていいですよ」ってもののけ姫みたいな眼差しを向けてきて「生きろ」と思った。

【10月9日】　#怒られるのは僕

（昨日のは）カラオケに同行してほしいとの依頼。最近ボイトレに通っていて誰かに歌を聴いてほしくなったが友達は私がボイトレしてるの知ってるため下手でも気をつかわせてしまうし私は気付くと何時間も歌ってるので一緒に行く人に申し訳なく誘いにくかったらしい。

アナ雪を皮切りに四時間一人で歌いまくったあとアナ雪で締め「人前でこんなに歌ったの生まれて初めて」と喜んでた。続いて居酒屋で飲んだあと帰りの電車でゲロ吐いてガクガク震えながら「電車でゲロ吐いたの初めて」「楽しい」と何もかもを喜んでて凄かった。めちゃくちゃ寒そうだった。

本件怒られてます。

・依頼者は自分が吐くと思わず電車に乗った（トイレで全部吐いたと思ってたため）

・車内はガラガラ。ポツポツと人はいたが十分な距離を保ってた

・前述の通り〝余り〟を吐いたため吐瀉物は少量。本人の服や鞄を汚す程度
・基本申し訳なさそうに項垂れてた。楽しんでたのは感情の一側面
だから何という人も多いと思いますが、車内状況や吐いた人や吐かれた物が多分多くの人が想像してるような酷いものではないということと、僕も吐いた人もそれが迷惑行為だとはわかってることだけ補足しておきたくて書きました。以上の詳細を省いて安易にネタにした僕は引き続き怒られて然るべきでしょう。

アフタヌーンティーに同席。

――これ以外全部下げられたのなんかおもしろかった。

【10月10日】 #さわやか同行

東京駅のトイレに石鹸がないの、石鹸がないのはたぶん仕方ないことなんだろうと理解しつつ、毎回「嘘でしょ」ってなって探しちゃう。

NEWSのコンサートに連れてこられてます。

さわやか同行。㋹

【10月11日】 #三人ともうまくいかない
好きな人が三人いて三人ともうまくいかない話を聞かされてます。㋹

横浜オクトーバーフェストに連れてこられてます。

【10月12日】 #ストーカーも探偵を雇う
頂き女子からしゃぶしゃぶ頂いてます。
「18で上京し風俗とパパ活と頂き女子をして生きてきたが全て引退し地元に帰ることにした」という人からの依頼。ハイブランド店で（男性から買ってもらうのではなく）自分で買い物してみたいが一人では緊張するとのことで同行した。めちゃ緊張しつつ無事購入。店を出ると「すごい解放感」と晴れやかでした。
親の反対を押して東京の大学に進んだので仕送りには頼らず学費や生活費は風俗でと

上京前から決めてたそう。探偵を雇った強いストーカーにあうなど怖い思いもしつつ「いろんな人がいた」と感慨深そうに振り返ってた。「おじさんが」を「あ、だめだお客さんが」と訂正するのを何度もやってて面白かった。

【10月13日】 #麻婆豆腐じゃない

横浜中華街に同行。門がいっぱいある。

――好きな食べ物を聞かれたので「麻婆豆腐」と答えたら小籠包と占いに連れていかれました。

【10月14日】 #夜の湖で歌う

夜の湖で歌うのを見守ってほしいという依頼。

【10月15日】 #VS蟹のハサミ

大人がお子様ランチを食べるのに同席。

デザートは火柱を上げて作られた全然お子様感のない何かを食べてた。

お子様ランチのこれエビのしっぽだと思って口に放り込んだら蟹のハサミだったんですがちょうどこのときBBCというイギリス版NHKみたいな由緒正しいテレビ局の取材が入っててがっつりカメラ回されてたので一度口に入れた物を出すのが

はばかられそのまま蟹のハサミを頑張って咀嚼して食べた。しんどかった。

㋹

「男装カフェに行ってみたいが初めてで一人だと行きにくいので同行してほしい」という依頼。男装カフェというのはコンセプトカフェの一種、女性の店員さんが男装をしている。今日連れてかれた「誠酒屋」は〝幕末男装喫茶〟とのことで和装もしてた。全然知らない文化だったけどこのお店はもう一一年目らしい。

【10月16日】 #セクアポ入りました

変な姿勢で歌う人にレンタルされてます。変な姿勢のくせに片耳ふさいで音程とってる。

――「セクアポ入った」って言ってどこかへ消えていった。

【10月17日】 #静かな水面を恐る恐る

知らない人に手を振ってる写真がスペインの新聞に載った。

Shoji Morimoto, el japonés que se alquila para «no hacer nada»

▸ Despedir a alguien en la estación, animar una maratón, hacer fila... son algunos de sus desempeños. Cobra 71 euros por servicio, y ya ha realizado más de 4.000 desde 2018

SUSANA GAVIÑA

Cobrar por no hacer nada, o casi nada, es el sueño de muchos. Un sueño que ha hecho realidad el japonés Shoji Morimoto, que desde hace cuatro años se «alquila» precisamente para eso. «Te prestaré a alguien que no hace nada (yo)», reza la biografía en Twitter –donde tiene más de 270.000 seguidores– de este hombre de 38 años, físico de profesión, con un posgrado en terremotos, casado y con un hijo. «La tarifa por solicitud es de 10.000 yenes (71 euros) y los gastos de transporte y comida y bebida (si corresponde)», añade, antes de subrayar que durante su servicio «no puedo hacer nada más que comer y beber, y responder preguntas muy simples».

A primera vista puede parecer una broma o un 'fake', sobre todo si pensamos que Japón es el paradigma de la productividad –según algunas organizaciones el país registra al año más de 10.000 muertes por 'karoshi' (exceso de trabajo)–. Pero la realidad supera la ficción. En 2018, Shoji Morimoto, al que amonestaban en su trabajo anterior porque no hacía nada, decidió transformar esta 'cualidad' en su forma de vida. En cuatro años ha realizado 4.000 servicios –tiene un cliente que lo ha [illegible] hasta en 270 [illegible]nes–, que van desde acudir a despedir a una persona en el andén cuando se mudaba de ciudad, situarse en la línea de meta de una maratón para motivar a un cliente a terminarla, guardar el sitio en una fila, acompañar a alguien para realizar gestiones o simplemente compartir una comida

ENLACE AL CANAL
rebrand.ly/byneon

Shoji Morimoto fue contratado para despedir a una persona que se mudaba de ciudad / ABC

仙台から女川という所まで電車移動。かつて住んでいた港町です。東日本大震災で何もかもが消えました。それ以来一度も訪れることが出来ていません。友人、知人と行くにはしんどく、一人で行くにもヘヴィーで、このままだともう二度と行くことは出来ないのではないかと思っていました。……

Ⓛ

「仙台から女川まで同行してほしい」との依頼。女川はかつて住んでた港町で、震災で何もかも消えて以来一度も訪れることができておらず、今の素晴らしく変わった町を見て良き印象に変えたいが一人で行くのはヘヴィーとのこと。悪天候も相まって今回は断念。電車から水面が見えるだけでもきつそうだった。

観光地ならいけるかもってことで松島へ（女川よりはアクセスいいので「無理」となったらすぐ引き返せる）。水場への苦手意識を少しでも克服すべく海岸に向かった。まだほとんど海が見えてない所から緊張し、視界に水が入るにつれ正面向けない感じになりつつも何とか岸に立ち静かな水面を恐る恐る眺めてた。

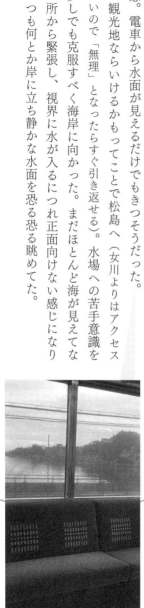

【10月18日】　#ペアルックじゃない

だいたい同じ格好をしてる人にレンタルされてます。

パーカー脱いだらさらに似てきた。

「ペアルックになるのは避けたい」とのことで僕は全然違う格好に着替えさせられた（これ一応ハロウィンの仮装だったらしい）。

Ⓛ

「明日バイトが休みで友達との予定もなく何したらいいかわからなくて悲しい気持ちになっちゃうのでとりあえず一緒にいてほしい」という依頼。昨日の夜中メンタルが弱ってる時の自分が勝手に依頼してたらしく朝起きたらなんもしない人から返事が来ててびびったらしい。とりあえず一緒にぐるぐる散歩した。

Ⓛ

急遽、「なによりです」を言いに銀座へ。

なによりです。

——なによりだったなぁ。

【10月19日】＃いつもよりキた

水族館のベンチに座ってクラゲを眺めたり眺めなかったりするのに同席。

【10月19日】

運転免許の更新に同行してほしいとの依頼。つい先日子供が自転車事故を起こし相手に大怪我をさせ、それ以来車を運転するのも怖くなり、ちょうど免許更新の時期だが気が重く一人では行きづらいとのこと。センター入口まで同行し、手続き中はカフェで待たされた。

――無事完了。ビデオがいつもよりキたらしい。

【10月20日】＃私が連れてきた誰か

電車で座ってて隣り一人分だけ空いてるところに男女カップルが来て女性だけ座り男性はその前に立ってたんですが（そこまでは大丈夫）そのあとその男女が「遠いよ〜」って感じで手をにぎにぎし始めてかなり居づらくなった。

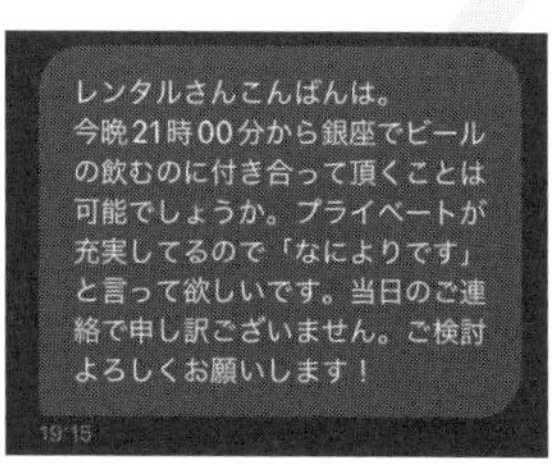
レンタルさんこんばんは。
今晩21時00分から銀座でビールの飲むのに付き合って頂くことは可能でしょうか。プライベートが充実してるので「なによりです」と言って欲しいです。当日のご連絡で申し訳ございません。ご検討よろしくお願いします！

海ほたるに同行してほしいとの依頼。海ほたるは東京湾アクアラインの途中にあるパーキングエリアで「亡くなった父がよく連れてってくれた思い出の場所」らしい。依頼者は運転免許を持ってないため高速バスを利用。到着後はずっと懐かしそうに辺りを眺め「私も誰かを連れてくることができた」と喜んでた。

【10月21日】 #地下神殿に同行

今日は地下神殿に同行してます。一人では行きづらかったそうです。

——サッカーコートの下に地下神殿があった。

BL漫画家からの依頼で出版社の催し物に同行。「お知り合いの作家様を一名まで招待可能」とあり、参加者みんな誰かしら連れてくるかと思うと知り合いの作家とかいない新人としては緊張しまくりで一人で行けないとのこと。レンタルなんもしない人も本を出してるので一応作家ってことにしてもらって同行した。

催しというのはほかの作家さんや出版社の社員さんとの交流会だった。名刺交換用に僕のぶんの名刺も依頼者のほうで作って持ってきてくれてたが名刺を渡す行為はなんかしてる感じがしたため一枚も配らずに終わった。

【10月22日】#覚えててくれた人にだけ、ありがとう

なんかいっぱい来た。お菓子でした。

㋹

今日は誕生日だったんですが今日誕生日だということをとくに言わずにいたおかげで誕生日を覚えてた人からしか祝われず「覚えててくれたこと」への純粋な感謝のみで過ごせてよかったです。当日たまたま誕生日だと知った人からの言葉だけのおめでとうにいちいちありがとうを返すのすごく嫌だったもので。

【10月23日】#ちょうどいいやついる

水辺が怖いという人がこの橋を渡って重要文化財を拝むのに同行。恐怖でずっと笑ってた。

ちょっと無理そう、いったんご飯食べましょうとなりいったんイタリアンへ。早速ワイン二杯飲んでてまじかと思ったが「お酒飲んで意識をフワフワさせたらいける気がする」とのことでフワフワで再挑戦。前を行く僕のリュッ

クの紐をつかみながらも無事渡りきり五大堂と絶景を拝んでた。アルコールすごい。

*

水辺が怖い人が細い橋を渡るのに同行。半歩ずつゆっくり進んで無事渡りきってた。細いとはいえ十分しっかりしてて落ちる想像する方が難しい気がしたが依頼者曰く「恐怖心を持ち続けることに耐えきれず自分から水に飛び込みたくなる衝動にかられることがある。それがきたらおしまい」とのことで納得した。

㋹

たまプラーザに呼ばれたので来ました。中央改札か東改札どっちか確認しようとDMをさかのぼったら依頼主のアカウントが消えてました。一か八か東改札で数分待ってみます。

来ない。駅がかっこいい。

㋹

依頼者来なかったけどたまたまツイッター見てたまたまたまたまプラーザらへんでご飯食べようとしてた別の人に急遽ご飯に連れていかれてます。

新たな依頼主はちょうど出張から戻り「飯でも食うか」とツイッターひら

いたところ近くでフラれてる僕を見つけ「ちょうどいいやついるじゃん」となったそう。経営してる会社が昨日創立記念日だったらしく「僕も昨日誕生日でした」「まじ⁉」ってなって盛り上がった。たまたまがいろいろ重なって良かった。

――今日は約束をバックレられて立ち尽くしてるところを拾われる形でのレンタルだったけどいつもどおりなんもしなかった。でもこちら側にあるお皿を渡すなどはしてしまった。これはしょうがない。

【10月24日】 #うちの子存在してますよね

出生届の提出に同行してほしいとの依頼。諸事情で父親側には頼めず自分で行かないといけないが出産直後で体がぼろぼろ、歩くのもしんどいため一人だと不安とのこと。骨盤ベルト装着で現れ「会《え》陰《いん》が痛い」「股の骨割れそう」と呻きつつ無事提出し「これでうちの子存在してますよね」と安心してた。

「久々の外食にも付き合ってほしい」とのことで食事とお茶にも同行。「人に作ってもらうご飯最高……」と終始堪能してた。産前産後ずっと外に出てなくて、この日家を出るときも「どうすんだっけ」と身支度のやり方を思い出すのに時間がかかったらしい。外出の良いリハビリになったそうで何よりでした。

慶應義塾大学に同行してます。 ㋹

「慶應義塾大学三田キャンパス内にとても素敵なカフェがありその店内の写真を撮ったり素敵な建物を楽しみたいが一人だと変に焦ってしまいそうなので同行してほしい」という依頼。めっちゃ素敵〜めっちゃお洒落〜と言いながら外観や内装の写真を撮りまくってた。そして二人とも部外者ながら優雅に過ごした。

【10月25日】 #がんばってたみんな!

今日は東京ディズニーシーに同行してます。

「キャストさんへ伝えるともらえるバースデーシールを貼ってみたいが自分では恥ずかしくてできたことがないのでレンタルなんもしない人に代わりに貼ってもらいたい」という依頼。依頼者の代わりにめっちゃ祝われてます。

キャストさんに伝えるのを代わりにやってほしいんじゃなくて、シールを自分に貼って自分が祝われるのが恥ずかしいからそれを代わりにやってほしいという依頼です。

ビッグバンドビートめっちゃよかった。ビッグバンドビートのあとソアリ

ンに並んでたら近くで並んでたギャルがギャルに「ビッグバンドビートまじよかった。がんばってたみんな」って言ってたのもよかった。

ドナルドもかわいいけどドナルドのうしろをちょっと通るドナルドのおじさんもかわいいな。

*

久々のディズニーシーが楽しみすぎて昨日全然寝れなかったという依頼者。寝てる。

「ディズニーシーでキャストさんに言うと貰えるバースデーシールを私の代わりに貼って同行してほしい」との依頼。依頼者の代わりにハッピーバースデーを浴びまくった。「何名様ですか二名様ではお足元三番へお進みくださいハピバスデ♪」と多忙の中でもしっかり祝ってくれるキャストさんたちさすがだった。

ディズニーシー同行依頼の依頼者、「初めて男性とディズニー来たんですが、自撮りしなくていいのがめっちゃ楽」と言ってたのが面白かった。「女の子の友達と来たらやたら自撮りツーショ撮られる」「いくよ〜っていつのまにか構えられてる」「だいたい向こうだけ盛れてる」らしい。

【10月27日】 #確実に泣いてしまうので

多摩川の河川敷にて元恋人の写真を消していく作業に同席。

「振られて引きずってる元恋人の写真を頑張って消したいが一人だとカメラロールを開くだけでバッドに入ってしまい一向に取りかかれないので同席してほしい」との依頼。確実に泣いてしまう&外の雑音があるほうが落ち着くということで場所は河川敷を指定された。めちゃくちゃ泣きながら黙々と消し進めてた。

日暮れごろ作業完了。「終わりました」「お疲れ様です」と久々に言葉を交わすと依頼者はちょっと離れたところへ煙草を吸いにいった。で戻ってきてまた同じところに座り完全に暗くなるまで二人とも何もせず過ごした。めちゃくちゃ寒かった。

お腹すいてます？　とようやく立ち上がり居酒屋へ。依頼の感想を皮切りに日頃他人に明かせない心情等をいろいろ聞かされた。河川敷で日が沈んでから何もしてないようにみえてた時間、実は音楽を聴いてたらしい。元恋人との思い出の曲（ゆえにトラウマの曲）で別れてから聴けなかったのがやっと聴けたらしい。

あと全然関係ないがハンターハンターが好きとのことでハンターハンターの話をした。河川敷で隣にいたレンタルなんもしない人はまさに絶（体から一切オーラを発さない技）の状態だったらしい。

解散後めちゃくちゃ長文の感想が来た。次はギター弾き語りか富樫作品への愛を語るかで依頼するかもとのこと。

最後笑ってしまった。

【10月28日】　#うんちく語らない人

「冨樫義博展に同行してほしい」という依頼。こういう熱心なファンの人が集まるような場にひとりで行くには不安とのこと。探せば同行してくれる人いるだろうけど冨樫義博がすごく好きな人と行って作品や人物についてのうんちくを語られるのも少し煩わしい気がするためなんもしない人が適任だったらしい。

花やしきに同行してます。

東京ディズニーシーに同行してます。

初めまして！レンタルなんもしない人さんの仕事のやり方が新鮮で面白くていつも見てしまいます！！弟子として私もやってみたいです！！沢山依頼があるかと思うのですが、案件を頂くことって可能ですか？？なんでもやります！

——デニムの耳つけられて帽子と一体化した。

【10月29日】 #四年間培われた「へー」

(昨日の依頼) 無理なスケジュールで無駄なこととかして一日過ごしてみたいとの依頼。六本木で合流↓スリラーカーという乗り物に乗るためだけに浅草花やしきへ↓電車の一〇倍するバスで東京駅へ↓夜のディズニーシーに入りゴンドラだけ乗って帰った。友達とだと「もったいない」と言われそうな過ごし方がしたかったそう。

——ディズニーシーに召喚されスポットあった。

㋹ 遅刻してきた依頼者、急ぎすぎて服やぶれたらしい。かばんも壊してて笑った。

㋹ 昨日「ただ話を聞いてほしい」という依頼で話を聞いていたら「すごい、こんな心のこもってない『へー』初めて聞きました。素晴らしいです」と褒められて「四年培ってきましたからね」と照れてしまいました。

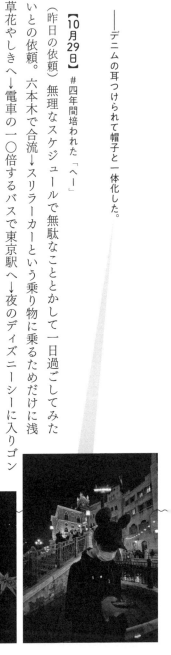

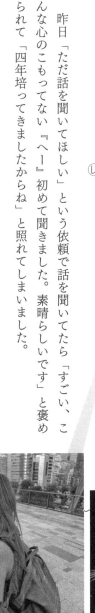

【10月30日】 #謎のフルーツを食べる

「デパートのコスメ売り場についてきてほしい」との依頼。メイクに興味があるがデパコス売り場は一人だとなんだか恥ずかしくて入れないそう。店員さんからなんか聞かれて返答に困ったりその後もずっと見られて緊張したりしてたが勇気出してアイシャドウを塗ってもらうなど達成できたようで何よりでした。

Dior のカウンターでは「この色のアイシャドウは全然似合わないけど良いやつをプロが塗ったらどうなるのかなって知りたくて……」などの事情を店員さんにどうにか説明してから塗ってもらってました。やはり合わないのがわかり、そのお店では購入に至らなかった次第です（別のお店では購入してました）。

謎のフルーツを食べるのに同席。中から赤福が。㋹

スイーツビュッフェに同席してます。ビュッフェってこれどうしたらいい㋹

かわかんなくて半泣きになるんだよな。

——ビュッフェとりにいってたら知らない人から「あの、レンタルなにもしない人ですか？　え、ケーキはとるんですか？」と言われた。

フォロワー三〇〇人から三〇万人に増えた。

すぐ軟化するアンチ。

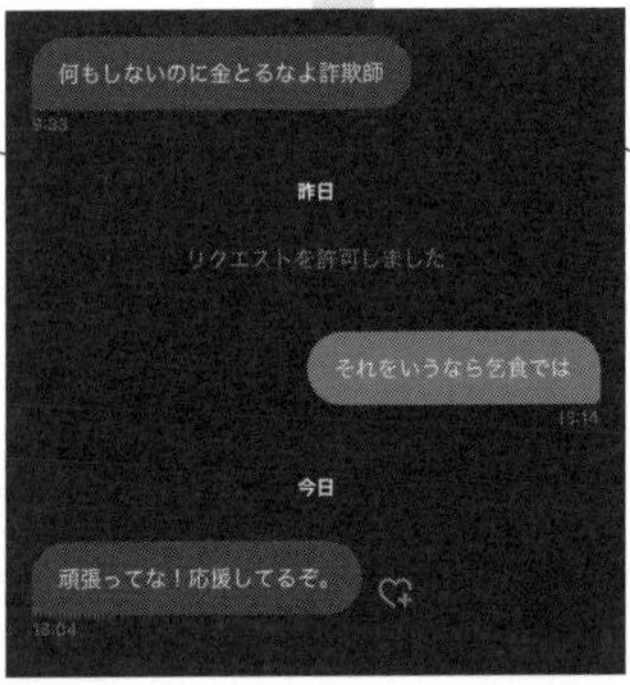
何もしないのに金とるなよ詐欺師
9:33
昨日
リクエストを許可しました
それをいうなら乞食では
19:14
今日
頑張ってな！応援してるぞ。
18:04

Q　レンタルさんと世間話的なお話をするのは可能なのだろうか。

A　何か話しかけられたら何か受け答えますが、何も話しかけられなければ永遠に無言です。

【10月31日】 #勢いでマッチング

惚気報告、続いてます。

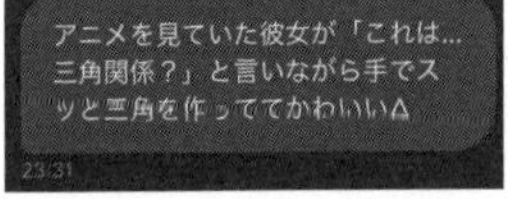
アニメを見ていた彼女が「これは…三角関係？」と言いながら手でスッと三角を作っててかわいいΔ
23:31

「この人はここがダメだな」と思ったとき、それを本当に善意で本人に伝えようと思えば人目につかないところでこっそり伝えるわけで、Twitterの引用機能を使って全世界に向けて「この人はここがダメだ」と摘示することはほぼほぼ悪意のかたまりだからキレていいと思う。㋹

急遽子連れ回転寿司に同行。寝ると思ってた子が寝なくてかなり捗ってない。㋹

ナンパされた人とご飯いく予定だったけどいろいろめんどくさくてドタキャン・ブロックしてしまった人とご飯を食べてます。この勢いでマッチングアプリに登録してます。㋹

冷蔵庫のチューブ置き場をハロウィン仕様にしてる彼女かわいい
11:24
何気なく裏返してみたら、包装が破けちゃってて笑いました。なんていとしい生き物…
11:28

㋹

「スマートフォンの買い替えに同行してほしい」という依頼。iPhone7を何年も使い続けていて、対応してない機能が増えてきたしカメラのレンズに傷がつき写真がうまく撮れなくなってるのでさすがに買い替えたいが一人だと踏ん切りがつかないとのこと。他人同行効果によりめちゃくちゃあっさり決めてました。

11
11月：一緒に歩いてほしい

【11月1日】＃一緒に歩いてほしい

元々歩くことが好きでしたが、末期ガンで病院や家から抜け出し仕事を捨て家族を捨て全部捨て、ただただまた歩きたかったんです。歩く速度も息をするのがやっとでかなりゆっくりだったと思います。本当は会話しながらも好きだったのですが、呼吸するのがやっとで友達とだと黙ってただ隣を歩いてとは言えず……

「一緒に歩いてほしい」という依頼。東京駅周辺を適当に、とくに会話もなく一緒に歩いた。解散後に知ったが、末期ガンで病院や家から抜け出し仕事も家族も全部捨て、ただただまた歩きたかったんだそう。久しぶりに自分の足でたくさん歩けて嬉しかった、散歩の楽しさを思い出せたとのことで何よりでした。

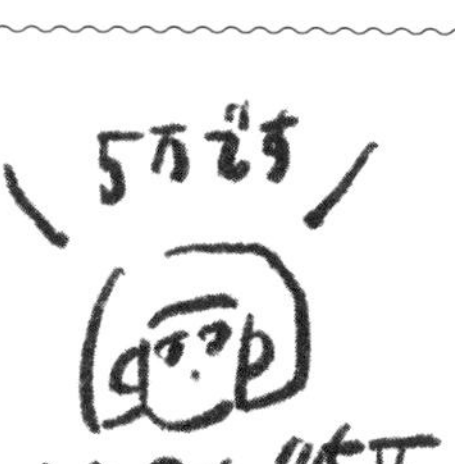

【11月2日】 #ジャンケンのやつ
今日はジャンケンで負けたほうが荷物持つやつをやらされてます。

【11月3日】 #いちばん足場悪い
今日はすごく細い道を同行してます。
アスレチックに一人で行きづらいという人にレンタルされて同行しました。今までの同行でいちばん足場が悪かったです。
――この状態のとき遠くのほうから「レンタルなんもしない人だ！」と聞こえてきて恥ずかしかった。

㋹
「身の上話をただ聞いてほしい（お酒あり）」という依頼。アスレチック後のお酒うまいです。

【11月4日】 #中華まん全品二〇円引きで～す
今日の依頼者アカウント消えてるわ。
――つまり今日丸々空いたので今日何か依頼したいことある方はＤＭにてご連絡く

ださい。

急遽台湾料理に同席。㋹

通りがかったコンビニの店頭で「中華まん全品二〇円引きで～す」って店員が延々連呼してて、二〇円引きとかでそんな変わるもんかねぇと思いながら通りすぎてたら近くの親子の子が親に中華まん中華まん叫んでてそういうことかと思った。㋹

【11月5日】#関係機関の動きに不審な点あり

「警視庁に同行してほしい」という依頼。ワクチン接種後に亡くなった父親の死因をめぐる関係機関の動きに不審な点があり、事実を明らかにし納得のいく形を示してもらうため、その手続きの一環で警視庁に行く必要があるが一人だと悔しさのあまり平常心を保てないかもしれないので同行してほしいとのこと。

不審なことはいくつかあるが中でも「ワクチン接種後であること（現場で警察官から〝決まりなので〟として聞かれ、伝えた）が監察医に伝わってなかった」という点が大きく「監

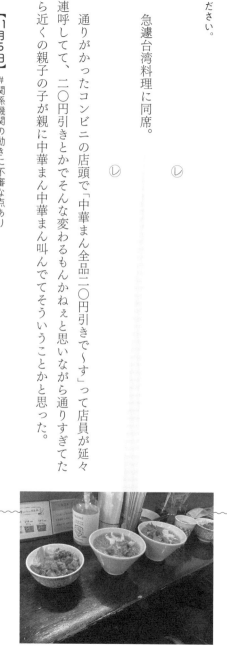

察医は全て知った上で因果関係無しと判断したのだろう」と思い解剖せずに葬儀を進めてしまった遺族としては到底納得いかないという。

依頼者はいわゆる〝反ワクチン〟ではなくワクチンの必要性は理解してて、ただリスクはやはり0ではなく、それがたまたま父に来たことも受け入れることはできる、ワクチンが悪いわけではないという考え方だそう。「利点とリスクの情報の偏りは感じる」「リスク面も隠さず、救済に努めてほしい」と言ってた。

「こういう話を知り合いにするとワクチンへの危機感を煽ってしまい接種を控える人も出るかもしれない。そのせいでその人がコロナにかかり重症化したらと思うと知り合いには話せない」ということで無関係の人に話したかったらしい。たしかにこういうところに書けば赤の他人の話だしそこまで響かなそう。

㋹

朗読劇 泉ピン子の「すぐ死ぬんだから」観劇同席依頼。夫と行くつもりでチケットを二枚とったが諸事情により別の人を連れて行きたくなり、しかし東京に越してきたばかりで友達がほぼいないのでレンタルしたいとのこと。夫婦で観ると複雑な気分になりそうな内容なのもあり他人同士でちょうどよかったそう。

——「すぐ死ぬんだから」とても良かったようで観劇後は幸せそうにデカいビール飲んでた。店主も「え、泉ピン子来てんの？　あの人おもしろいよね」と言ってた。

【11月6日】＃まなざしをガード

「高価なものを扱うお店で買い物するとき、店員さんがこちらに向けてくるまなざしが怖くて冷静に商品をみることができない」という人にレンタルされ、依頼主と店員さんのあいだに立たされ、店員さんからのまなざしをガードする役割を果たしました。

Ⓛ

「私が書いた小説を読んで一言感想をもらいたい」という依頼。ごく簡単な受け答え（相手のターン長め）。

Ⓛ

「話を聞いてほしい」という依頼。人に聞いてほしい話がたんまりあるが、容姿に自信がない、何を思われるか不安、ほかの友人に共有されるのも怖い等の理由で話せない、でも《私に無関心である》《共通の友人がいない》人になら話せるかもとのこと。牛タン食べたあと本当にたんまり話してて何よりでした。

【11月7日】#めちゃくちゃ便利ですね

朝の貸し出しを終え一四時まで暇なので何か依頼したいことあればＤＭください。なおいま新宿。

二人からしか予約できない焼肉店に同行。合流早々「めちゃくちゃ便利ですね」と褒められた。

——褒め言葉の中でいちばん「便利」が嬉しい。

【11月8日】#つるとんたん断念

ハッピーターン、続いてます。

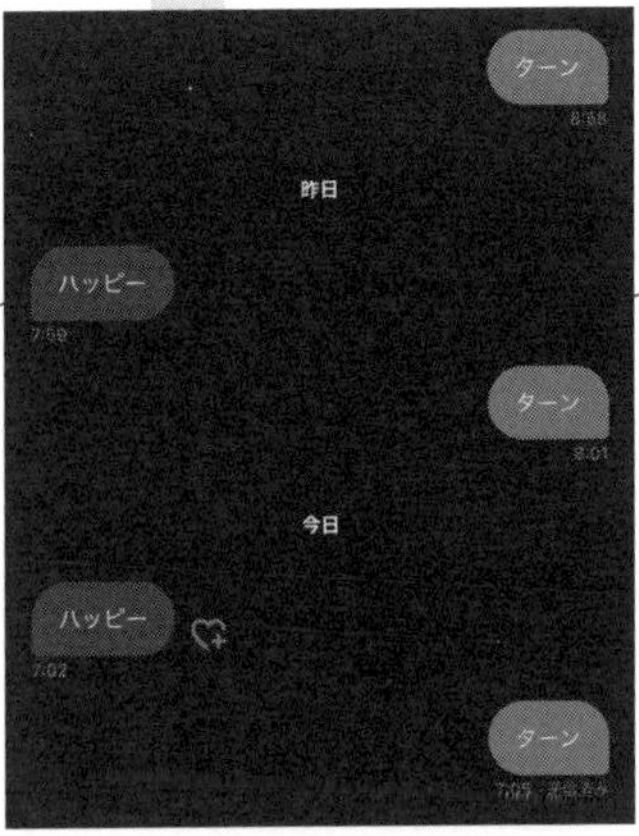

つるとんたん断念に同行しました。

【11月9日】#涙のストッパー

今日の食事会は駅伝お疲れ様会と娘には言ってますが、本当は元旦那さんが癌だと分かり、それを娘に話すことです。それだけでも気が重いのですが、全国駅伝をかけて戦った大会が●●になり、娘がわたしの想像を超える凹みっぷりで、今日の食事会がどんより重たい空気に包まれると思うとわたしがなんとか明るくしなければと思っています。ですが、娘が泣いちゃうとわたしも泣いてしまう可能性があり、レンタルの存在がわたしの涙のストッパー役になってくれそうで……

「電話越しに私たち三人の会話を聞いていてほしい」という依頼。電話越しのなんもしない人が涙のストッパーになったらしい。

——元アンチからの依頼でした。リモートなので和解の握手などはしてません。

㋹

最近のフォロワーの伸びっぷりを何も載ってないプレートで祝われてます。

㋹

鹿児島から東京に旅行しにきてる人にレンタルされて浅草観光に同行しました。あれを見て「大根？」と言ってて鹿児島！と思った。

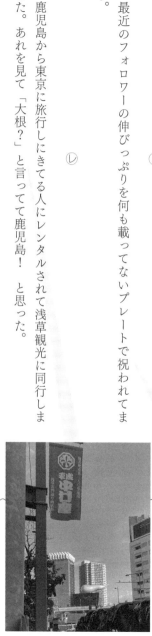

㋹

Q なんもしないのに大変なときもあるんですね。予想外のことも起こりそう。

A 捨て垢から「仕事を見守ってほしい」という依頼があって行ってみたらツイッターの社員でツイッターのオフィスに連れていかれたことある。

【11月10日】 #最も北に

今日は札幌でレンタルされてます。サービス開始以来最も北に来ました。

札幌の夜景を一人で眺めるのに同行してます。

すすきののめちゃくちゃうまいジンギスカンに同席。

これをシェアしてます。今日のメインだそうです。一一六回電話かけてやっと予約とれたらしい。無事行けて何よりでした。

〆パフェに同行。並んでます。

札幌レンタル終わってホテル着いたけどすすきののコンカフェにいる人に呼ばれてまた街に繰り出させられてます。

——依頼者、お店となんもしない人と同時に会計してて面白かった。なんもしない人のほうが高くて笑った。

【11月11日】 #感染対策の意識高い人なの？

先日の依頼者（出生届に同行してほしいという依頼）とまた会ったとき『骨盤ベルトの付け方間違ってる』『正しい付け方教えてあげたい』等のコメントをしてる人たちについて「わかってるよ!!　わかった上でやってんだよ!!」とキレたあと「なんなのあの人たち？？　なんであんな言ってくんの？？　お節介すぎない？？」と困惑してて面白かった。　㋹

「公園で話を聞いてほしい」という依頼で指定された公園。ベンチとか無くて、座れるところがかなりディスタンスのとれた切り株ふたつのみだったので「感染対策の意識高い人なのかな」と思ってたところに依頼者が現れて「場所変えましょう」ってなって面白かった。　㋹

「新宿のベルクというお店に同行してほしい」との依頼。しょっちゅう前を通るし絶対目に入るので一度行ってみたいけどメニューの看板がたくさんあり何があって

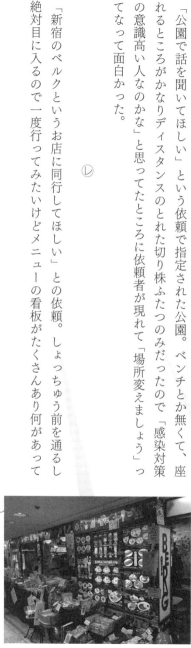

どういうシステムでどう注文するのかわからず一人では入りにくかったらしい。いっぱいいろいろあったが二人ともビールとカレーを注文。おいしかった。

——札幌から昼ごろ帰りダウンを持ちながら東京をうろうろしてて完全に負け組だったけど夜はちゃんと勝ててよかった。

【11月13日】 #無料コンサルお断り

「一人旅に同行してほしい」との依頼。初の一人旅、事件に巻き込まれたらどうしよう、羽目を外したらどうしようなど少々不安があるが、会話したり一緒に楽しんだりしなくていい誰かの存在があればそんな不安もなく全力で一人旅を楽しめそうとのこと。知らない街を安心して動き回れたようで何よりでした。

——写真もセルフタイマーで本当に一人旅だった。

最近よく無料コンサルを受ける。

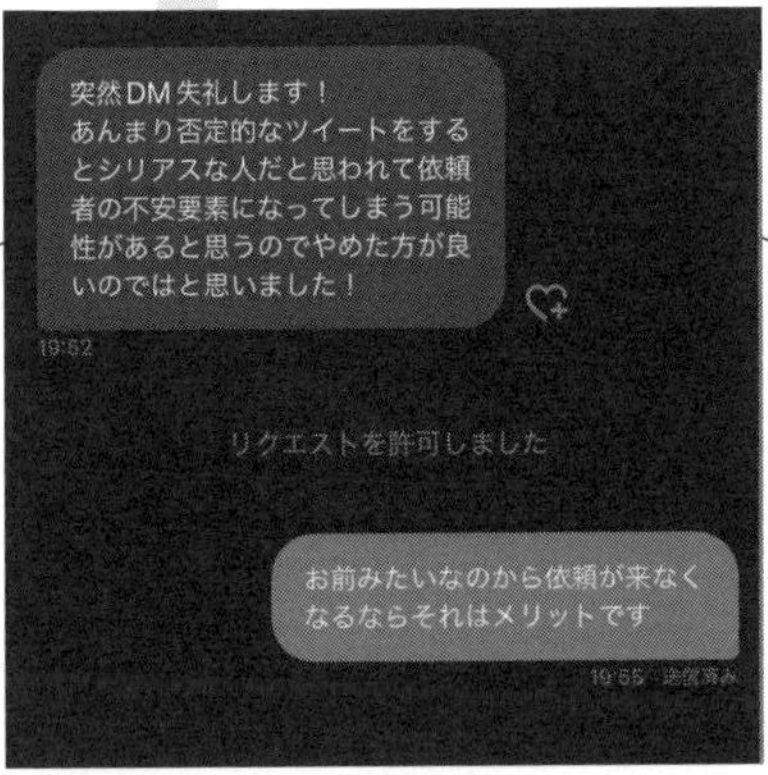

【11月14日】 #隣に人がいたからこそ

「すずめの戸締まり」という映画を一緒に観てほしい」との依頼。観る前からいろいろと思うところがありそれを存分に語れる相手と一緒に観たいとのこと。結果心配してたことはほぼ全部覆されたようで終わってからもしばらく席を立てずにめちゃくちゃ泣いてた。これも隣に人がいたからこそできたことらしい。

【11月15日】 #ピース以外なんもせず

ここ数日で僕の性格の悪さが露呈したみたいだけどそれによって既に入っていた依頼がキャンセルされたりとかは今のところ発生してない。依頼者は普通に必要だから依頼してるのであって僕の性格がどうかなんて知ったこっちゃないんだろうな。僕も宅配便の人の性格とかまじでどうでもいいし。

惚気報告、続いてます。

今日は岩手県盛岡市でレンタルされてます。わんこそばに同席。

焼きそば作ってたら、なぜか途中でキャベツだけを小皿に盗んで食べはじめた彼女かわいい

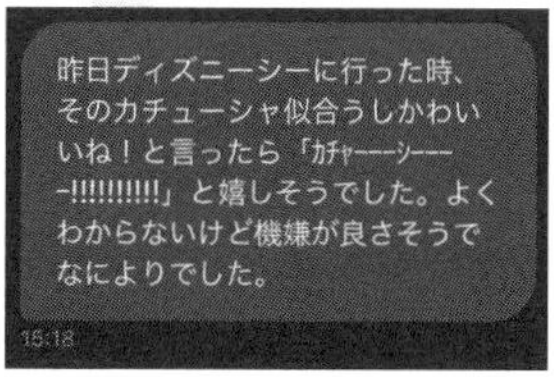
昨日ディズニーシーに行った時、そのカチューシャ似合うしかわいいね！と言ったら「カチャーーシーー-!!!!!!!!!!」と嬉しそうでした。よくわからないけど機嫌が良さそうでなによりでした。
15:18

なんもしてない。

ファイトマネー（一万二三〇〇円）飛んできた。

盛岡で、飲み食いと、ごく簡単なうけこたえと、ピース以外なんもしなかった。

「毎日知らない人と会って疲れませんか？」とよく聞かれる。たしかに知らない人ではあるけど「知られてる人」ではあって、それだとめっちゃ楽。会社員のとき毎日会ってた人たちのほうが知られてなくてキツかった。

【11月16日】　#ヤギとオオカミと農夫

同棲中の男性が出てったという人から「彼の仕事が終わったら車で迎えにいき家で話し合いたいが〝車で二人になりたくない〟と言われ、もう一人いればいいそうなので何もせず同乗してほしい」と依頼があり舟にヤギとオオカミを一緒に乗せるとヤギが食われるから農夫も乗せないといけないみたいなの思い出した。

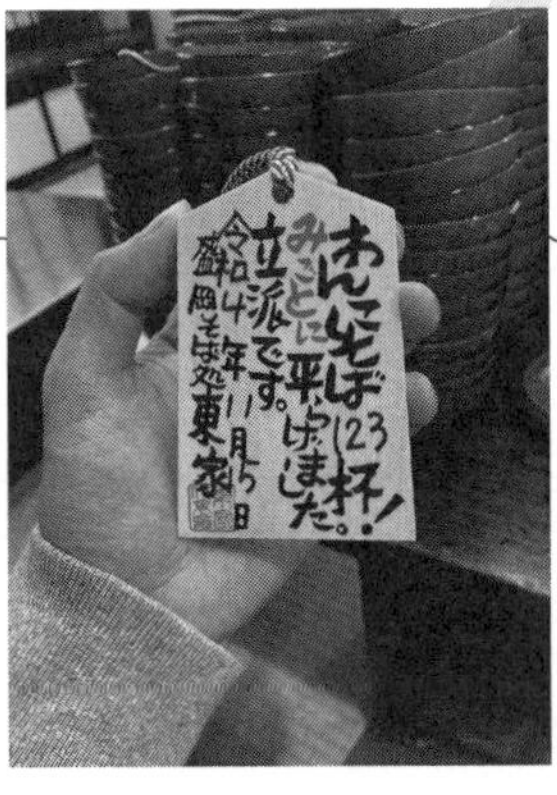

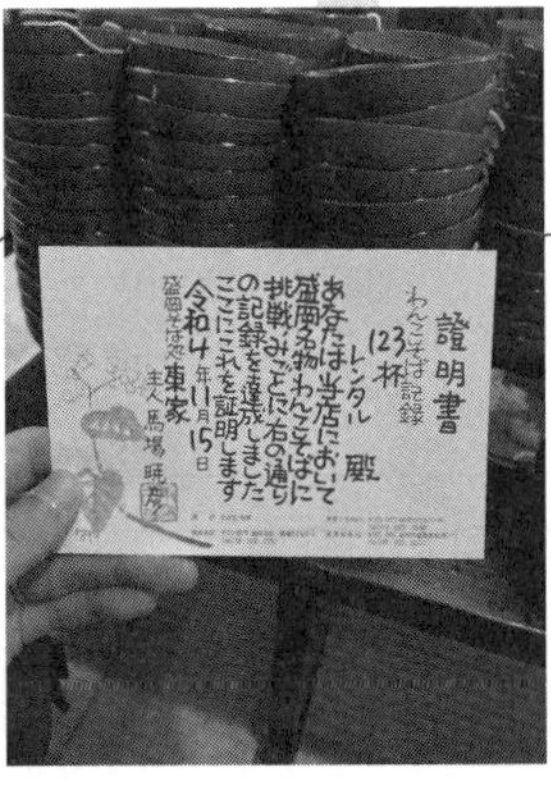

今日は酉の市に同行しました。

これ担ぎながら電車で帰るのは明らかにきついということでタクシーに乗ったんですが運転手さんが途中で「すいません、料金いいんで降りてもらえます？ 具合悪くなっちゃって……」ってなってめちゃくちゃ途中で降ろされて途方に暮れてました。一人で途方に暮れなくてよかった……と言いながら暮れてました。

【11月17日】 #……だから、無料コンサルお断り

送らなければいけないのに送れてないメッセージを送る人にレンタルされてます。

最近よく無料コンサルを受ける。

今日は上野動物園でレンタルされました。

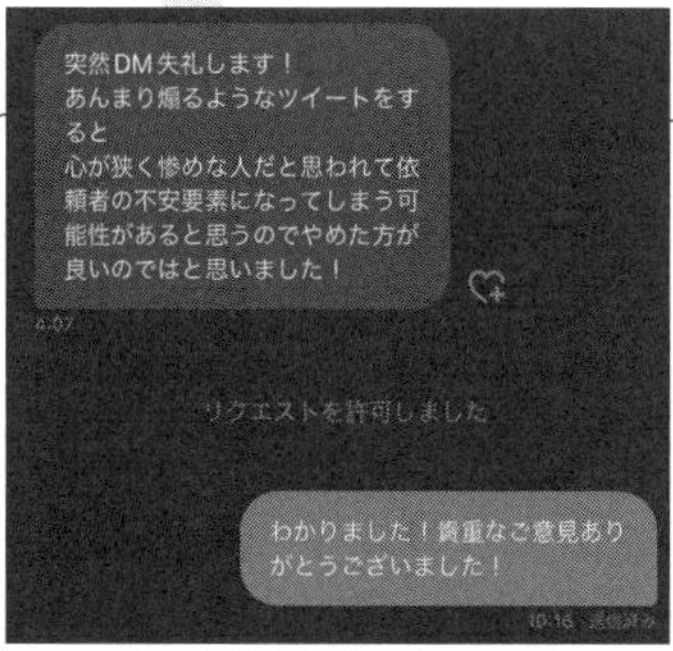

最近よく無料コンサルを受ける。

【11月18日】 #旦那さん「いいね」

「通常生きていて食べる機会のない珍しいフルーツを一緒に食べてほしい」という依頼。一〇年くらい前からずっと食べたいと思っているが、一人で食べるのはテンション上がらないというか、誰かと味の感想を言い合いながら食べたいとのこと。夢を叶えてて何よりでした。

――いろいろ食べた感想としていちばんは「食べにくい」だった。口直しに用意してたバナナの食べやすさに二人で感動した。食べやすいってすごいことなんですね。

「友人の展覧会に行きたいが関係者に共通の知人が多く少し気が重いので

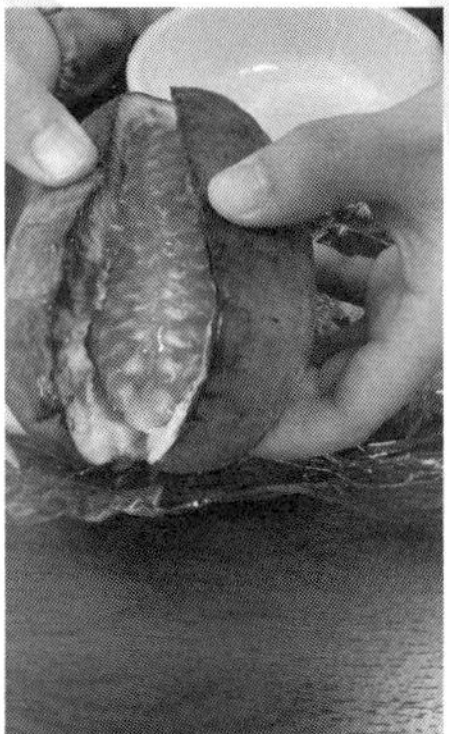

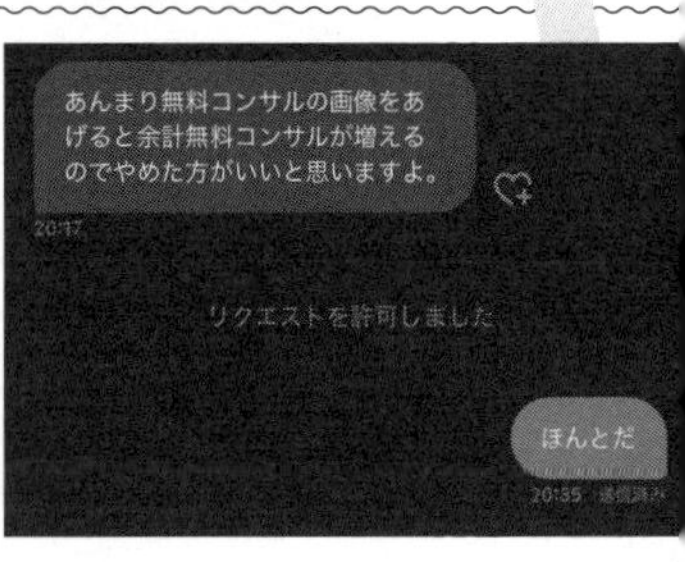
あんまり無料コンサルの画像をあげると余計無料コンサルが増えるのでやめた方がいいと思いますよ。
20:17
リクエストを許可しました
ほんとだ
20:35 送信済み

同行してほしい」という依頼。作品を見て回ってるとそのご友人や関係者の方に会い「ちょっと気まずいかと思ってもう一人連れてきた」「どういうお知り合いですか？」「全然関係ない人」というやりとりをして冗談だと思われてました。

東京ディズニーシーに同行してます。夫が来れなくなったのでその代わりにレンタルしたそうです。旦那さん「いいね」とのこと。

【11月19日】 #見ないでも描けます

ここ最近リュックやや重いなと思ったらずっと白湯が入ってた。

「会話の練習相手になってほしい」という依頼。友達と久しく遊んでなくて会話の仕方を忘れてしまったらしい。一人ディズニーを過密スケジュールでこなした話、一人USJハロウィンでゾンビが目線くれて嬉しかった話、一人高尾山の話などしてた。話しながら自分の会話のクセを客観視できたそうで何よりでした。

東京ビッグサイトに連れていかれてます。

「好きな漫画家さんに似顔絵を描いてもらいたいが自分の似顔絵を描かれるのは苦手なので代わりに描かれてほしい」という依頼。「レンタルさんは見ないでも描けます」と言われほぼ見ずに描かれた。めっちゃいい。

——似顔絵描かれる前に依頼者から渡されてた依頼料の封筒にだいぶ近い絵が描かれてたのいま気付いて怖い。予言？

モバイルバッテリーの差し入れがありました。

公園の夜散歩に同行。こんなラッシュな散歩初めて。

別アカでツイッター見てるときたまにレンタルなんもしない人のツイート

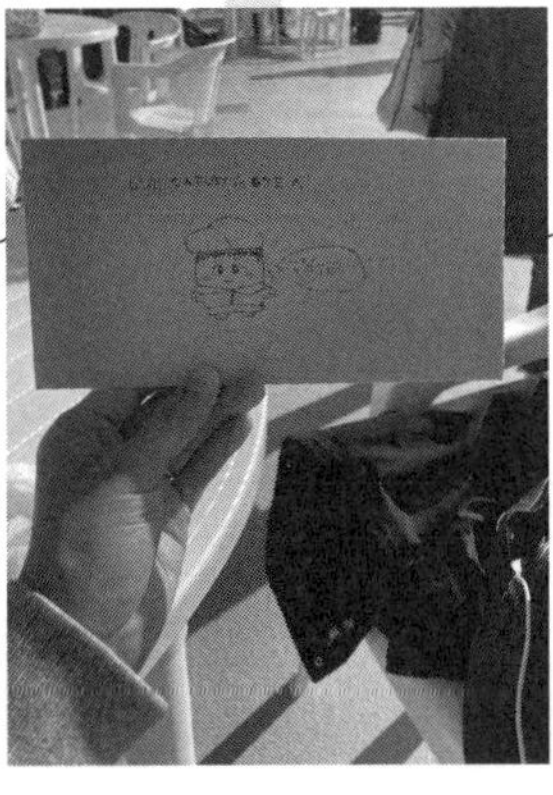

が流れてくるけどたしかにちょっと腹立つな。

【11月20日】 #人生迷子

味仙の台湾ラーメンに同席してます。 Ⓛ

King Gnu のライブに連れてこられてます。タオルには「King Gnu」と書かれています。 Ⓛ

人生迷子の人の話を聞いてテキトーに相槌を打ちました。 Ⓛ

【11月21日】 #散歩→迷子

「土地勘ない所の夜散歩に同行してほしい」という依頼。散歩通り越して迷子になってタクシーで帰ってた。 Ⓛ

こないだ六回目くらいのリピーターの人に「回を重ねるごとにレンタルさ

んの『なんもしない』がどんどん雑になってる」と喜ばれた。

ちょっと警戒した。

【11月22日】 #わたしブロックされてるんです！

池袋歩いてたら「レンタルなんもしない人さんですか？　わたしブロックされてるんです！」って話しかけられてテンション上がった。なんでブロックしたのか説明しようとしたけどあんま聞いてくれなくて「写真いいですか!?」ってツーショット撮られた。強かった。

「一人では行きづらい」とのことで渋谷のめちゃ高いビルの上のほう（渋谷スカイ）でレンタルされました。以前一人で行こうとしたときはチケット売り場の前で引き返しちゃったらしい。来れてよかった〜と言ってて何よりでした。

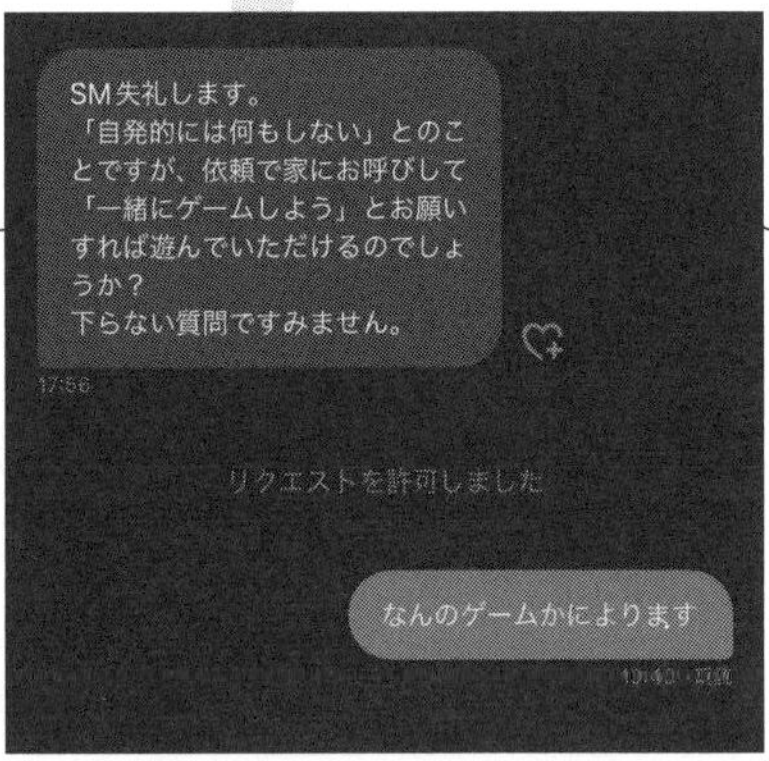
SM失礼します。
「自発的には何もしない」とのことですが、依頼で家にお呼びして「一緒にゲームしよう」とお願いすれば遊んでいただけるのでしょうか？
下らない質問ですみません。
17:56
リクエストを許可しました
なんのゲームかによります

【11月23日】＃しりとりしませんか？

DMのやりとりだけで完結する依頼も一万円かかります。

何も言われなければたとえハイブランド店に行く予定だとしてもいつもの格好で行きます。それが嫌な場合はあらかじめお申し付けください。

【11月24日】＃良いところ

大型犬とふれあえるドッグカフェに同行。良いところでした。

【11月25日】＃どっちが「貸してる側」か

ここ一か月ほど鬱々としてずっとマクドナルドの同じメニューしか食べてなかった人が久々にマクドナルド以外の食事をとるのに同席しました。刺身と天ぷらとうなぎと酒と犬動画と人間同席により久々に幸せな気分を味わえたそうです。

「久々に薬飲まなくてもセロトニン？　が出てる気がする」と言ってました。

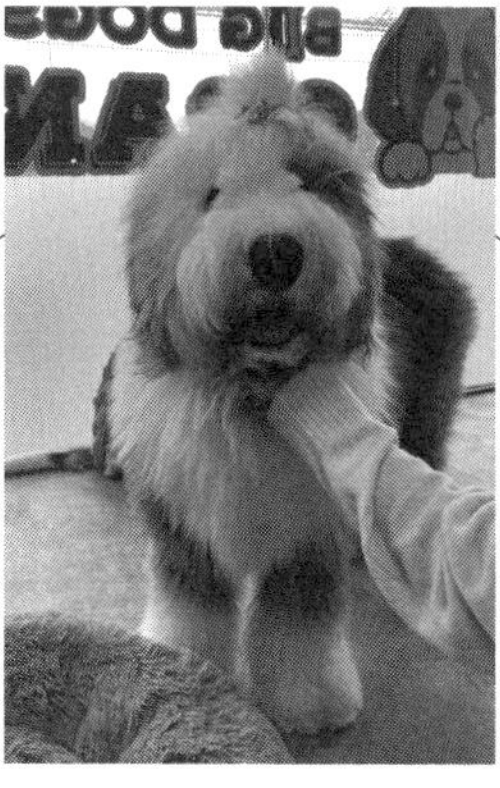

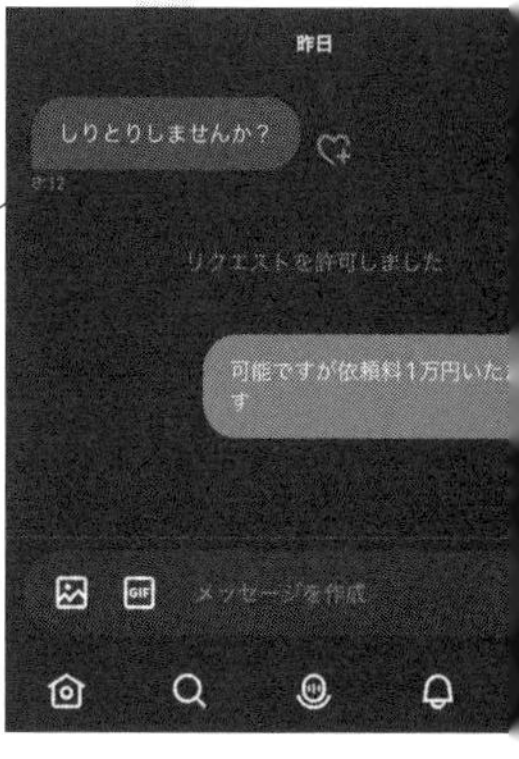

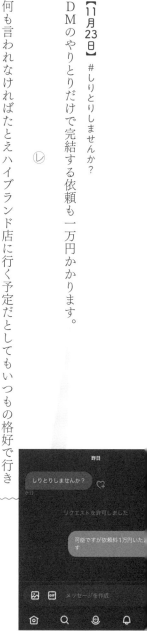

今日はキャンセルで空いてたところに急遽買い物同行の依頼が入り池袋へ。待ち合わせ場所に現れた人物から不穏な空気を感じたので先に一万円と交通費を請求したら「あの、私もレンタル彼女みたいなことをやってて。一時間五万なんですけど」と言われた。「どっちが貸してる側か」でしばし揉めて面白かった。「交通費だけでも払ってもらえますか?」と聞くと「嫌です」と言って早歩きで去っていった。少し追いかけてたらパルコのコスメコーナーに入っていって鏡を見てた。「なんか違かったかな?」じゃないよ。

――「買い物についてきてほしい」はレンタルの依頼ではなくレンタル彼女の営業の可能性があるという学びを得た。

――今日池袋でレンタル彼女〈押し売りstyle〉と揉めてる最中に毎日ハッピー→ターンのやりとりだけしてる依頼者からちょうどハッピーが届いて笑いそうになった。

【11月26日】#大量の猫画像

まだなんか重いなと思ったらごつめの知恵の輪も入ってた。㋹

「最近溜め込んでいることを一方的に話すので適当に相槌を打ちながら聞き

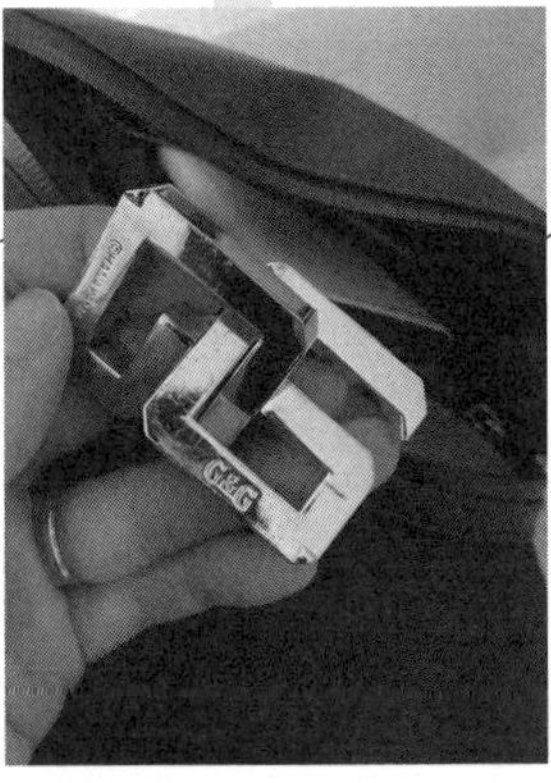

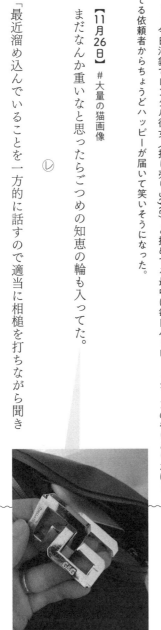

流してほしい」との依頼。身近な人相手だと内容的に話せないことは勿論、話せることだとしても話す前に〝話していいかどうかの取捨選択〟が無意識に入り結局話せないらしい。無関係・無干渉な人相手に少しは吐き出せたそうで何より。

㋹

善意を素直に受け取るのむずい。

――「これで一万もとるのかよ」「がめつい」という声がありますがむしろ一回分タダにしてあげたんだよ。

㋹

「友人の結婚式のため遠方から東京まで来ててせっかくなのでどこか寄って帰りたいけど誰かいてほしいのでレンタルしたい」という依頼。新宿の映画館に同行し『母性』という映画を一緒に観た。ちょっと寝ちゃいつつも満足とのことで何よりでした。

㋹

DMが大量の猫画像で埋もれてるのでしばらく返信遅れ気味になります。

――僕の対応をジャッジするなら「猫の画像が送られてきた」ではなく「依頼が来たと思って開いたら猫

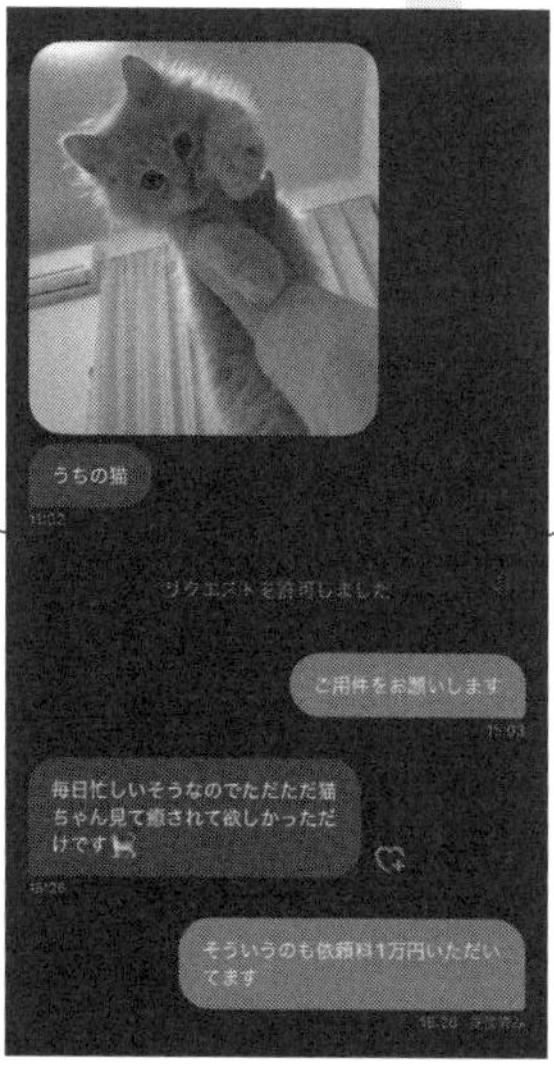
うちの猫
ご用件をお願いします
毎日忙しいそうなのでたただた猫ちゃん見て癒されて欲しかっただけです
そういうのも依頼料1万円いただいてます

の画像だった」という出来事として想像してほしいけど難しいか。

【11月27日】 #二年たって仲直り

二年ほど前にツイッター上で喧嘩した人から「誰にも言えない話を聞いてほしい」という依頼でレンタルされ、美味しいものを食べながら話を聞きました。仲直りもしました。

――猫画像、普通にテレビで活躍してるアナウンサーとかからも来てびびる。

【11月29日】 #奇跡のニーズ

中央線乗ってたら車内アナウンスで「新宿には定刻通り到着いたします。本日もお気をつけて、行ってらっしゃいませっ」って言われて、なんもしてない人でも感激してしまった。

Ⓛ

「わけあってしばらく帰ってない家に帰って掃除するところを見守ってほしい」という依頼。冷蔵庫の中で変わり果てた肉や野菜を叫びながら捨てまくるのを見守った。

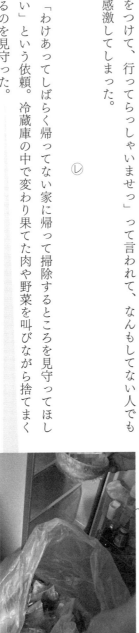

「彼氏へのクリスマスプレゼントを選ぶのに付き合ってほしい」との依頼。彼の顔、姿、雰囲気全てが僕にそっくりらしく僕に似合う物や僕が選んだ物なら間違いない自信があるらしい。服を僕に着せて似合うかどうか確認したりどっちがいいか聞いたりすることで最高のプレゼントが買えた模様。奇跡のニーズ。

【11月30日】 #気づいたら冬に

「かき氷を食べにいくのについてきてほしい」という依頼。人気店のかき氷をずっと食べたいと思っていたけど気づいたら冬に突入しはじめてしまったので友人を誘いづらく、一人で食べるのも味気ないとのこと。おいしかったです。

12

12月：ねえレンタルさんきいて！わたしがんになったの！

【12月1日】 #福岡から来たゆるキャラ

学校サボった高校生にレンタルされて海に来てます。

Ⓛ

福岡から来たゆるキャラにレンタルされて東京観光に同行。原宿の竹下通りを一往復して街ゆく人のリアクションを楽しんでました。今までの同行でいちばん視界が悪かったです。

【12月2日】 #飽きてきたんでそろそろ

急遽ランチと世間話に付き合わされてます。

前々からずっと依頼しようかなと思いつつ「でも高いなぁ」と躊躇していたところにたまたま『本日空きあります』のツイー

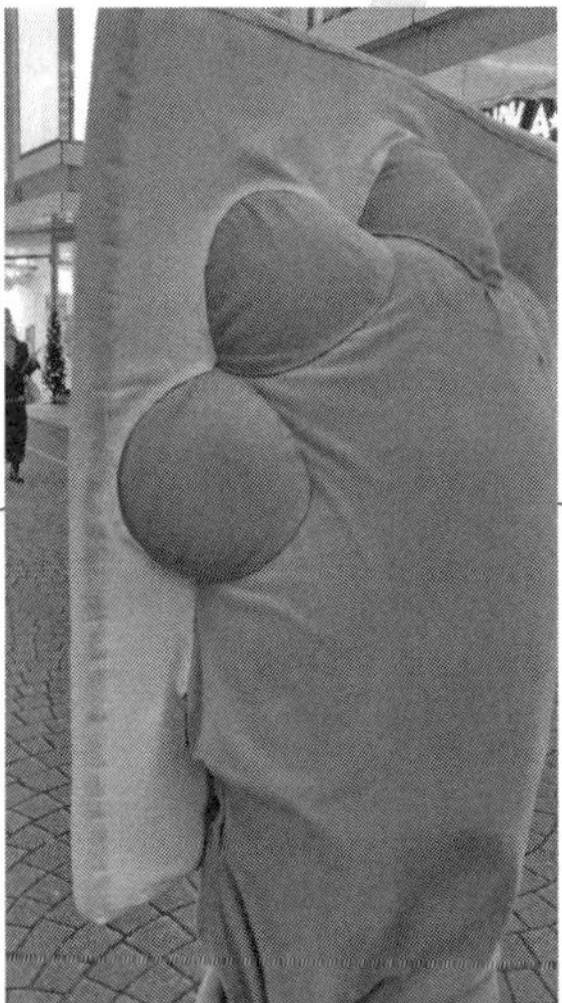

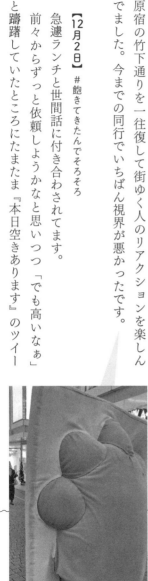

トを見て思い切ってレンタルしてみたらしい。東京に引っ越してきてから友達もそんなにできず育児ばかりの日々で世間話に飢えていたそう。久々の世間話を楽しんでて何よりでした。
「高いなぁ」はこれまでの依頼者もわりと思ってたことかもしれないけど面と向かってはっきり言われたのは初めてで笑った。終わりも「飽きてきたんでそろそろ」と言われ、なにかと率直でおもしろかった。

良い車でどこかへ連れていかれてます。㋹

一人分のＡＢ型の存在が必要だったか。㋹

Ｑ　三六五万円とご飯代があれば、レンタルさんを真っ白な部屋に一年閉じ込められるのか。㋹
Ａ　一日あたりじゃなくて一件あたり一万円なので一万円でできます。

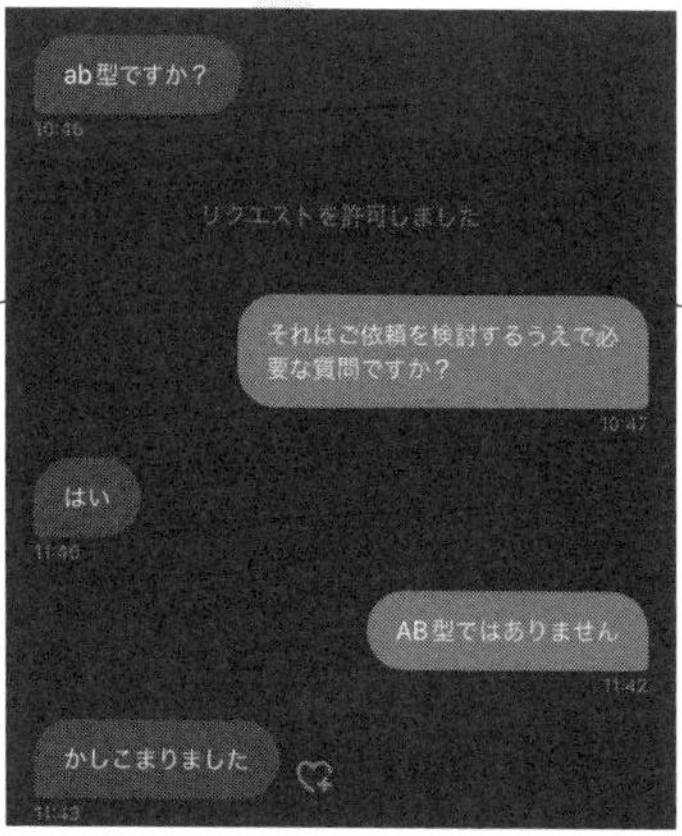

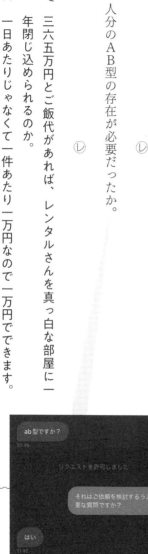

「子供の頃から両親とよく行ってた中華に同行してほしい」との依頼。『中華だけは外食のほうが美味しい』とよく連れていかれた思い出の店だが両親の他界後一人になってからは鬱になり行かなくなってしまってたらしい。いろいろ注文し二人でシェアして食べた。久々の街や味を確認できたようで何よりでした。

【12月3日】 #ま～だいたいこんなもんだろ

終わりの時刻が書かれていない依頼は「ま～だいたいこんなもんだろ」って感じでこちらで勝手に判断して次の予定を組むことがあるのでご注意ください。

【12月4日】 #自分の夢と子供の未来

「公園で子供と遊ぶところにいてほしい」という依頼。育児に金も時間も必要で「自分自身の夢をそろそろ捨てなきゃいかんのかなぁ」と子供をどこか言い訳にしてる自分を見つめ直したいとのこと。基本子供の相手でバタバタしつつ二人がブランコに乗ってる隙をみて自分の話をしながら自分を見つめ直してた。

「どうしても食べたいパフェがあるが一人では入りたくないお店なので同行してほしい」との依頼。焼肉も回転寿司も一人で行けるがお洒落カフェは一人だと抵抗あるそうで、彼氏は甘いもの苦手、友達もパフェが不得意で誘う人いなかったらしい。おいしいおいしい言いながら念願パフェを貪ってて何よりでした。

考えてくれてる。

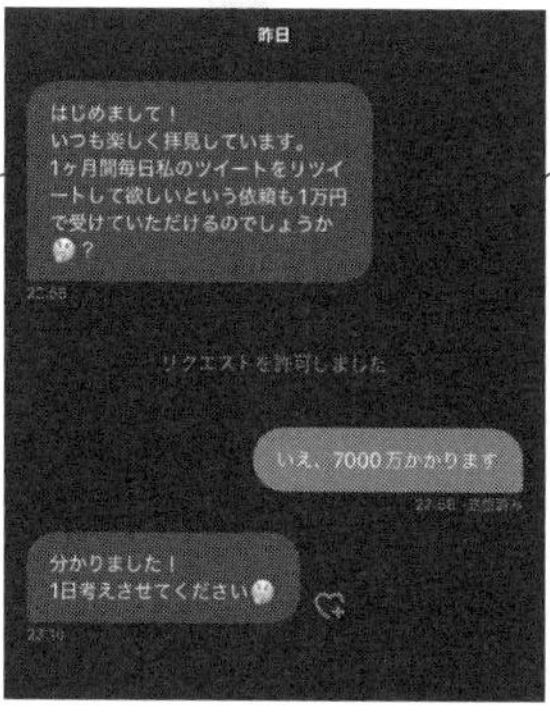

池袋男子BL学園に連れてこられてます。

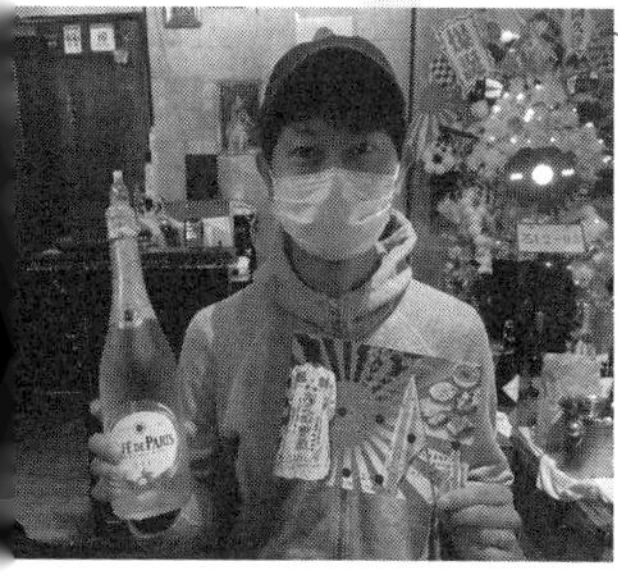

【12月5日】＃変なの～

軽く飲みながら誰にも言えない話を聞いてほしいとの依頼。Twitterを見てこの人なら話せるかもと思ったそう。いざ会うと「初対面の……」「三九歳妻子持ち男性と……」「二人きりで……酒を……」と今の状況を反芻しだし、緊張して全然話せなくなってた。「変なの～」と連呼しながらビール飲んでカラオケしてた。
結局話したいことのほとんどは話せなかったようでしたが、聞いてもらおうと依頼したことや少しだけだけど話せたことは大きな一歩になったそうで何よりでした。「変なの」、耳にこびりついている。

――年齢きかれるたびに「三九歳です、えっ？」ってなる。

――たまに「お子さんとは、その、会われてるんですか……？」と聞きづらそうに聞かれるけど離婚してません。

㋹

めちゃくちゃ高いハンバーガーに同席。バーガーは食べ切った。きつそうにしてたらさっとパンシロン差し出されて助かった。ポテトまでは無理。

㋹

Q　グアムのスリングショットっていう2人乗りの逆バンジーに一緒に挑戦してもらえますか？

A　バンジー→NG（自分で飛ぶから）、逆バンジー→OK（飛ばされるから）。

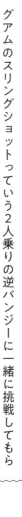

【12月7日】#期待されない人と過ごす場

昼間から公園で鬼ころしを飲むのに同席してます。

㋹

レンタルなんもしない人に依頼することを考えるのを見守ってほしいという依頼。

とにかく無性に依頼したくなっての依頼だったそう。合流してすぐ「依頼者に求めることは何ですか」と聞かれ、無いと答えると安心してた。〝いいカッコしい〟な所があるそうで、それで作られたイメージにより〝期待疲れ〟を起こしてる、だから何も期待されない人と過ごす場を欲したのだろうと自己分析してた。

【12月9日】#セブンに寄ってはダメ

「私が『セブン寄っていいですか?』などと送ったら『だめ』とか『行くな』とか適当に返してほしい」という依頼。いつからか会社帰りにコンビニに寄って浪費する癖がついてしまい貯金が一向にできないらしい。知らない人のセブン行きを狂ったように阻止し続けてます。

クリスマスアフタヌーンティーに同席。これが一人分だとさびしすぎるとのこと。㋹

ジャングルジムに同席してます。㋹

【12月10日】 #目的のために利用する前提の人間への需要

友達を誘うとき目的もなくただ会いたいからって誘うのもキモいから何か目的を作ろうとするけどそれはそれで目的のために利用してるような気がして申し訳なくなり結局自分から誘えたことほぼない。なのでレンタルなんもしない人みたいな〝目的のために利用する前提〟の人間に需要があるの僕はめちゃわかる。

【12月11日】 #「了解です」は使えない

「言葉や漢字の使い方が間違っている人が気になってしまう。その話を聞いてほしい」という依頼。こういう話をするととんでもなく口が悪くなるため普段あまり話

す機会がないらしい。優雅にお茶をしながらだいぶズバズバいっててておもしろかった。「爆笑」の本来の意味とか知らなくて勉強になった。
　この依頼に限ってはDMのやりとりの段階で少し緊張した。見返すと緊張している自分が見てとれる。「了解です」だけは絶対に使わないように気をつけた。

言葉遣いが完璧な人に対して「怖い」「近寄りがたい」と感じることがあるので自分は適度に間違えるようにしてます。

——間違いを指摘してくる人の間違いだけは指摘したくなる。

僕も「よろしいでしょうか」にはなんとなく圧を感じるけど「よろしかったでしょうか」にはそれを感じないから許してあげてほしい。
　あとかしこぶって使ってるであろう「すべからく」とかの誤用だけ気になる。「演繹」みたいなかしこげな言葉を「えんたく」って読んで使ってる人にも「ププ」ってなる。別にかしこぶってない人の間違いはあまり気にならない。

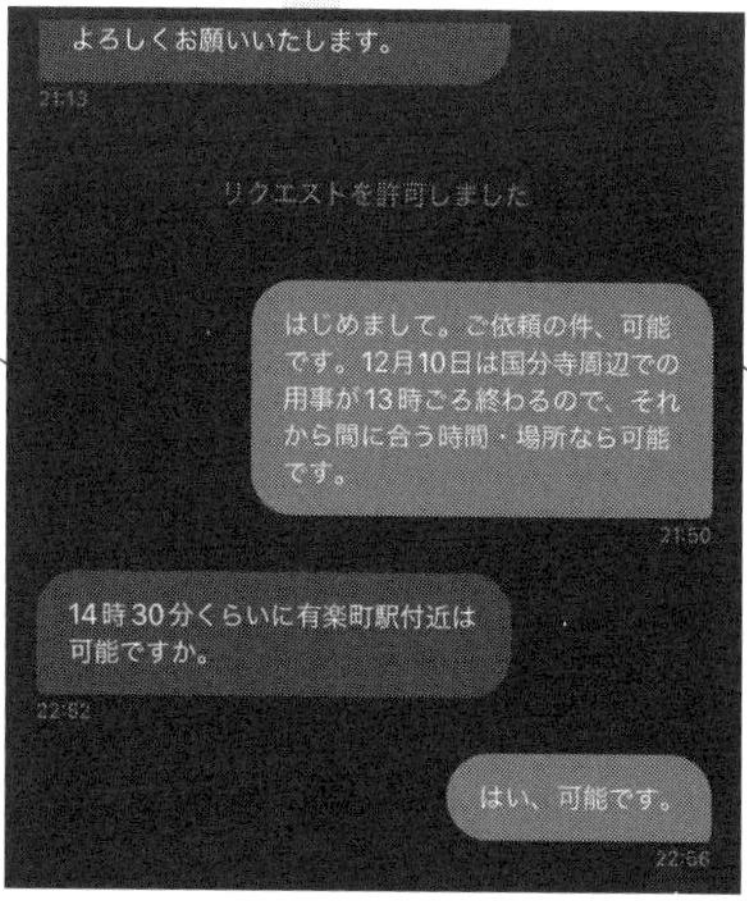
よろしくお願いいたします。
21:13
リクエストを許可しました
はじめまして。ご依頼の件、可能です。12月10日は国分寺周辺での用事が13時ころ終わるので、それから間に合う時間・場所なら可能です。
21:50
14時30分くらいに有楽町駅付近は可能ですか。
22:52
はい、可能です。
22:56

——代替を「だいがえ」と読むのはお祭りのくじ引き大会とかで司会者が「二番」を「ふたばん」って読むのと同じで聞き間違いを防ぐ意図がありそうだし目くじら立ててる人のほうがやばい感じする。

【12月12日】 #両者よくわからない

「一人で入りづらいおいしいしゃぶしゃぶのお店に同行してほしい」という依頼。
両者しゃぶしゃぶの作法よくわからないながらもめちゃくちゃおいしい。

【12月13日】 #ピカチュウがピカチュウに感謝

「気になってるバーがあるが一人では入りにくいのでついてきてほしい」という依頼。入り口がシンプルすぎてたしかに一人で挑むのは厳しそうだった。中は緑豊かなおしゃれ空間で、殺風景からのギャップにまんまと感動してしまい、さすがにおしゃれなカクテルを頼むしかなかった。

㋹ 今日はこれからピカチュウにレンタルされるんですけどもう来てるな……。
ピカチュウの着ぐるみを着てポケモンカフェに行くのについてきてほしい

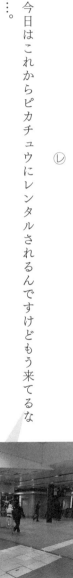

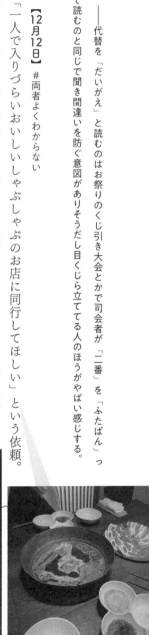

という依頼。アニメのポケモンでピカチュウが世界チャンピオンになり、人生で何度もピカチュウの活躍に励まされてきた依頼者としてはどうしてもピカチュウの姿でお祝いと感謝を伝えにいきたかったらしい。無事伝えてて何よりでした。

㋹

旧友同士の忘年会の刺激としてレンタルされてます。毎年恒例になってます。

㋹

「一緒にディナーを食べながら私の心の闇を聞いてほしい」という依頼。依頼内容を知ってるかのようなライティングでした。

【12月15日】 #ただ話を聞いてほしい

車椅子ユーザーにレンタルされてなんもしてません。

「ばえるんでぜひ写真とるといいですよ」と言われた乗降介助。

「私がよく眺めてる景色があるので見てほしい」と言われて連れてこられま

した。

「ただ話を聞いてほしい」という人にレンタルされて喫茶店で話を聞きました。子供が学校から帰るのを待ってたり、夫が仕事から帰るのを待ってたりと何かと待機時間ばかりの人生、どこか自分が宙ぶらりんになってる気がしてモヤモヤしてるという話をしてました。僕はドライカレーとコーラを頂きました。

来ない。

——無事アカウント消えたので帰ります。

——他人がバックれずにちゃんと現れるってすごいことなんだよな。

スラムダンクの映画『THE FIRST SLAM DUNK』を観ませんでした。

【12月16日】 #インフルエンサーすげ～

「ハシビロコウを見にいきたいが、大好きすぎてどうしてもニヤニヤしてしまい、1人でニヤニヤしながら見るのは抵抗あるので隣にいてほしい」という依頼。無事ニヤニヤうへうへできたそうで何よりでした。

――ハシビロコウのグッズを買うのにも同行した。めっちゃポンポン買ってたし、買ったあと「うれし～！」と明らかにウキウキしてた。本当に好きなんだなと感心した。

㋹

インフルエンサーとワンピースみてます。

インフルエンサーすげ～。依頼料一万円＋なんか途中から混ざってきたアイドル二人の分の依頼料＋直近のドタキャン二件分の依頼料＋お金を受け取ってくれたことへの報酬、らしい。なんか帰り道ダッシュしちゃったわ。

――金に目が眩んで交通費請求し忘れた。

【12月17日】 #女一人では入りにくい

「気になるけど女一人では入りにくいのでついてきてほしい」という依頼でストリップ劇場に同行してます。

続いて成人向け映画館に同行。

——めっっっちゃ楽しかったとのこと。

銀座で一人忘年会してる人にレンタルされてます。「最近こんなふうに思うんですが、レンタルさんはどう思いますか?」「それについての僕の意見はとくにありません」などのうけこたえをしてます。

自信なくなってきた。

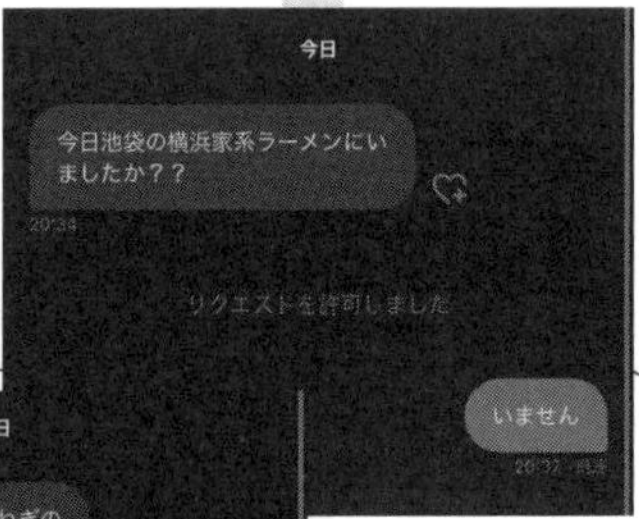

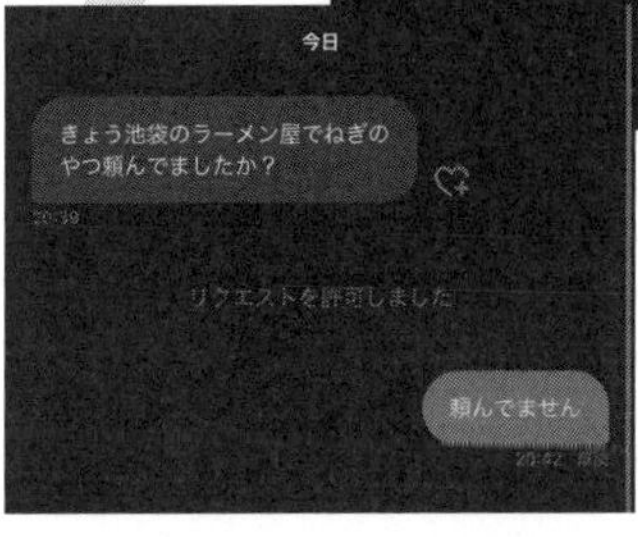

【12月18日】#わざわざこのタイミングで

「ディズニーランドに同行してほしい」という依頼。人に話したいことがある、けどとくにリアクションはいらない、無理に会話を続けたくない、夕方から行きたい、自分の好きなように回りたいなどの理由からなんもしない人が適任だったらしい。話したいことだけ話し、行きたいとこだけ行けたようで何より。

クリスマス直前に彼氏に振られた人の話を聞いてます。思うところがたくさんあるが知り合いには言えなくてもやもやしてるそうです。わざわざこのタイミングで振ってくる男性の気持ちを聞かれたけどわかりませんでした。チキンを切り分けるのに苦戦してます。

【12月19日】　#買い物同行続く

「彼氏へのクリスマスプレゼントを買いにいくのに同行してほしい」という依頼。贈りたいものの取り扱いが調べた限り三越銀座のみで一人ではどうしても入る勇気が出ないとのこと。入ってみると「これ絶対一人でも来れましたね、あっすみません」ってなってて面白かった。満足の買い物ができたそうで何より。

グラビアアイドルからの依頼でクリスマスプレゼントの買い物に付き添いました。あんま一人で買い物に行かないのでなんとなく誰かについてきてほしい、あとこのへんはナンパも結構いるので一人では歩きたくないなどの理由からなんもしない人をレンタル

したそうです。いい買い物ができたようで何よりでした。

今日は東京ディズニーランドに同行しました。 ㋹

おいしいものを食べながら「新型コロナウイルスのワクチンは悪魔崇拝者たちによる人類削減計画の一環です」という話に相槌を打ってます。 ㋹

【12月20日】 #事務所強い

このまえ「まあ一万円は高いですけど」と言ってきた依頼者、僕に妻子がいると知ったら「この一万円はご家族に入るということですか⁉ それなら高くないです！」って言っててやっぱ事務所って強いなと思った。

【12月21日】 #ねえレンタルさんきいて！

モーニングに同席してます。

Ⓛ「思い出の場所をめぐるのに同行してほしい」という依頼。誰にも話せていない出来事にまつわる思い出の場所がいくつかあるとのことで、それらの場所をめぐりながらその思い出やそれ以外のことについて話したり話さなかったりしてた。楽しかったそうで何よりでした。

Ⓛ「最近病気しちゃって、親とか友達に吐き出せないことを聞いてほしい」という依頼。会っていきなり「ねえレンタルさんきいて！　わたしがんになったの！」と元気に告げられてびびった。そのへんのベンチに座って話を聞いた。

「わたしがんなのは別にいいの、がんで何が一番嫌かわかります？　髪がなくなることなの！　ほんとやだ！」と言ってた。バイトでためたお金で染めて縮毛矯正して手入れして良い感じに育ててきたロングヘアを失うのが耐えられないそう。「髪はまた生えるしとか言われるけどそういうことじゃないの！」と叫んでた。

「母親や看護師さんは『あなたは何も悪くないからね』って言ってくるけど全然そんなことないんです！　わたし悪いことしたんです！　ドラマのセリフとかであるような

『なんで私なの……？　何も悪いことなんてしてないのに……』みたいには全然ならない！　だって悪いことしたもん！」と言ってて面白かった。

自分の体の中でいちばん大事な髪の毛を失うことも、これから始まる入院生活で大好きなKEYTALKのライブに行けなくなることも本当につらいけど自分のした〝悪いこと〟への罰なんだと思ってなんとか受け入れてるらしい。話し終えるとカラオケに移動して熱唱してた。退院したら次は制服でレンタルするらしい。

【12月23日】　#それではお土産タイムです

ドコモショップの前で一万円＋交通費を受け取るだけの仕事。

㋹

「地球が早く終わってほしいけどアフタヌーンティーはしたい」という依頼。

㋹

ポケモンするので見ててほしいという依頼。

開始早々ゲーム機本体を地面に落っことして画面がフリーズしてしまったが「心配ご無用です」と言ってリュックから代替機を取り出し何事もなかったかのように再開。この依頼の本気さがうかがえる。

目の前で選挙演説の会場が設営されていってるのもお構いなくポケモンバトルに集中する依頼者。見事ジムリーダーに勝利しガッツポーズ。

四つ目のバッジを入手し気分上々の依頼者、演説会場の机を見て「ポケモンバトル会場ができてますね」とジョークを飛ばしつつその後の進め方に苦戦。仕方なく攻略サイトを見てる間に本体がまたもやフリーズしバッジ取得前に戻されてた。「ポケモンマスターへの道は険しいですね」とさすがに苦い顔してた。

あとは、最初に落として動かなくなってたDSが復活してたのでそれでまた別のポケモンをやったり、普通にスイッチの最新のやつをやったりしてた。めちゃくちゃ寒くて何をやってるのかはあんま把握できなかった。貸出終了まで残り五分になると「それではお土産タイムです」と言って「みそシール」をくれた。

【12月24日】 #解散後は一人で写経に

めちゃくちゃ高頻度で利用してくれてる人のことはないがしろにする傾向があることご承知置き願います。

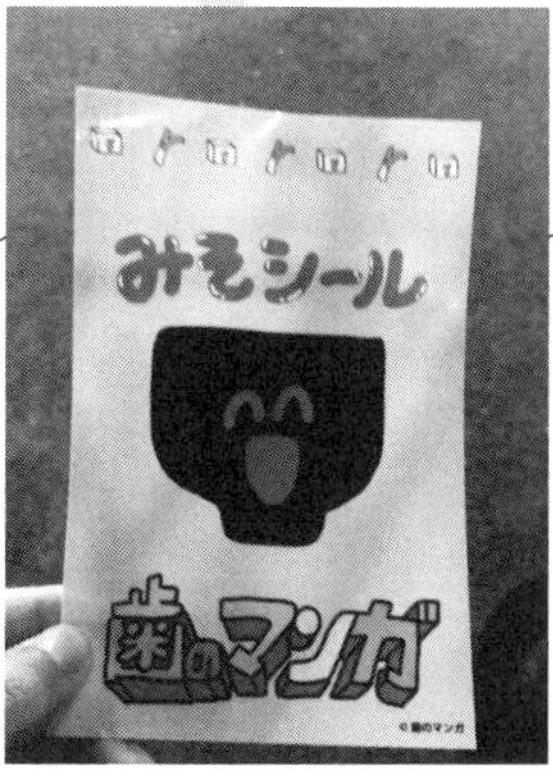

クリスマス一緒に過ごしてほしいという依頼。彼氏に振られて行き場を失ったイブとマスが可哀想にしてるとのこと。この日はクリスマスから距離を置いて過ごしたかったそうで香港料理店に連れてかれたが出てくるものがことごとくクリスマスカラーでいちいち食らってた。解散後は一人で写経に行ったらしい。

【12月26日】 #僕はデフォルトで途方に暮れる

今朝はそこそこ早い時間から呼び出されて「東京怖い」という人が渋谷の美容院まで行くのに同行しました。寝ぼけてたのでめちゃくちゃ道案内してしまいました。

「営んでるカフェの閉店後ぼーっとするのに同席してほしい」という依頼。ある日突然立ち退きを要求されたことへの怒りや虚無感と向き合いつつ心の整理をする時間をつくりたいとのこと。ありしメニューのケーキとコーヒーを頂きながら共に途方に暮れた。「本当にいい所だったと思う」と悔しそう

にしてた。
不当賃上げでもなく、悪徳不動産屋も絡んでおらず、複数の弁護士にも相談済みで、いろいろ納得したうえでの閉店とのことです。ただ最後に静かに終わる時間がほしかったそうです。

——僕はデフォルトで途方に暮れてます。

【12月27日】 #そうなんですか

「私には、くだらなすぎて誰にも言えない悩みがあります。それを聞いて、ただ一言『そうなんですか』と返していただきたいです」という依頼。楽になったようで何より。

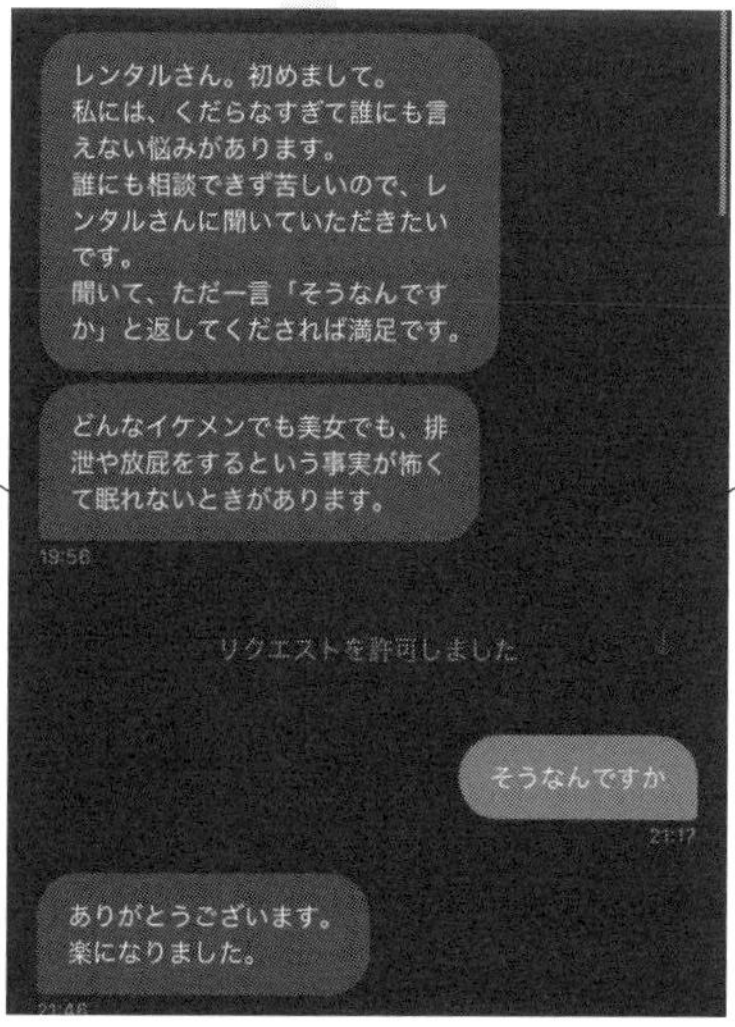
レンタルさん。初めまして。
私には、くだらなすぎて誰にも言えない悩みがあります。
誰にも相談できず苦しいので、レンタルさんに聞いていただきたいです。
聞いて、ただ一言「そうなんですか」と返してくだされば満足です。
どんなイケメンでも美女でも、排泄や放屁をするという事実が怖くて眠れないときがあります。
19:56
リクエストを許可しました
そうなんですか
21:17
ありがとうございます。
楽になりました。

新大久保でエビのチーズフォンデュを一緒に食べながら「今さっきあった嫌だった出来事」の話を聞いてほしいという依頼。「嫌だった出来事」にまつわる曰く付きの三〇〇〇円を僕に押し付けてスッキリしてました。

【12月28日】 #ひと席は埋まってるんだぞ

「2番線、ドアがしまります」でいつも尻尾をドアに挟まれたシマリスが頭に浮かぶ。

㋹

「カラオケで私が歌うのをただ聴いててほしい」という依頼。歌が大好きだがオーディエンスがいないとスイッチが入らず一人だと調子が出ないとのこと。一緒にカラオケを楽しむ人がほしいのではなくただ聴いてくれる人がほしいだけなのでレンタルなんもしない人が最適解だったそう。楽しめたようで何より。

㋹

「自分のつくった映画を観にきてほしい」という依頼。二か月先に上映予定だが本当に人が来るのかマジで不安なので「ひと席は埋まってるんだぞ」と思えるようにしたい、それを心の支えに制作をがんばりたいとのこと。無事上映を迎えられて何よりでした。

㋹

「未払いの税金の督促状が来てるけどいろいろキャパオーバーで一人だと払いにいけない」という人にレンタルされて郵便局に同行。どうにか年内には払っておきたかったら

しい。髪を文房具の輪ゴムで束ねててキャパオーバーっぷりが伝わってきた。

ケジャン食べながら愚痴きいてます。　㋹

【12月29日】　#二郎か、セーラームーンか

今日はセーラームーンミュージアムに連れてこられてます。

ほとんど馴染みないのにグッとくるのすごい。

セーラームーンミュージアムに同行してほしいという依頼。依頼者から「セーラームーン見たことあります?」と聞かれて「ちょっとだけ……」と答えたら「私は見たことないです」と言われて笑った。今日はセーラームーンにするか二郎系ラーメンにするかで迷ってセーラームーンにしたらしい。なんだその二択。　㋹

謎のオフ会に参戦させられてます。

これから夜行バスで帰る人にレンタルされてバスまでの時間潰しに付き合わされてます。新宿で飲み会を終えた人たちの別れ際の雰囲気を眺めて楽しんでるようです。悪趣味で面白い。

【12月30日】 #真のパパ活

「友人の家族とみんなで食事に行くが友人のご主人だけ仕事で来れないので代わりに三児のパパ的なポジションで同席してほしい」という依頼。これぞ真のパパ活。

「名刺交換と電話対応の練習相手になってほしい」という依頼。吃音があって仕事に支障が出るので練習したいとのこと。カラオケルームに入りひたすら名刺交換と電話（事務連絡）の相手をした。「どうして言葉が詰まるのか、どうしてたまにすらっと言えるのか」は何回練習してもよくわからなかったらしい。

今年一年の振り返りに同席してます。九割がたハプバーの話です。

【12月31日】 #今日も

大掃除を見守ってます。

㋹

今日もなんもしなかったな。

レンタルなんもしない人

1983年生まれ。既婚、一男あり。理系大学院卒業後、数学の教材執筆や編集などの仕事をしつつ、コピーライターを目指すも方向性の違いに気づき、いずれからも撤退。「働くことが向いていない」と判明した現在は「レンタルなんもしない人」のサービスに専従。活動開始から5年、BBC、ロイター、ワシントンポストなど海外メディアにも取り上げられ、「なんもしない」サービスが世界にも知られつつある。
著書に『レンタルなんもしない人のなんもしなかった話』(晶文社)、『〈レンタルなんもしない人〉というサービスをはじめます。:スペックゼロでお金と仕事と人間関係をめぐって考えたこと』(河出書房新社)、企画原案に『レンタルなんもしない人』(第1巻、講談社・モーニングコミックス、作画:プクプク)など多数。

レンタルなんもしない人《ひと》の〝やっぱり〟なんもしなかった話《はなし》

2023年6月25日　初版

著　　者　レンタルなんもしない人

発 行 者　株式会社晶文社
東京都千代田区神田神保町1-11 〒101-0051
電話　03-3518-4940（代表）・4942（編集）
URL　http://www.shobunsha.co.jp

印刷・製本　中央精版印刷株式会社

ISBN978-4-7949-7363-4 Printed in Japan